数字经济

中国新机遇与战略选择

吕红波　张周志　/　主　编

郭　宪　杜红娜　/　副主编
周晓燕　孙海丽

人民东方出版传媒

东方出版社
The Oriental Press

目录

1 把握新一轮科技革命和产业变革新机遇的战略选择

（一）数字经济是世界经济发展的重要方向　003
（二）发展数字经济有利于推动构建新发展格局　009
（三）发展数字经济有利于推动建设现代化经济体系　019
（四）发展数字经济有利于推动构筑国家竞争新优势　024

2 什么是数字经济

（一）数字经济是一种新的经济业态　031
（二）数字经济深刻改变着人类的生产生活方式　037
（三）中国数字经济正在实现"弯道超车"　041

3 把发展数字经济的自主权牢牢掌握在自己手中

（一）牵住数字关键核心技术自主创新这个"牛鼻子"　055
（二）发挥我国制度优势、体制优势和市场优势　059
（三）提高数字技术基础研发能力　068

4 打好关键核心技术攻坚战

（一）推动实施国家大数据战略　077
（二）推动我国新一代人工智能健康发展　081
（三）把区块链作为核心技术自主创新的重要突破口　086
（四）大力培育物联网、下一代通信网络等新技术新应用　090
（五）提升关键软件技术创新和供给能力　095

5 加快新型基础设施建设

（一）加强信息基础设施建设　　103
（二）稳步发展融合基础设施　　111
（三）推动产学研深度融合　　116
（四）鼓励多元投入，推进开放合作　　120

6 加快数字产业化和产业数字化转型

（一）推动数字经济和实体经济融合发展　　129
（二）推动互联网、大数据、人工智能同产业深度融合　　135
（三）推进重点领域数字产业发展　　146

7 在数字经济合作中实现互利共赢

（一）全球数字经济是开放和紧密相连的整体　　153
（二）合作共赢是唯一正道　　157
（三）让数字文明造福各国人民　　164

8 在发展中规范，在规范中发展

（一）坚持两手抓，两手都要硬　　177
（二）实现事前事中事后全链条全领域监管　　179
（三）防止平台垄断和资本无序扩张　　184
（四）保护平台从业人员和消费者合法权益　　188
（五）加强税收监管和税务稽查　　190

9 提高数字经济治理体系和治理能力现代化水平

（一）完善数字经济治理体系　　197
（二）提高监管和治理能力　　204
（三）开展双多边数字治理合作　　208

10 做好数字经济发展顶层设计和体制机制建设

（一）加强形势研判　　219
（二）完善战略举措和推进机制　　223
（三）健全数字经济市场体系　　234

11 夯实数字经济发展社会基础

（一）加快数字社会建设步伐　　243
（二）提高全民全社会数字素养和技能　　251
（三）优化数字社会环境　　259
（四）激活人才"第一资源"　　263

12 做数字经济发展的推动者和促进派

（一）提高数字经济思维能力和专业素质　　271
（二）增强发展数字经济本领　　279
（三）强化数据信息安全意识　　284

　　后　记　　291

1

把握新一轮科技革命
和产业变革新机遇的
战略选择

———○—○———

党的十八大以来，习近平总书记高度重视数字经济发展问题，多次强调发展数字经济的重要意义。2021年10月18日，习近平总书记主持十九届中共中央政治局第三十四次集体学习时强调："面向未来，我们要站在统筹中华民族伟大复兴战略全局和世界百年未有之大变局的高度，统筹国内国际两个大局、发展安全两件大事，充分发挥海量数据和丰富应用场景优势，促进数字技术和实体经济深度融合，赋能传统产业转型升级，催生新产业新业态新模式，不断做强做优做大我国数字经济。"[①] 这是把握新一轮科技革命和产业变革新机遇作出的战略选择。

---

① 习近平：《不断做强做优做大我国数字经济》，《求是》2022年第2期。

（一）
数字经济是世界经济发展的重要方向

我国《"十四五"数字经济发展规划》指出："数字经济是继农业经济、工业经济之后的主要经济形态，是以数据资源为关键要素，以现代信息网络为主要载体，以信息通信技术融合应用、全要素数字化转型为重要推动力，促进公平与效率更加统一的新经济形态。"数字经济是以信息技术和人工智能为核心的新科技革命和工业4.0的必然产物，正在推动世界经济和文明方式的快速发展。

数字经济的根基是现代科学技术的数字化处理方法。数字技术能够把生产力相对独立的三大实体要素（劳动对象、以生产工具为主体的劳动资料系统、劳动者），以及主要包含科学知识、技术原理和信息等的生产力储备性因素、运筹性因素，通过数字化信息编码和准确的运算处理，赋予生产力系统智能化、信息化的集约提升及快速运算传输，大大提高了生产力的水平和生产效率。

第一，技术革新和生产力发展推动文明形态的演进。衡量一个社会的文明水平，区别一种社会的文明形态，不是看它生产什么产品，而应看其如何生产，用什么工具生产。数字化智能化的生产工具，引导社会步入数字经济时代，已成为不可阻挡的世界潮流。因此，理解和把握数字经济的关键，就在于准确认知当代以人工智能的广泛开发和应用为主体的新技术革命。

↑ 党的十八大以来，以习近平同志为核心的党中央高度重视发展我国数字经济，构建了既有顶层设计又有具体举措的政策体系，形成了数字经济加速发展的生动图景，锻造了经济增长的新引擎。图为第三届数字中国建设峰会主会场福州海峡国际会展中心内景　中新图片 / 骆云飞

马克思曾热情洋溢地把资产阶级革命比喻为推动人类历史巨大进步的哥白尼式的革命。1848年2月发表的《共产党宣言》明确指出："资产阶级在它的不到一百年的阶级统治中所创造的生产力，比过去一切世代创造的全部生产力还要多，还要大。"[①] 为什么资本主义生产方式能够如此神奇地解放和发展生产力呢？马克思在后续的研究中，将原因归结为蒸汽机的发明创造和应用所引发的第一次工业革命。在《1861—1863年经济学手稿》的《机器。自然力和科学的应用（蒸汽、电、机械的和化学的因素）》一文中，马克思进一步明确了资本主义生产方式解放和发展生产力的关键，就在于大机器生产引起的工业革命。

事实上，人类文明的发展和进步，特别是近现代社会经济的快速发展和巨大繁荣，无不肇始于科学技术革命引发的一次次工业革命。从瓦特根据热力学原理发明第一台蒸汽机引发的第一次工业革命，经内燃机、电动机车、工业机器人，到今天人工智能的广泛应用和大数据、云计算引起的工业4.0，社会生活的生产、交换、分配、消费四环节的每一个方面，都与新技术越来越密切相关。可以说，有什么样的技术水平，就有什么样的经济形态。在这个意义上，数字经济正是人工智能引发的智能经济的必然产物，体现了社会发展的大趋势。

第二，通过技术社会形态分析社会文明和经济形态发展。以技术社会形态的标准来划分，人类迄今的文明发展仅仅经历了渔猎社会、农耕社会、工商社会、后工业社会四种形态，与其相对应的是自然经济、商品经济、信息经济和数字经济。可见，数字经济是人工智能时代社会经济文明的新形态、新趋势。

---

① 《马克思恩格斯文集》第2卷，人民出版社2009年版，第36页。

从简单机械手工技术与传统农耕社会的自然经济来看，世界四大文明古国，其实都是农耕文明比较发达的国家。无论是两河流域，还是中国的黄河和长江流域，古代农耕文明都是在水利条件较好的地区形成和发展的，而且与金属工具的发现和应用直接相关。事实上，早在4300年前，中国农耕的始祖后稷（后，对有成就的人的尊称；稷，一种谷类植物，这里代指粮食作物）教民稼穑，使中华民族最早步入农耕社会的文明形态。《山海经》中就已经有了后稷播百谷的记载，就是说农业生产是从后稷开始的。传说后稷幼年时就巍然而有巨人之趣，喜好植麻种豆，麻豆茁壮。长大成人后，他更热心于农耕，并乐于教民稼穑。他因地制宜，在适合种植五谷的地方，播种收获，黎民都仿效着去耕作。尧帝得知此事，举荐他为农师。因为有功，舜帝以邰（邰，一种农具，这里作地名，是指这个地方以农耕为主，即现在的中国杨凌现代农业示范区）作为后稷的封地。从此，邰国成为中华农耕文明发祥之地，肇始关中之兴，惠泽中华民族数千年。中国古代文明的鼎盛时期都处于农耕文明中，而且比欧洲早。英国著名古代科技史专家李约瑟博士曾经说：当欧洲还在使用木犁的时候，这里早已开始使用铁犁。

从蒸汽机技术及第一次工业革命与欧洲的商品经济来看，自18世纪30年代伊始，迄今为止，四大根本性的技术进步引起了四次伟大的工业革命，由此推动世界历史进入了工商文明的新形态。现代化的工商文明，由于其核心生产技术的发展水平不同，决定了其可以划分为自然经济、商品经济、信息经济和数字经济等不同发展阶段。由英国的蒸汽机技术革命开始的第一次工业革命，把使用落后生产工具从事个体劳动的农耕文明，发展为使用大机器从事社会化生产的现代工商文明。社会的经济生活从自然经济发展为商品经济。机器取代人力是产业革命的关键。正是一大批新机器的发明和运用，尤其是"骡机"纺纱机和蒸汽动力机的发明、制造与使用，使劳动生产率大幅度提高，使工业发展突飞猛进。工业革命对于文明发展的影响是全方位的，涉及人类社会生活的各个方面，使人类社会发生了巨大的变革，对人类的现代化进程起到了不可替代的推动作用。

从电动机车技术及第二次工业革命与世界化的商品经济来看，到了19世纪70年代，随着克劳修斯第一定律、克劳修斯第二定律等热力学原理的发现和应用，人们发明创造出了内燃机；电磁感应原理被发现和应用后，人们又制造出电动机车，从而引发了第二次工业革命。至此，世界历史进入了电气化时代。电气化时代所创造的社会生产力，是蒸汽时代望尘莫及的。如美国1860年工业生产规模仅居世界第4位，产值仅为资本主义世界的10%。由于广泛使用电力，美国于1890年超过大英帝国，成为世界头号强国。电力的广泛应用从根本上改变了整个社会生产和生活的面貌，加速了资本的集中和垄断，带动了一系列新技术部门的出现。直到现在，电力工业发展状况和电力的应用程度仍然是判断一个国家经济是否发达的一个重要标志。[1]

从微电子信息技术及第三次工业革命与全球化信息经济来看，自19世纪与20世纪之交的物理学危机及其引发的现代物理学革命开始，从爱因斯坦的相对论力学，薛定谔、波尔、海森堡等人的量子力学，黑体辐射现象等，到20世纪30年代系统论、控制论和信息论，再到20世纪四五十年代以后的原子能物理学、计算机科学、信息技术和生物工程技术等，新技术革命持续了半个世纪，推动了第三次工业革命的迅速发展。第三次工业革命，使得在社会生活特别是经济活动过程中，电子计算机成为

---

[1] 参见王士舫、董自励：《科学技术发展简史》，北京大学出版社2005年版，第140页。

一种代替人的脑力劳动的机器。它不仅运算速度快，处理数据量大，而且能模拟人的部分智能活动，由此带动了一大批高新技术的发展。高新技术把劳动者从繁重的体力劳动中解放出来，促使生产力几何级数增长，从而对社会经济、政治、文化、教育、卫生、国防等各行各业均产生了难以估量的影响，引发了世界格局的重构。这正是世界各国把现代高科技及其人才的竞争作为国家战略的重要出发点。

从人工智能技术及第四次工业革命与新兴的数字经济来看，随着信息产业革命的深入发展，特别是人工智能科学技术开发利用的广泛扩展，智能化生产、生活方式的时代悄然到来。以互联网产业化、工业智能化为标志的社会生活全过程，均被数字化技术经济所显现。互联网、物联网、大数据、云计算、智能化、传感技术、机器人、虚拟现实等科技进步，使社会经济生活的技术手段呈现方式集中表现为智能化。目前，以智能机器人为标志的工业4.0，已呈现出向社会生活的所有领域迅速扩展的态势，也吹响了新一轮世界各国数字经济竞争的号角，智能化、数字化的世界潮流已势不可当。

"十三五"时期，我国深入实施数字经济发展战略，不断完善数字基础设施，加快培育新业态新模式，推进数字产业化和产业数字化取得积极成效。2020年，我国数字经济核心产业增加值占国内生产总值（GDP）比重达到7.8%，数字经济为经济社会持续健康发展提供了强大动力。

信息基础设施全球领先。我国已建成全球规模最大的光纤和4G网络，5G网络建设和应用正加速推进。固定宽带家庭普及率明显提高，光纤用户占比超过94%，移动宽带用户普及率达到108%，互联网协议第六版（IPv6）规模部署取得明显成效，活跃用户数达到4.6亿。

产业数字化转型稳步推进。农业农村数字化改革全面推进。服务业数字化水平显著提高。工业数字化转型加速，工业企业生产设备数字化水平持续提升，助推传统制造业提质增效，推动制造业迈上"云端"。

新业态新模式竞相发展。数字技术与各行业加速融合，电子商务蓬勃发展，规模持续领先全球，移动支付应用场景越来越多，普及程度越来越高，在线学习、远程会议、远程医疗、网络购物、视频直播等生产生活新方式加速推广，互联网平台企业快速壮大。

数字政府建设成效显著。一体化政务服务和监管效能大幅度提升，"一网通办""最多跑一次""一网统管""一网协同"等服务管理新模式广泛普及，数字营商环境持续优化，在线政务服务水平跃居全球领先行列。

数字经济国际合作不断深化。《二十国集团数字经济发展与合作倡议》等在全球赢得广泛共识，信息基础设施互联互通取得明显成效，"丝路电商"合作成果丰硕，我国数字经济领域平台企业加速出海，影响力和竞争力不断提升。

（二）
发展数字经济有利于推动构建新发展格局

党的十九届五中全会审议通过的《中共中央关于制定国民经济和社会发展第十四个五年规划和二〇三五年远景目标的建议》明晰规划了"全面建设社会主义现代化国家"的宏伟目标，确立了新发展阶段以创新驱动为核心的新发展理念。这就要求我们必须密切结合新一轮工业革命和产业变革的新情况，加强基础科学、关键技术和核心技术研究和开发，高度重视数字经济的发展，加快发展现代产业体系，推动经济体系优化升级，推进产业基础高级化、产业链现代化。而在十九届中共中央政治局第三十四次集体学习时，习近平总书记强调，要把握数字经济发展趋势和规律，推动我国数字经济健康发展。

毋庸置疑，发展数字经济，对于构建以国内大循环为主体、国内国际双循环相互促进的新发展格局，具有十分重要的意义。数字技术、数字经济在经济活动的生产、交换、分配和消费的所有环节，都可以准确、快捷地实现各类资源要素的快速流动，加快各类市场主体的融合，帮助市场主体重构组织模式，实现跨界发展，甚至能够打破时空限制，延伸产业链条，畅通国内外经济大循环。实现经济发展模式和格局由传统的规模外延增长，向智能化技术密集型的内涵增长飞跃，这既是世界经济发展的新趋

↑ 近年来，以大数据、人工智能为代表的新一代信息技术迅猛发展，数字经济已成为引领全球经济社会变革、推动我国经济高质量发展的重要引擎。图为 2021 中国国际数字经济博览会会场　中新图片 / 翟羽佳

势，更是中国经济百年发展的新转型机遇。

第一，数字经济高度契合新发展理念。数字经济能以创新、协调、绿色、开放、共享的新发展理念，高质量推动以国内大循环为主体、国内国际双循环相互促进的新发展格局的构建。一方面，数字经济不是以增加生产力的实体要素的外延式扩展方式来实现经济增长，而是以信息知识和技术等智能性的集约因素的数字化形式，运筹和重组生产力的实体要素和生产经营过程，提升供给体系的适配性，从而提高生产的效率和效益的经济活动。所以，数字经济是依靠创新驱动来实现经济发展的，是使生产力要素之间的关系以及生产部门之间的关系更加协调的，是绿色环保的，是通过大数据网络平台开放资源的，是资源和信息共享的。这样，数字经济不仅在国内经济大循环中是首选路径，而且融入全球经济的国际大循环中，也是最优的路径选择。另一方面，数字经济以数字技术为基础平台资源，更有利于快捷准确地构建国内国际双循环相互促进的新发展格局。远程办公、视频会议、在线教育、远程医疗、跨境电商、网上展会等，都在促进国内外经济循环的畅通。

事实证明，近年来，我国数字经济的快速发展，对于新发展格局的构建，正在发挥着重要的作用。根据工业和信息化部发布的权威数据，2020年，中国数字经济规模总量已达39.2万亿元，较2019年增加3.3万亿元，占GDP总量的比重高达38.6%，是GDP总量增速的3倍多。特别是一些经济发达地区，如广东、江苏、山东、浙江、上海等13个省市，当年数字经济规模均超过1万亿元。尤其是北京和上海，数字经济占当年GDP总量的50%以上。"十三五"期间，我国数字经济年均增速在16.6%以上。到2020年底，数字经济核心产业增加值占GDP比重达到7.8%，发展活力不断增强。中国智造前途光明，智能中国加速前进，数字经济势如破竹。

第二，超越长期的农耕文明的传统自然经济。100多年以来，中国社会快速现代化的历史进程，集中表现为紧跟科技革命的步伐，实现技术社会由农耕社会向工商社会、再由工商社会向后工业社会跨越式发展的"三级两跳"。第一次跳跃就是近代以来，中华民族经过几代人的艰辛努力，试图把一个传统的农耕社会改造为一个现代工商社会，积极发展大机器工业生产的商品经济。第二次跳跃则是自20世纪80年代中期开始，我们积极参与世界范围内正在兴起的信息产业革命的"第三次浪潮"，试图及时赶上后工业社会的世界经济新潮流，着力发展信息经济。当下，我们又在加快布局以智能化数字技术为核心的第四次工业革命引发的新产业革命，加大数字经济发展的力度，超越传统经济模式和格局，构建新发展格局。

事实上，在近代以前，中国2000多年基本上都是封建社会。柳宗元在《封建论》中，曾热情洋溢地把封建社会标榜为符合天意和历史发展趋势的理想社会形态，甚至认为"彼封建者，更古圣王尧、舜、禹、汤、文、武而莫能去之"。正因为"三王"和"周公"希冀的社会都远不及封建社会，所以，"今夫封建者，继世而理；继世而理者，上果贤乎，下果不肖乎？则生人之理乱未可知也"。中国历史上歌颂封建制度合理性的论著多矣，加之历史上的诸多兴盛时期，尤其是与当时西方社会中世纪的文明状态的强烈反差，国人的制度文化自我认同意识自然就根深蒂固了。

中国地处亚洲东部、太平洋西岸，属于典型的内陆型地理环境，地大物博，资源丰富，风调雨顺，具有从事农耕文明的优越自然经济条件，特别是黄河中下游和长江流域，已经有4300多年农耕文明的悠久历史。春种夏长、秋收冬藏，日出而作、日落而息，习惯了自给自足的自然经济的生活方式，使中华民族性格中形成了顺乎天道四时，关乎人文化成，日月常在，何必匆忙的意识。加上明清以降的闭关自守，直到近代以来，被西方人用坚船利炮打开国门时，国人开始了文化自觉和文明崛起的新进程，意识到中国社会要想进入现代化，必须超越小农经济自给自足的自然经济形态。

今天，在经历了机械化、电气化、水利化百年农业现代化历史的基础上，智能化、数字化、自动化的农业生产工具在农业生产领域的大量使用，克隆技术等生物工程技术、气象卫星的天气信息技术、卫星遥感技术等在生产管理过程中的应用，以及农业产品销售领域互联网、物联网技术的广泛应用，使现代农业的发展完全超越了靠天吃饭的落后自然经济的状态，数字技术和智能工具正在推进着一场前所未有的数字经济的农业产业革命。智能农业使农业生产更趋科学合理，智慧经营使农业经济能够更好地赢得市场，大数据使农业产业布局更加合理。这一切都是数字经济的魅力呈现。今天的农业经济，以广泛使用智能技术和数字管理，经由互联网和物联网媒介，走向国内外供给和需求大市场的良性循环系统，彰显中国现代农业的智造魅力。

第三，坚定近代以来艰苦探索工业化的现代化道路。近代以来，中华民族经过几代人的艰辛努力，试图把一个传统的农耕社会改造为一个现代工商社会，从而实现技术社会形态的"第一次跳跃"。这就是所谓的现代化的进程。尽管政治和历史的角度有近现代之别，然而学理上只有一个现代性的共同概念，并没有一个近代性的概念。只要是在技术社会形态上由农耕社会向工商社会发展，都是现代化的进程。从这个意义上说，中国社会近代以来，几代人经过一个半世纪的艰辛努力，共同的夙愿都是实现现代化。

中国社会跨过近代和现代的门槛时，在思想、文化、心理上带有一定的消极被动性。西方资本主义用军事武力的手段打开中国封闭的国门时，中国人"天朝上国"的封闭心态顷刻坍塌。鸦片战争前后，内外情势使清前期的文化专制主义和文化排外主义的气氛有所缓和，嘉庆、道光年间儒家"经世致用"的实学之风再起，表现出思想文化态度的重大转机。这种变化使实学摆脱了乾嘉学派只沉湎于寻章摘句、雕琢虫鱼的琐事羁绊，而理直气壮地关注国计民生，从而借微言之大意，壮通经致用之风。魏源把这种新兴的实学之风概括为"以实事程实功，以实功程实事"。龚自珍把这种实学的意义提升到"一代之治，即一代之学"的地位，予以高度赞扬。另外，这一变化突出表现在对待西方文明态度上有了根本性的转变，实现了由"制夷""悉夷"到"师夷"的心理跨越。直到鸦片战争前夕，国人闭关自守的保守文化心理，仍然表现得淋漓尽致，犹如魏源所描述："徒知侈张中华，未睹寰瀛之大。"人们习惯于"天朝上国"的自大感受，从而蔑视一切西方小国。即使英王室通商使者马戛尔尼的礼物，也被视作坏人心智的"奇巧无用之物"。但正是这些"无用之物"，以坚船利炮的方式打开了"天朝"国门，打开了国人紧闭的心态，使中国人不得不开眼看世界。林则徐首先主张，"制夷"需"悉夷"，由此改变了"儒者著书唯识九州以内"的狭隘眼界，要求人们要有世界眼光。这就是魏源后来在《圣武记》中强调的"欲制外夷者，必先自悉夷情始"。这种"洞悉夷情"的学风，真正引领了国人正确认识西方文明，为"师夷"奠定了心理基础。魏源作为林则徐的好友，通过翻译介绍西方地理、人文概况，意识到西方之发达，主张"师夷长技以制夷"，最早提出了向西方学习的问题。同时，龚自珍也提出了"自古及今，法无不改，势无不积，事例无不变迁，风气无不移易"。这就强调了变革，让人意识到学习西方工业文明的重要意义。虽然早期改良派把魏源向西方学习的思想，从狭隘的军事技术方面解读为发展政治、经济、教育等方面，但客观结果上的确有了发展工业文明的事实进步。到了戊戌变法时期，就明确有了"中体西用"的基本态度。严复经过对中西文化的深入比较，主张从体到用地全面学习西方现代工业文明。康有为则提出"托古改制"这一"中体西用"的反命题，即"西体中用"。再到孙中山领导的资产阶级革命，明确提出建立三民主义的资产阶级共和国，从而发展资本主义现代工业文明。现代化就是工业化，这一近代以来艰苦探索的真理，在今天仍然是我们必须坚持的基本信念。只有进一步发展现代工业体系，特别是加速传统工业的智能化、数字化升级改造，我们才能赶上工业4.0的快车，在国内国际两个大循环中构建经济发展新格局。

第四，提升百年现代化商品经济发展的斐然成就。五四新文化运动高举"德先生""赛先生"两面大旗，开始西学思想大启蒙，并从十月革命的经验中学来了马克思主义这一能够实现无产阶级和人类解放的科学真理。中国共产党百年奋斗史，是全心全意为人民谋福祉的革命、建设和改革的历史，也是中国社会快速现代化的历史。中华人民共和国成立70多年以来，特别是改革开放40多年以来，我们才有条件、有能力真正开始工业文明的现代化建设。经过前13个五年计（规）划，今天我们已经实现了"两个一百年"奋斗目标的第一个百年奋斗目标，在我国全面建成了小康社会。我国经济总量已位居世界第二，形成了结构合理、布局全面、可持续发展、完整的现代工业体系，现代商品经济的文明水平举世瞩目。

新中国成立以来，中国现代化的进程步入正轨，特别是生产资料领域社会主义改造完成以后，全国人民在中国共产党的正确领导下，发扬自力更生、艰苦奋斗的优良作风，艰苦创业，努力建立起完整的现代化工业体系，用短短几十年的工夫走完发达国家几百年走过的工业化历程，形成重工业、轻工业、农业基础扎实，制造业、加工业和消费品生产业规模经营，国防工业和民用工业装备一流的局面，奠定了现代化产业体系的厚重基础。

今天，面对新一轮工业革命和世界经济新环境的机遇和挑战，我们要站在统筹中华民族伟大复兴战略全局和世界百年未有之大变局的高度，统筹国内、国际两个大局，科学合理地使用人工智能和大数据技术，加大传统产业的智能化升级改造的力度。在国际市场上，要积极参与数字经济国际合作，开展双多边数字治理合作，增加和提升中国企业参与世界市场竞争的智慧因素和技术水平，从而提高出口和国际投资的效益和效率。在国内经济大循环中，通过技术升级和智能化数字化的改造，在供给侧，一方面，要逐步减少直至最终淘汰那些高能耗、高污染、低效益、产能过剩的传统产业，如低端钢铁、热电、化工等企业；另一方面，要强化智能化、数字化、高附能的新型数字经济实体。在需求侧，则要鼓励、培育、刺激和引导社会的健康合理消费，促进人们对美好生活的向往，科学使用数字技术和互联网、物联网，合理购买，健康消费。

第五，用智能化数字经济推动新发展格局构建。百年来我们的现代化工业化建设，成就辉煌，举世瞩目。但是，客观地说，我们在传统工业的某些领域，现代化的水平与发达国家还有一定的差距，需要我们继续努力。然而，在第三次科技革命和信息产业革命的新潮流中，中国人觉醒早、动作快，跟进及时。国家宏观管理层面上，我们及时组建工业和信息化部，统筹规划信息技术产业集群，以及传统产业的信息化改造。今天，我们可以十分自信地说，在高新技术领域，即以计算机科学技术为核心的信息经济领域，我们不仅没有落后于发达国家，而且在许多方面已处于世界领先地位。新兴信息产业的研发、制造、应用，特别是计算机软件硬件的研发制造，传统工业的信息化改造，高铁技术、桥梁工程、建筑工程、生物工程、大型光伏技术等，均处于世界领先地位。这些产业领域的快速崛起，一个重要的经验就是战略决策上秉持跨越式发展的理念，紧跟新科技革命引发的第三次工业革命的步伐，在信息技术及信息经济领域弯道超车，并以此完成传统工业的信息化改造，从而迅速赶超欧美发达国家。20世纪80年代中期以来，我们积极参与世界范围内正在兴起的"第三次浪潮"（新技术革命和产业革命），加速传统产业的信息化改造和信息化进程，走新型工业化道路，力争缩小与西方发达国家信息化的差距，试图实

2020年和2025年制造业主要指标

类别	指标	2020年	2025年
创新能力	规模以上制造业研发经费内部支出占主营业务收入比重	1.26%	1.68%
	规模以上制造业每亿元主营业务收入有效发明专利数（件）	0.70	1.10
质量效益	制造业质量竞争力指数	84.5	85.5
	制造业增加值率提高	比2015年提高2%	比2015年提高4%
	制造业全员劳动生产率增速	7.5%左右	6.5%左右
两化融合	宽带普及率	70%	82%
	数字化研发设计工具普及率	72%	84%
	关键工序数控化率	50%	64%
绿色发展	规模以上单位工业增加值能耗下降幅度	比2015年下降18%	比2015年下降34%
	单位工业增加二氧化碳排放量下降幅度	比2015年下降22%	比2015年下降40%
	单位工业增加值用水量下降幅度	比2015年下降23%	比2015年下降41%
	工业固体废物综合利用率	73%	79%

现技术社会形态的"第二次跳跃"。40多年来，中国社会信息化的发展速度惊人，不仅计算机普及程度很高，传统产业IT化改造的速度很快，而且网络化的外延和内涵均十分丰富，电子商务、电子政务等数字化交往和思维方式方兴未艾，新型IT产业增长速度和市场份额不断提高。

改革开放40多年来，现代化发展理念的成功经验，为我们应对方兴未艾的工业4.0的发展决策，提供了重要的思想启迪。国家早在2015年就前瞻性地布局了"中国制造2025"战略规划，其中明确提出，到2020年，要基本实现制造业信息化，在制造业数字化、网络化、智能化方面取得明显进展。

实现从中国制造到中国智造的飞跃，一要优先发展数字经济的基础产业。其中包括从事智能数字计算的电子信息制造业，主要是计算机CPU等硬件开发和生产制造；信息通信业以及相关产业，主要是互联网、物联网相关产业；软件开发生产及相关服务产业集群。5G技术、核心芯片、超级计算机、北斗卫星导航系统、云计算、航天技术、海上平台、磁悬浮技术、超导技术、量子计算、光纤技术、生物芯片等与数字智能高新技术有关的新兴基础产业，将成为构建新发展格局的优先发展领域。

二要积极开拓数字经济融合产业，力争把智能化数字技术的应用从制造业、经营业、服务业等，扩展到一切经济活动领域。一方面，要增强经济活动的准确性、快捷性、有效性；另一方面，更要增加传统产业的效益增值。"互联网+"的新兴社会交往方式，将使数字经济衍生的融合产业如雨后春笋般快速发展，许多传统产业面临挑战，只有积极与智能化数字化新技术革命相融合，创造性转型，才能实现新的发展，并以智能快捷高效的服务赢得市场，得到高质量的发展。智能医院的远程诊断、学校教学的翻转课堂和云课堂、腾讯会议和云会议、卫星导航服务、娱乐资讯服务等，都在使用智能数字技术高效服务的过程中，赢得了市场，并引导和刺激着社会的合理消费，引领社会产业结构调整的方向，为构建新发展格局提供了坚实的产业结构基础。

"十四五"时期数字经济发展主要指标

指 标	2020年	2025年	属 性
数字经济核心产业增加值占GDP比重（％）	7.8	10	预期性
IPv6活跃用户数（亿户）	4.6	8	预期性
千兆宽带用户数（万户）	640	6000	预期性
软件和信息技术服务业规模（万亿元）	8.16	14	预期性
工业互联网平台应用普及率（％）	14.7	45	预期性
全国网上零售额（万亿元）	11.76	17	预期性
电子商务交易规模（万亿元）	37.21	46	预期性
在线政务服务实名用户规模（亿）	4	8	预期性

来源：《"十四五"数字经济发展规划》

（三）
发展数字经济有利于推动建设现代化经济体系

习近平总书记在主持十九届中共中央政治局第三次集体学习时，系统概括了中国现代化经济体系的核心思想的"六要"：一是"要建设创新引领、协同发展的产业体系，实现实体经济、科技创新、现代金融、人力资源协同发展，使科技创新在实体经济发展中的贡献份额不断提高，现代金融服务实体经济的能力不断增强，人力资源支撑实体经济发展的作用不断优化"。二是"要建设统一开放、竞争有序的市场体系，实现市场准入畅通、市场开放有序、市场竞争充分、市场秩序规范，加快形成企业自主经营公平竞争、消费者自由选择自主消费、商品和要素自由流动平等交换的现代市场体系"。三是"要建设体现效率、促进公平的收入分配体系，实现收入分配合理、社会公平正义、全体人民共同富裕，推进基本公共服务均等化，逐步缩小收入分配差距"。四是"要建设彰显优势、协调联动的城乡区域发展体系，实现区域良性互动、城乡融合发展、陆海统筹整体优化，培育和发挥区域比较优势，加强区域优势互补，塑造区域协调发展新格局。要建设资源节约、环境友好的绿色发展体系，实现绿色循环低碳发展、人与自然和谐共生，牢固树立和践行绿水青山就是金山银山理念，形成人与自然和谐发展现代化建设新格局"。五是"要建设多元平衡、安全高效的全面开放体系，发展更高层次开放型经济，推动开放朝着优化结构、拓展深度、提高效益方向转变"。六是"要建设充分发挥市场作用、更好发挥政府作用的经济体制，实现市场机制有效、微观主体有活力、宏观调控有度"。

如何建设现代化经济体系，贯彻落实习近平总书记提出的"六要"原则呢？毋庸置疑，现代化经济体系建设中，产业是基础和核心，而现代产业体系的供给侧改革、创新驱动、协同能力培育三个关键方面，都与人工智能和数字技术的开发应用密切相关。所以，发展数字经济，对于现代企业体系及现代化经济体系建设意义重大。

第一，数字经济是全球经济一体化趋势的必然要求。21世纪伊始，经济全球化的趋势日益明显，资本、产品、服务的全球流动，把人们密切地联结在一起。特别是信息技术的网络手段，使人们之间的联系更加快捷方便，地球变得越来越小，全人类似乎都居住在同一个村庄。但是，世界各国在政治体制和文化形态上仍然是各美其美。因此，当今世界处于可以称为"四化"的时代，即经济全球化的趋势日益明显，政治多极化的格局已经形成，文化多元化的现实不断丰富，信息网络化的发展不断深入。

第一次工业革命以来，全球经济在自然资源、人力资源、资本、技术、产品流通及服务等领域，已具备了农耕文明时难以实现的基本条件——机器文明的时空扩展能力。产品的全球输出、资源的全球配置等，带动了全球经济的快速发展。当下第三轮经济全球化的趋势诉诸计算机网络技术和人工智能的数字化技术的先进手段，更加势如破竹。国际经济竞争与合作也同时加剧。只有尽快重视和发展数字经济，强化人工智能计算技术的研究、开发和应用，才能使国家立于不败之地。

伴随着计算机信息科技革命的工业革命3.0过程，20世纪80年代中期，人类社会很快开始了新一轮经济全球化进程。国际货币基金组织（IMF）在1997年5月发布的一份报告中指出："经济全球化是指跨国商品与服务贸易及资本流动规模和形式的增加，以及技术的广泛迅速传播使世界各国经济的相互依赖性增强。"经济合作与发展组织（OECD）认为："经济全球化可以被看作一种过程，在这个过程中，经济、市场、技术与通信形式都越来越具有全球特征，民族性和地方性在减少。"为此，我们可以把经济全球化定义为，世界经济活动超越国界，通过对外贸易、资本流动、技术转移、提供服务、相互依存、相互联系而形成的全球范围的有机经济整体。经济全球化是当代世界经济的重要特征之一，也是世界经济发展的重要趋势。

新一轮智能化数字技术——新技术革命及其引发的工业4.0，更是让经济活动趋于智能化，其智能创新的内涵发展模式，及其数据分析的客观理性研判，特别是系统处理和网络平台共享的高效快捷途径等，都是构建现代经济体系的优势资源。归根结底，数字经济的高创新、强渗透、广覆盖等特质，成为构建现代化经济体系的重要引擎。

第二，数字化网络技术是本轮经济全球化的平台保障。

一是世界各国经济联系的加强和相互依存程度日益提高。生产和贸易国际化的主要技术保障是以互联网为标志的现代科学技术。微电子通信和计算机思维的快捷准确，缩小了各国之间的时空距离，促使世界贸易结构发生巨大变化，促使生产要素跨国流动，它们不仅对生产超越国界提出了内在要求，也为全球化生产准备了条件，是推动经济全球化的根本动力。

二是强化国际经济协调机制的技术手段也依赖于规范的数字技术规则。即各种多边或区域组织对世界经济的协调和规范作用越来越强。随着全球货物贸易、服务贸易、技术贸易的加速发展，经济全球化促进了世界多边贸易体制的形成，从而加快了国际贸易的增长速度，促进了全球贸易自由化的发展，也使得加入WTO的所有成员采用统一的原则来规范自己的行为。

三是全球金融资本运作更是诉诸数字化网络信息技术手段。世界性的金融网络，大量的金融业务跨国界运营，跨国贷款、跨国证券发行和跨国并购体系已经形成。世界各主要金融市场在时间上相互接续、价格上相互联动，几秒钟内就能实现上千万亿美元的交易，尤其是外汇市场已经成为世界上最具流动性和全天候的市场。

四是科技全球化更体现了数字化网络技术的重要性。它是指各国科技资源在全球范围内的优化配置，这是经济全球化最新拓展和进展迅速的领域，表现为先进技术和研发能力的大规模跨国界转移，以及跨国界联合研发广泛存在。以信息技术产业为典型代表，各国的技术标准越来越趋向一致，跨国公司巨头通过垄断技术标准的使用，控制了行业的发展，获取了大量的超额利润。经济全球化的四个主要载体都与跨国公司密切相关，或者说跨国公司就是经济全球化及其载体的推动者与担当者。

第三，数字化智能网络技术是本轮全球经济发展的灵魂。综合上述全球经济生产、贸易、金融、科技、服务诸领域，信息网络和数字技术的智能手段，贯穿于经济活动的全方位和全过程，并且是集约全部经济要素的首脑，所以，只有战略性地重视并优先发展数字经济，才能在全球经济一体化进程中占据优势地位。我们不能只依靠购买使用别人的硬件和系统，不仅要有自己的安全可靠的信息网络智能计算系统，还要在参与国际经济合作与竞争中推广中国智造的智能计算技术、产品和服务，掌握技术主动权。一是要加大对数据分析、云计算、人工智能等新兴行业，以及软件、机器人、互联网等数字经济新产业的鼓励和扶持，加快数字经济基础领域的发展，抢占国际数字经济新高地。二是要加大对于数字经济和智能技术核心技术研究开发的战略投资，重视原创性研究探索，确保核心技术的自主知识产权。三是要不断拓宽数字经

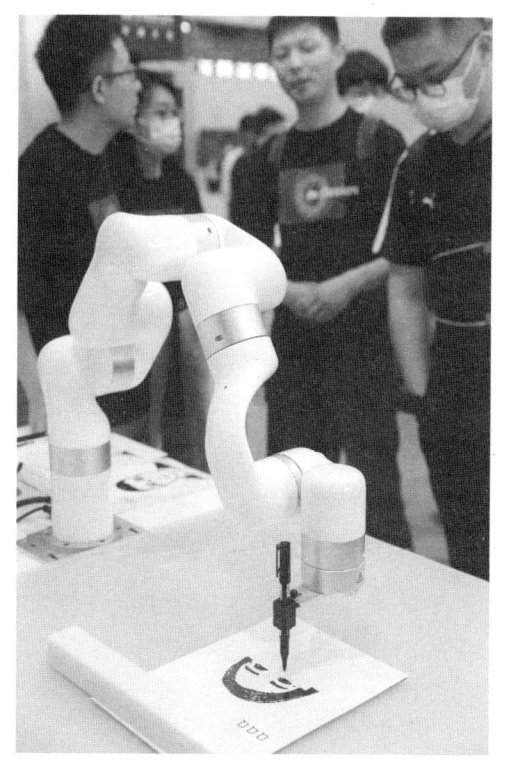

↑ 当前，人工智能产业为中国经济发展提供战略新动能，是引领中国经济发展的重要战略抓手。图为人工智能机器人手臂在画像　中新图片/张亨伟

济融合产业新领域，提升智能化经济活动的质量和水平。既要拓宽数字经济自身发展的产业领域，又要拓宽数字技术与传统融合后不断衍生出的新的生产、流通和服务的产业领域。

第四，数字经济能够确保现代经济的高质量发展。互联网、大数据、人工智能和实体经济的深度融合，有利于支持传统产业优化升级，衍生新的数字经济业态；有利于推动经济发展质量提升、效率提高、动力增强。一是确保经济高质量发展。智能化、数字技术被广泛应用，特别是传统产业的智能化、数字化改造，使其实现智能化的内涵得到提升，增强中高端有效供给，将会释放出巨大的信息技术红利，从而推动经济创新、协调、绿色、开放、共享发展。例如，诸多在20世纪五六十年代工业现代化进程中作出巨大贡献的大型制造企业，在引进高端数控车床后，技术水平大幅提升，产品质量大大提高。二是有力凸显市场的效率原则。构建数字化平台，有利于推动市场公平竞争，激发企业主体活力，改善供需关系，及时化解过剩产能，降低实体经济运行成本。三是有效增强经济发展的动力。互联网、大数据、人工智能与实体经济的深度融合，使实体经济向网络化、平台化、智能化运行模式转变，必然使创新要素集聚、经营渠道拓展、创新创业走向大众化。这有利于在国内国际双循环相互促进的新发展格局中充分激发市场竞争活力，优化良性竞争秩序，不断研发质优价廉、能够满足国内外市场需要的产品和服务。

（四）
发展数字经济有利于推动构筑国家竞争新优势

新的世界历史背景下，大国博弈归根结底是经济实力和综合国力的博弈，高新科技及其产业将成为国家经济发展的新动能。以人工智能科学为引领的现代数字技术和数字经济新形态，日益成为国家竞争的底气和优势。未来国家实力的竞争，一定程度上取决于数字经济的发展水平。因此，加强与互联网、大数据、云计算、人工智能、区块链等技术相关的数字经济领域的创新发展，将是国家发展的顶层设计的战略选择。跨国公司的资本、资源、人才、技术和市场等整合重组，以及世界经济结构的重新洗牌，往往都是通过数字经济的网络平台手段运作实现的。所以，我们务必把数字经济发展提升到提高国家竞争新优势的层面来认识。

根据《2021年全球数字经济白皮书》的统计数据，2020年全球数字经济发展迅猛，全球47个国家的数字经济增加值规模达到32.6万亿美元，占GDP总量的43.7%。其中，第一、二、三产业的数字经济占比分别为8%、24.1%和43.9%。在全球经济总体下行的大环境下，数字经济反而明显上升。中国拥有世界上最多的互联网用户，由此决定了必然拥有最庞大的潜在消费群体。成年人几乎人手一部智能手机，每天可观的上网时间使得数字服务业在国内国际市场都获得了规模经济优势，也催生了大批数字企业的诞生。中国作为世界上产业体系最完善的大国，拥有强大的产业基础和完备的现代工业体系，加快智能化、数字化升级转型，将大大提高国家竞争的综合实力。

第一，数字经济是当下世界政治多极复杂博弈的重要手段。1991年12月25日，随着苏联的解体，两极格局终结。美国一度想独霸世界，但是，迅速发展的中国、逐渐复苏的俄罗斯、快速发展的欧盟和日本等政治势力，都在制衡美国，遏止其搞单边政治独霸世界的梦想，很快形成一超多强的世界政治多极化格局。在一定时期内，对国际关系有重要影响的国家和国家集团等基本政治力量相互作用，之所以能使世界政治朝着多极化格局发展，保持世界政治局势的相对平衡稳定，背后的实力一定是经济发展。国家关系的底线思维不仅是弱国无外交，更有人说，没钱就没有话语权。今天还要增加一句话，不掌握一流的先进科技，就没有国际政治话语权。综观当今世界舞台上的主要政治力量，都是新技术革命的引领国，都拥有和掌控着先进的数字技术和人工智能科技。

第二，数字技术等先进科学技术已经成为国家竞争的主要对象。利奥塔在《后现代状况——关于知识的报告》中经过分析认为，现代科学技术的应用正面临着各种各样的挑战，科学话语的合理性取决于知识的服务对象（国家、民众）的实用目的。知识不再仅仅作为生产力运用，还被争夺，特别是知识的价值论成为越来越重要的问题。科学技术的社会化和社会的科学技术化，使得"财富"、"效率"和"真实"的关系十分密切，由此决定了后现代知识的实用价值不断彰显。从一定意义上来说，掌控和用好数字经济及网络智能技术，已成为维护国家安全和世界和平的重要保障。无论是国家层面的政治、经济、国防、意识形态、文化等方面的安全，还是公民个人生命、财产、信息等方面的安全，都与数字经济和网络智能技术及其合理应用密切相关。我们一定要加强数字经济的基础建设，特别是要加强网络平台及能使其安全运行的软硬件研发和建设，持续推进宽带普及，加快光纤网络改造和移动通信网络升级，提高网络速度，不断扩大5G网络覆盖范围，确保云计算、大数据、物联网、人工智能、区块链等数字经济的平台地位，为智能社会建设奠定基础，为新形势下我国的竞争注入新动力。

第三，一定意义上国家安全与和平取决于网络智能技术的安全。当今世界，国际政治关系中存在美国、中国、日本、西欧、俄罗斯五个力量中心。五个力量中心的存在，在很大程度上影响着世界许多国家和地区。五个力量中心之间存在的相互竞争、相互制约的关系，使军事霸权主义受到更多的制约，有利于世界的安全与稳定。这种安全与稳定的重要因素是相互间科技实力的博弈和抗衡。丹尼尔·贝尔以肯定的态度对待科学技术决定论，在1972年出版的《后工业社会的来临》一书中就明确主张，不仅科学技术是引起社会结构巨大变化的原因，而且科学技术阶层是当今社会发展的主体。甚至科学技术和科学技术新阶层的迅速发展，将使世界两大阵营——资本主义和社会主义在后工业社会中握手言和，从而走向意识形态差异终结的时代。虽然丹尼尔·贝尔的观点失之偏颇，但也确实道出了科技和科技人才成为保障国家竞争和国家安全的重要资源。毋庸置疑，当下，这种资源主要就是数字技术和网络智能技术。

我们既要鼓励扶持数字经济企业的发展，又要确保数字经济的安全运营和规范发展。这就要求从技术和制度双重机制上建立一套完整科学的监管体系。一方面要鼓励企业利用互联网、大数据、人工智能等技术和思维推动行业组织模式、服务模式和商业模式转型提档升级。另一方面，又要建立一套完整规范的平台监测管理规范制度和技术手段，并能动态监控各类平台信息服务的规范性、合法性，确保平稳运行。从一定意义上来说，网络安全就是国家安全。确保数字经济安全运行，就是提高国家竞争实力的底线思维。

2 什么是数字经济

一

《"十四五"数字经济发展规划》指出:"数字经济是继农业经济、工业经济之后的主要经济形态,是以数据资源为关键要素,以现代信息网络为主要载体,以信息通信技术融合应用、全要素数字化转型为重要推动力,促进公平与效率更加统一的新经济形态。""数字经济"是中国特色社会主义进入新时代后最响亮的词语,其重要地位和巨大影响已经深入人类社会生活的方方面面。但从发展的角度看,数字经济的潜能尚在初步释放之中,其宏大价值还有待继续开发。可以预言,未来的世界必将是一个"数字时代",数字技术是人类改变世界和创新生活的不二选择。

数字经济的"四化框架"

生产要素	生产力	生产要素
数据价值化 数据采集 数据确权 数据定价 数据交易	**数字产业化** 基础电信　电子信息制造 软件及服务　互联网 **产业数字化** 数字技术在农业中的边际贡献 数字技术在工业中的边际贡献 数字技术在服务业中的边际贡献	**数字化治理** 多主体参与 数字治理 数字化公共服务
技术　资本 劳动　土地 ……		

（一）
数字经济是一种新的经济业态

数字经济是继农业经济、工业经济之后，一种促进包容、创新、高效和可持续发展的新经济形态。要全面认识和真正弄清数字经济概念和数字经济现象，需要从以下几个维度来思考。

第一，数字经济的核心元素。在数字经济中，数据是要素，网络是载体，融合转型是动力。从其融入产业切口看，数字经济涵盖数字产业化和产业数字化两个方面。其中数字产业化主要指信息产业的增加值，主要包括基础电信、电子信息产品制造业、软件和信息服务业、互联网产业。产业数字化包括信息技术对其他产业（包括农业、工业和服务业）的贡献。

第二，数字经济的基本内涵。作为概念的数字经济，是人类通过大数据（数字化的知识与信息）的识别—选择—过滤—存储—使用，引导、实现资源的快速优化配置与再生，实现经济高质量发展的经济形态。数字经济，作为一个内涵比较宽泛的概念，凡是直接或间接利用数据来引导资源发挥作用，推动生产力发展的经济形态都可以被纳入其范畴。在技术层面，包括大数据、云计算、物联网、区块链、人工智能、5G通信等新兴技术，也包含了新零售、新制造、新服务等业态。

作为技术的数字经济，其形成基础是电信、计算机、通信设备等信息技术及不断升级的网络基础设施与智能机等信息工具。借助互联网、云计算、区块链、物联网等信息技术，人类处理大数据的数量、质量和速度的能力不断增强，推动人类经济形态由工业经济向信息经济—知识经济—智慧经济形态转化，极大地降低了社会交易成本，提高了资源优化配置效率，提高了产品和产业的附加值，推动了社会生产力快速发展，同时为落后国家后来居上实现超越性发展提供了技术基础。因此，数字经济也被称为智能经济，是工业4.0或后工业经济的本质特征，是信息经济—知识经济—智慧经济的核心要素。

数字经济作为一个经济系统时，在这个系统中，数字技术被广泛使用并由此带来整个经济环境和经济活动的根本变化。同时，数字经济也是一个信息流通和商务活动都数字化的全新的政治和经济系统。数字经济主要研究生产、分销和销售都依赖数字技术的商品和服务。数字经济的商业模式创建并完善着企业和消费者的双赢格局，并在提升双方或多方利益的同时，强化了利益链的紧密关系。

第三，数字经济概念的外延。即由信息技术革命所带来的新商业模式、新生活方式，以及人们所获得的更多效用，都属于数字经济范畴。如网约车、无人驾驶和工业生产中物联网的作用等。这些行业本身并不属于信息技术行业，但它们却实实在在地产生于数字经济的土壤中。

在发展过程上，数字经济的发展给企业竞争战略、社会组织结构和行业文化等领域的管理实践和运营方式带来了巨大的冲击。随着先进网络技术被广泛应用，人们原有的时空观念受到了真正的挑战，实效、位置、买卖双方之间的联系形式发生改变。企业整合顾客、供应商、合作伙伴在数据、信息系统、工作流程和工作实务等方面的业务，及其所采用的标准、协议、传统、需求、激励和工作流程等内容均呈数字化形态。

在功能设施上，数字化的技术、商品与服务不仅在向传统产业进行多方向、多层面与多环节的加速渗透，即产业数字化；而且在推动诸如互联网数据中心IDC（Internet Data Center）建设与服务等数字产业链和产业

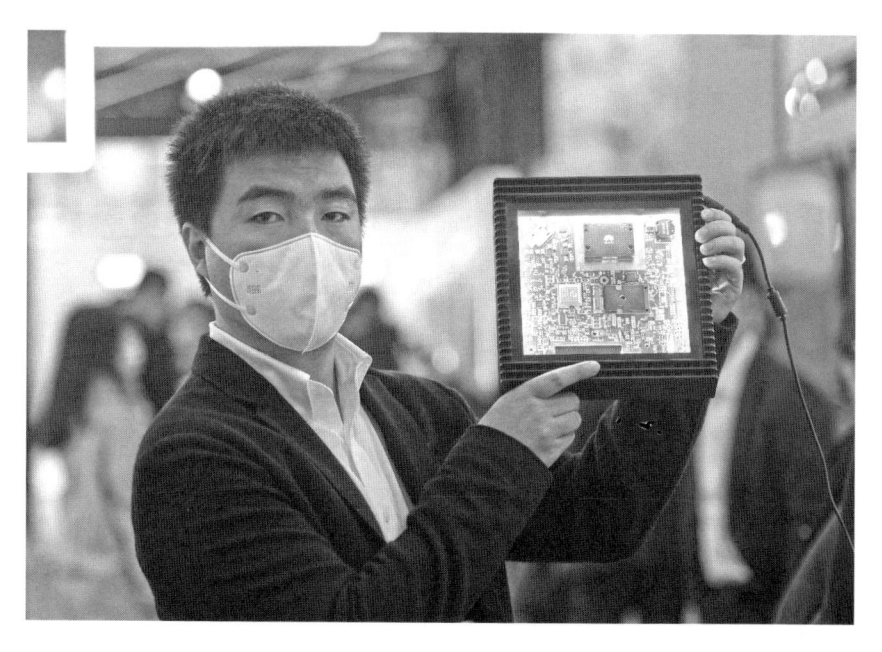

↑ 2020年11月23日，在"互联网之光"博览会上，一名工作人员在展示我国自主研制的一款AI处理器　中新图片/王刚

集群的不断发展壮大，即数字产业化。5G 网络、6G 布局、数据中心、工业互联网等围绕科技新产业广泛应用的数字经济基础设施，都被视为属于数字新经济范围。

在技术构成上，材料技术、芯片技术和计算机技术的发展，以及大数据、互联网、云计算、人工智能等，促进了新一代信息技术与工业制造业的深度融合，数字技术应用于信息采集、存储、分析和共享等方面，产生了新技术、新产品、新产业、新业态和新模式。其中，以数字化、网络化、智能化为特征的信息通信技术的推广和使用，使得现代经济活动更加灵活多样、智慧便捷、高效，其技术应用和实施过程均成为数字经济的基本形式。

第四，数字经济的内在本质。数字经济的本质在于信息化。信息化是由计算机与互联网等技术革命所引起的工业经济转向信息经济的一种社会经济过程。信息化包括信息技术的产业化、传统产业的信息化、基础设施的信息化、生活方式的信息化等内容。信息产业化与产业信息化，即信息的生产和应用两大方面是其中的关键。信息生产要求发展一系列高新信息技术及产业，既涉及微电子产品、通信器材和设施、计算机软硬件、网络设备的制造等领域，又涉及信息和数据的采集、处理、存储等领域。同时，信息技术也被广泛应用于改造和提升农业、工业、服务业等传统产业，即数字技术会重新装备和再造一个全新的现代化发展进程。

第五，数字经济的主要特征。数字经济的特征是由构成数字经济的元素、支撑数字经济的技术、数字经济的变化发展及其产生的影响作用等因素所决定并显现出来的，能够反映数字经济的形成缘由、发展趋势，足以体现数字经济的巨大生命力的典型特征。

数字经济在技术领域的特点有三个。

一是快捷性。由数字经济从无到有、从小到大的快速发展来看，快捷性是其一个突出的外部特征。这主要表现在，互联网技术的应用突破了传统的国家、地区限制，网络使整个世界紧密联系起来，把地球变成了一个"超级网络"。它在传统概念的时空约束上实现了重大突破，使人们的信息传输、交互连接、经济往来可以在更小的时间跨度上进行。而且，与传统经济比较，时间短、速度快、效率高，显然是数字经济的一大优势。所以，数字经济就是一种速度型经济。现代信息网络可用光速传输信息，数字经济以接近于实时的速度收集、处理和应用信息，节奏大幅加快，彻底颠覆了人们对经济的认知习惯和固有观念。

二是渗透性。从数字经济的功能来看，以数字化技术为核心的数字经济，随着迅速发展的信息技术、网络技术等基本技术在应用上的不断扩张和持续延伸，必然触及和进入其他领域和行业，体现出数字经济的高渗透性。信息化、信息服务业迅速地向第一、第二产业扩张，使三大产业之间的边界越来越模糊，并以其技术装备和功能的优势，直接促成了第一、第二和第三产业相互融合。由此可见，未来，数字经济的高渗透性特征还会重新界定不同产业之间的关系，决定产业变革的新方向、新成就。

三是扩张性。就数字经济的结构而言，由于其数字集成芯片和生化材料的技术突破，其快速壮大外扩的能力越来越强。按照数字经济的价值等于网络节点数的平方的算法，网络产生和带来的效益将随着网络用户的增加而呈指数形式增长。在数字经济中，由于人们的心理反应和行为惯性，在一定条件下，优势或劣势一旦出现并达到一定程度，就会导致不断加剧而自行强化，出现"强者更强，弱者更弱"的"赢家通吃"的垄断局面。

数字经济在运行方面的特点有四个。

一是高效率。在新一代信息技术的支撑下，生产、流通等环节经历着数字化的深刻变革，智能制造、数字贸易、数字金融等新业态不断涌现。这些新业态带来的是与传统经济业态大相径庭的组织模式和运作模式。例如，经济组织结构趋向扁平化，信息不对称大大降低，生产者与消费者可直接联系，中间商存在的必要性大大弱化。这有效降低了交易成本，提高了运行效率。

二是快速度。相比于传统经济，数字经济的信息技术含量更高，而信息技术的一大特点就是迭代更新速度快。例如，计算机领域普遍存在摩尔定律现象，存储器、芯片等的处理能力每18个月就会翻一番。技术革命带来商业模式创新，推动经济运行模式快速变化。与摩尔定律相对应的达维多定律告诉我们，企业必须不断更新自己的产品。一个企业要想在市场上占据主导地位，就必须是新产品的开发者。被动地以第二或第三家企业的身份将新产品推进市场，获得的收益将远不如开发者。虽然开发出来的第一代产品不够完善，却能够自动获得50%的市场份额。企业要想实现这一目标，前提是在技术上保持领先，数字经济在这方面具有明显优势。

三是广辐射。数字技术突破了国家或地区的场域，信息传输、经济往来可以在更短的时间内进行，其中的沟通、交易、物流等成本大幅降低，辐射范围更广，能够突破原有经济交往半径，实现更大范围的跨区域交易。也就是说，数字经济以更加快速的渗透能力，把各行各业融合得更彻底。各行各业的经营半径互相渗透甚至叠加，使得数字经济和传统经济都展现出更为强大的生机和活力。

四是大规模。根据美国学者罗伯特·梅特卡夫提出的梅特卡夫法则，网络价值以用户数量的平方的速度增长。信息资源的特性在于，它不仅可以被无损耗地消费，而且信息的消费过程可能同时就是信息生产的过程，它所包含的知识或感受在消费者那里催生出更多的知识或感受，即需求创造了新的需求。消费的人越多，产生的资源总量就越大。因此，数字经济在网络上的节点越多，其规模经济的"增值"效应就越明显，网络产生和带来的效益随着网络用户的增加呈指数级增长。[①]

（二）
数字经济深刻改变着人类的生产生活方式

当前，新一轮科技革命和产业变革席卷全球，大数据、云计算、物联网、人工智能、区块链等新技术不断涌现，数字经济正深刻改变着人类的生产和生活方式，作为经济增长新动能的作用日益凸显。2021年5月，第五届世界智能大会在天津举行。与会专家一致认为，数字经济和人工智能将从根本上改变人类的生产方式和生活方式，新发展格局也会从根本上改变世界资源配置的方式和经济社会的运行方式，并会成为一种新的常态。

正确认识数字经济与我们的关系，准确评价数字经济的重要作用，可以从以下角度来看。

第一，数字经济改变了生产发展方式。其一，信息化蔓延，彰显出速度成为市场竞争的关键要素。数字经济已经成为新经济发展方式，开始重新整合布局行业、产业竞争格局。随着消费者的需求不断变化和竞争对手不断出现，产品与服务的更新周期越来越快。这要求企业以最快的速度对市场作出反应，以最快的速度制定新的战略并加以实施，以最快的速度对战略进行调整。迅速反应和迅速调整都要求企业建设自身的"数字神经"平台，未来将会有越来越多的企业基于物联网、大数据等技术支持来建设

[①] 参见张世珍：《数字经济面临的治理挑战及应对》，《光明日报》2021年2月9日。

自己的信息管理平台，实现企业智能化提升和效益增值。

其二，数字技术的冲击，推动跨企业的合作成为必然选择。数字经济以其强大的技术运用为冲击力，改变或重建企业关系及市场规则、交易形式。不容置疑的是，市场反应速度的压力使得企业必须通过合作进行资源整合和发挥自己的核心优势，不断创新，成为常态。同时，行业竞争和产业规模的勃发、新产品研发巨额投入等，都迫使企业必须以合作的方式来分担成本，甚至是与竞争对手进行合作，形成既合作又竞争的关系。而迅猛发展的信息技术手段，特别是互联网技术更新，却可以降低合作的信息成本，强化合作的内驱力，赢得更大的市场空间，使得广泛的、低成本的合作成为可能。

其三，信息技术创新，导致行业断层、价值链重构，企业进行供应链管理。在信息技术快速发展的冲击之下，许多行业出现了大的断层，产业的竞争规则在变化，新的对手来自四面八方，新的供应商随时产生。这种断层既对行业中的现存者提出了挑战，又为新生者提供了机会，各个行业都不同程度地存在行业重新洗牌的机会。许多中间环节面临消除的危险，处于此环节的企业被迫提供新的、更大的价值。许多企业进入价值链的其他环节（上游或下游）。制造业向服务业转型或在价值链中被重新定位（如从品牌制造商转为代工）。企业主动或被动地利用数字化手段应对价值链重构，或重新抓住自己的客户，或重组优化自己的供应商队伍成为必然。

其四，大数据技术运用，使得大规模量身定制成为可能。传统经济中，商品或服务的多样性与到达的范围是一对矛盾体。大众化的商品总是千篇一律，而量身定制的商品只有少数人能够享用。数字技术的发展使企业能够以极低的成本收集、分析不同客户的资料和需求，通过灵活、柔性的生产系统分别定制。在这方面，国外汽车和服装行业提供了许多成功的例子。大规模量身定制生产方式将给每个客户带来个性化的产品和服务，同时要求企业具备极高的敏捷反应能力。

第二，数字经济重构了经济发展要素。

其一，数据成为推动经济发展的关键生产要素。随着移动互联网和物联网的飞速发展，数据量呈爆发式增长，现实世界的各种事物都变得可感知、可度量，人与人、人与物、物与物的互联互通得以实现。庞大的数据量，以及处理和应用这些数据的需求，催生了大数据概念，大数据已成为重要的生产要素和战略资产。无论是对企业而言，还是从国家来看，数据资源都将是核心实力。在一定意义上可以说，谁掌握了数据，谁就占据了优势。数据驱动型创新也已从生产领域扩展到科技研发和经济社会等各个领域，成为国家创新发展的关键形式和重要方向。

其二，数字经济基础设施成为新的基础设施。在工业经济时代，经济活动是架构在以铁路、公路和机场为代表的物理基础设施之上的。数字技术出现后，网络和云计算成为新型的信息基础设施。而随着数字经济的发展，数字基础设施的概念也变得更加宽泛，不但包括宽带、无线网络等信息基础设施，也包括了对传统物理基础设施进行的数字化改造。例如，安装了传感器的智能电网、数字化停车系统、数字化交通系统等。以"砖和

信息基础设施

特点	三大基础设施	代表
新一代信息技术演化生成的基础设施	网络基础设施	5G、物联网、工业互联网、卫星互联网
	新技术基础设施	人工智能、云计算、区块链等
	算力基础设施	数据中心、智能计算中心等

水泥"为代表的物理基础设施和以"光和芯片"为代表的信息基础设施，共同为数字经济发展提供了必要的基础条件。

其三，数字素养成为劳动者和消费者的新需求。在农业经济和工业经济中，对多数消费者的文化素养基本没有要求或者要求甚低；对劳动者的文化素养即使有一定要求，也往往限定在某些职业和岗位方面。然而，在数字经济中，不管是劳动者还是消费者，都要求必须具备一定的数字素养。可以说，数字素养是数字时代的基本人权，是人格所需的必备要素，也是一个人应当拥有的与听、说、读、写同等重要的基本能力。提高数字素养，既有利于数字消费，也有利于数字生产，是数字经济发展的一项关键要素和重要基础。

其四，信息交互成为拉近供给和需求关系的重要形式。在传统经济活动中，供给侧和需求侧有着严格区分，供给方和需求方的界限也十分清晰。但是，随着数字经济的发展，供给方和需求方的界限却日益模糊，逐渐演化生成一个新的"产消者"。在供给方面，一些行业中涌现出新的技术，通过在提供产品和服务的过程中积极回应用户需求，不仅更好地满足了用户的现有需求，也借由产业链拉伸带动了价值链攀升。例如，为满足用户需求，有针对性地设计产品、开发影视和图书作品等，甚至是运用 3D 打印技术实现完全个性化的设计和生产。政府层面提供的公共服务也是如此，通过听取民众意见，及时了解经济社会数据，也确保了政府能够更好地进行科学决策、精准施策。

第三，数字经济改写着人类社会生活。习近平主席在致 2019 中国国际智能产业博览会的贺信中指出："当前，以互联网、大数据、人工智能等为代表的现代信息技术日新月异，新一轮科技革命和产业变革蓬勃推进，智能产业快速发展，对经济发展、社会进步、全球治理等方面产生重大而深远影响。"① 当前，网络购物、在线外卖、手机支付等数字化消费场景，早已像柴米油盐一样，进入老百姓日常生活；信息化、智能化改造等数字化融合场景，持续产生着化学反应，助力传统行业转型升级。我国的数字经济规模在 2020 年已超过 40 万亿元，占国内生产总值比重约 1/3，成为经济增长的重要引擎，推动着产业发展不断升级，就业格局更加优化，消费需求持续增长。而随着新一代网络信息技术的不断创新突破，以及由此带来的数字化、网络化和智能化的不断深入发展，世界经济向数字化转型的脚步逐渐加快。例如，在当前世界经济中，伴随着全球互联网流量的飙升，微软、苹果、亚马逊、谷歌、脸书、腾讯和阿里巴巴等超级数字平台扮演着越来越重要的角色。

顺应世界经济潮流变化，中国作为世界网络大国和数字经济大国，也更加重视发展数字经济。近年来，在新发展理念的指引下，中国正积极推进数字产业化和产业数字化，引导数字经济和实体经济深度融合，推动经济实现高质量发展。面向未来，推动中国经济迈上新高地，必须注重数字经济持续健康发展，继续加快数字产业化和产业数字化进程，创造和拥抱新模式、新业态，让数字经济这个新引擎能够持续输出强劲动力，发挥好驱动作用。

（三）
中国数字经济正在实现"弯道超车"

中国政府高度重视数字经济的发展，坚持深入推进创新驱动发展战

---

① 《习近平向 2019 中国国际智能产业博览会致贺信》，《人民日报》2019 年 8 月 27 日。

略，依靠简政放权、放管结合、优化服务等改革，着力激发社会创造力和市场活力，将"大众创业、万众创新"同网络强国战略、国家大数据战略、"互联网+"行动计划、中国制造 2025 等相结合，加快新旧动能的接续转换，促进经济结构的转型升级和社会不断进步。在数字经济方兴未艾、蓬勃发展的今天，实现我国数字经济的追赶超越、引领经济社会高质量发展，需要举国上下齐心努力。

第一，强化政策引导，作好长远规划。数字经济是一种加速重构经济发展与治理模式的新型经济形态。当前，我国数字经济发展已进入快车道，推进数字经济发展和数字化转型的政策不断深化和落地，使得数字经济在国民经济中的地位进一步凸显。数字经济助推经济发展质量变革、效率变革、动力变革，增强了我国经济创新力和竞争力。特别在抗击新冠肺炎疫情中，数字经济发挥了不可替代的积极作用，成为推动我国经济社会发展的新引擎。

2020 年 3 月 6 日，工业和信息化部办公厅发布《关于推动工业互联网加快发展的通知》，提出了包含新型基础设施建设、融合创新应用、安全保障体系、创新发展动能、产业生态布局、产业政策支持等 6 大领域共 20 项举措。在加快新型基础设施建设方面，提出要改造升级工业互联网内外网络、增强完善工业互联网标识体系、提升工业互联网平台核心能力、建设工业互联网大数据中心，加快工业互联网发展步伐。在拓展融合创新应用方面，提出积极利用工业互联网促进复工复产，深化工业互联网行业应用，促进企业上云上平台，同时加快工业互联网试点示范推广普及。在健全安全保障体系方面，强调要建立企业分级安全管理制度、完善安全技术监测体系、健全安全工作机制、加强安全技术产品创新。在壮大创新发展动能方面，强调加快工业互联网创新发展工程建设，深入实施

"5G+工业互联网"512工程，增强关键技术产品供给能力。在完善产业生态布局方面，强调促进工业互联网区域协同发展，增强工业互联网产业集群能力，组织高水平的产业活动。在政策支持方面，强调着重提升要素保障水平、开展产业监测评估，以支撑工业互联网实现高质量发展。

2020年3月18日，工业和信息化部办公厅印发了《中小企业数字化赋能专项行动方案》，强调要坚持统筹推进新冠肺炎疫情防控和经济社会发展，以新一代信息技术与应用为支撑，以提升中小企业应对危机能力、夯实可持续发展基础为目标，集聚一批面向中小企业的数字化服务商，培育推广一批符合中小企业需求的数字化平台、系统解决方案、产品和服务，助推中小企业通过数字化网络化智能化赋能实现复工复产，增添发展后劲，提高发展质量。重点任务包括利用信息技术加强疫情防控，利用数字化工具尽快恢复生产运营，助推中小企业上云用云，夯实数字化平台功能，创新数字化运营解决方案，提升智能制造水平，加强数据资源共享和开发利用，发展数字经济新模式新业态，强化供应链对接平台支撑，促进产业集群数字化发展，提高产融对接平台服务水平，强化网络、计算和安全等数字资源服务支撑，同时加强网络和数据安全保障。

2020年3月30日，中共中央、国务院发布《关于构建更加完善的要素市场化配置体制机制的意见》，提出要深化要素市场化配置改革，促进要素自主有序流动，提高要素配置效率，进一步激发全社会创造力和市场活力，推动经济发展质量变革、效率变革、动力变革。该《意见》明确将数据作为一种新型生产要素写入政策文件，并提出加快培育数据要素市场，推进政府数据开放共享，提升社会数据资源价值，加强数据资源整合和安全保护。

2020年4月7日，为深入实施数字经济战略，加快数字产业化和产

↑ 以数字化、信息网络、科技创新驱动等为主要特征的数字基础设施建设（简称"数字基建"），是保障社会经济活动正常进行的重大科技基础设施和公共服务体系。图为 2021 年 12 月 13 日安徽省铜陵市义安区钟鸣镇水村进行 5G 基站天线现场调测　中新图片 / CCNPS、过仕宁

业数字化，培育发展新经济，扎实推进国家数字经济创新发展试验区建设，构建新动能主导经济发展的新格局，助力构建现代化产业体系，实现经济高质量发展，国家发展和改革委、中央网信办印发《关于推进"上云用数赋智"行动培育新经济发展实施方案》的通知，提出要大力培育数字经济新业态，深入推进企业数字化转型，打造数据供应链，以数据流引领物资流、人才流、技术流、资金流，形成产业链上下游和跨行业融合的数字化生态体系，构建设备数字化—生产线数字化—车间数字化—工厂数字化—企业数字化—产业链数字化—数字化生态的典型范式。

2020 年 7 月 14 日，国家发展和改革委、中央网信办、工业和信息化部、教育部、人力资源和社会保障部、交通运输部、农业农村部、商务部、文化和旅游部、国家卫生健康委、国务院国资委、市场监管总局、国家医疗保障局等部门联合印发《关于支持新业态新模式健康发展激活消费市场带动扩大就业的意见》，提出要积极探索线上服务新模式，激活消费新市场，包括大力发展融合化在线教育，积极发展互联网医疗，鼓励发展便捷化线上办公以及不断提升数字化治理水平；提出要加快推进产业数字化转型，壮大实体经济新动能，培育产业平台化发展生态，加快传统企业数字化转型步伐，打造跨越物理边界的"虚拟"产业园和产业集群，发展基于新技术的"无人经济"；鼓励发展新个体经济，开辟消费和就业新空间；培育发展共享经济新业态，创造生产要素供给新方式。

数字经济引领经济社会发展已经成为广泛共识，5G、人工智能、云平台等应用于各个领域。从短期看，可以让教育、医疗、物流等产业快速升级，从而创造出新的服务需求，促进消费升级；从长期看，可以让更多的资金、人力投入相关产业，实现数字经济相关技术不断创新，带来全社会生产水平的提高。数字经济这片新蓝海的发展离不开国家的政策支持。相信未来数字经济能够进一步推动构建现代化经济体系，实现经济高质量发展。

第二，明确建设方向，落实关键举措。一是建立健全政策体系，编制《数字经济创新引领发展规划》，研究构建数字经济协同治理政策体系。二是实体经济数字化融合，加快传统产业数字化转型，布局一批国家数字化转型促进中心，鼓励发展数字化共性支撑和行业"数据大脑"，推进前沿信息技术集成创新和融合应用。三是持续壮大数字产业，以数字核心技术突出为出发点，推进自主创新产品应用，鼓励平台经济、共享经济、"互联网+"等新模式新业态发展。四是促进数据要素流通，实施数据要素市场培育行动，探索数据流通规则，深入推进政务数据共享开放，开展公共数据资源开发利用试点，建立政府和社会互动的大数据采集形成和共享融通机制。五是推进数字政府建设，深化政务信息系统集约建设和整合共享，深入推进全国一体化政务服务平台和国家数据共享交换平台建设。六是持续深化国际合作，深化数字丝绸之路、"丝绸电商"建设合作，在智慧城市、电子商务、数据跨境等方面推动国际对话和务实合作。七是统筹推进试点示范，推进国家数字经济创新发展试验区建设。组织开展国家大数据综合试验区成效评估，加强经验复制推广。八是制定加快新型基础设施建设和发展的意见，实施全国一体化大数据中心建设重大工程，布局区域级数据中心集群和智能计算中心，推进身份认证和电子证照、电子发票等应用基础设施建设。

第三，巩固建设成果，谋求创新发展。党的十八大以来，以习近平同志为核心的党中央高度重视发展数字经济，党中央、国务院出台了网络强国、宽带中国、"互联网+"行动、促进大数据发展、人工智能等一系列重大战略、规划和举措。各地方、各部门深入贯彻落实创新驱动发展战略，积极推动"大众创业、万众创新"，不断拓展经济发展新空间。数字经济正在进入快速发展的新阶段，规模不断扩大，新技术、新产业、新业态、新模式层出不穷，为经济发展注入新的动力，成为拉动经济增长的新引擎。

一是信息基础设施水平大幅提升。通过制定实施《信息基础设施重大工程建设三年行动方案》，推进"宽带乡村"工程和城市基础网络完善工程，支持宽带网络设施建设，推动完善电信普遍服务机制，加快提升网络供给能力，使得我国宽带普及水平显著提升，宽带网络能力升级换代，宽带用户规模快速扩大。

二是电子商务与各领域的融合不断加深。2015年，国务院《关于大力发展电子商务加快培育经济增长新动力》《促进电子商务发展三年行动实施方案（2016—2018年）》等指导性文件的发布，营造了电子商务健康快速发展的政策环境，对电子商务在"十三五"时期的发展方向进行了总体规划和部署。在这些利好政策的推动下，我国电子商务总体规模持续快速增长，农村网络零售规模继续保持加快增长，跨境电子商务成为助力贸易发展的重要渠道，电子商务线上线下融合日趋明显。当前，电子商务正在健康快速发展，利用互联网跨地域、低门槛的特点，不断催生新业态、新模式，向农村延伸、向境外拓展、促进线上线下融合的趋势不断显现。海尔等传统线下企业借助互联网技术打造新竞争力，京东等线上企业通过互联网平台整合线下的上下游产业链，形成平台效应，提高了经济效率。

三是国家大数据战略加快落实。我国大数据发展工作成效明显，国家大数据战略正在得到有力落实，各地方各部门对大数据工作重视程度不断加强，大数据在各行业领域应用不断深入，加速融入经济社会各个领域。同时，政策法规环境不断优化。国务院《促进大数据发展规划纲要》《政务信息资源共享管理暂行办法》《"十三五"国家信息化规划》《"十四五"数字经济发展规划》等一批指导大数据发展的政策文件相继出台，加强了国家政策统筹和规划引导。目前，齐抓共管格局基本形成，政务数据共享取得突破，产业集聚效应初步显现，技术创新体系加速形成，新业态新模式不断涌现。

四是新型智慧城市建设有效提升城市治理水平。目前，我国超过80个地市级以上城市将"以人为本"作为首要目标，全面落实信息惠民工程，大幅提升政府公共服务水平，智慧城市对城市管理和公共服务的支撑作用逐步显现。为推进各类智慧应用的协同发展，加强各项政策的协同，国家发展和改革委先后研究提出了《政务信息资源共享管理暂行办法》等政策文件，推动20个部门出台"互联网+"实施方案，商务部、交通运输部、人力资源和社会保障部、测绘地理信息局等部门也分别在相应领域出台了一系列指导性文件，有力推进了我国智慧应用体系建设，形成了支撑我国新型智慧城市建设的政策体系。一些城市通过建设新型智慧城市运营管理中心，汇聚政府、运营商、企业等各类数据资源，初步实现了对城市运行状态的全面感知、态势预测、事件预警，提高了协同指挥与智能决策能力。

五是加大数据开放力度，提升社会服务水平。杭州市开发"城市数据大脑"，利用政府开放的交通数据调节交通流量，实现车辆通行平均提速3%至5%，部分路段提升11%的良好效果。北京、上海等地围绕解决"大城市病"，积极探索通过开放交通、医疗等领域的数据资源，调动社会力量利用大数据、云计算等技术，为广大市民提供了便捷的信息服务，向社会开放数据集超过1000个，企业、个人利用开放数据成功开发交通、医疗等多领域互联网、移动互联网应用近百个，进一步促进了对城市有效资

↑ 2016年10月13日，全球首个城市数据大脑——杭州市城市数据大脑正式对外发布。投入运行的城市数据大脑，每天将为杭州交通系统节约15万交警人力资源　中新图片/许康平

源的优化配置，提升了政府公共服务水平。

第四，立足基本国情，建设数字中国。习近平总书记在十九届中共中央政治局第三十四次集体学习时指出："党的十九大提出，推动互联网、大数据、人工智能和实体经济深度融合，建设数字中国、智慧社会。党的十九届五中全会提出，发展数字经济，推进数字产业化和产业数字化，推动数字经济和实体经济深度融合，打造具有国际竞争力的数字产业集群。"①按照党中央、国务院的部署，工信部扎实推进数字经济发展。我国数字经济规模从"十三五"初的11万亿元增长到2020年的39.2万亿元，占GDP的比重达38.6%。数字经济发展取得了积极成效。从移动支付、共享出行到工业互联、智慧城市，特别是新冠肺炎疫情影响下，网上购物、在线教育、远程办公、智慧医疗等全面融入人们的日常工作和生活，为经济高质量发展注入了新的动力和活力。

目前，数字中国的美好愿景正在实现，我国让世界20%的人口拥有了全球50%以上的4G基站和60%以上的光纤；5年中，我国从约有5万个行政村未通宽带到全国行政村通光纤和通4G比例均超过98%；5G通信也在5年间从无到有，截至2021年6月，5G基站总数已有96.1万个，5G国际标准必要专利占比全球领先，5G商用正式启动。中国信息通信研究院发布的《全球数字经济白皮书》显示，2020年，全球47个国家数字经济规模总量达到32.6万亿美元，同比名义增长3.0%，占GDP比重为43.7%。中国数字经济规模为5.4万亿美元，位居世界第二；同比增长9.6%，位居世界第一。

根据《"十四五"数字经济发展规划》，到2025年，数字经济迈向全

---

① 习近平：《不断做强做优做大我国数字经济》，《求是》2022年第2期。

面扩展期，数字经济核心产业增加值占 GDP 比重达到 10%，数字化创新引领发展能力大幅提升，智能化水平明显增强，数字技术与实体经济融合取得显著成效，数字经济治理体系更加完善，我国数字经济竞争力和影响力稳步提升。

数据要素市场体系初步建立。数据资源体系基本建成，利用数据资源推动研发、生产、流通、服务、消费全价值链协同。数据要素市场化建设成效显现，数据确权、定价、交易有序开展，探索建立与数据要素价值和贡献相适应的收入分配机制，激发市场主体创新活力。

产业数字化转型迈上新台阶。农业数字化转型快速推进，制造业数字化、网络化、智能化更加深入，生产性服务业融合发展加速普及，生活性服务业多元化拓展显著加快，产业数字化转型的支撑服务体系基本完备，在数字化转型过程中推进绿色发展。

数字产业化水平显著提升。数字技术自主创新能力显著提升，数字化产品和服务供给质量大幅提高，产业核心竞争力明显增强，在部分领域形成全球领先优势。新产业新业态新模式持续涌现、广泛普及，对实体经济提质增效的带动作用显著增强。

数字化公共服务更加普惠均等。数字基础设施广泛融入生产生活，对政务服务、公共服务、民生保障、社会治理的支撑作用进一步凸显。数字营商环境更加优化，电子政务服务水平进一步提升，网络化、数字化、智慧化的利企便民服务体系不断完善，数字鸿沟加速弥合。

数字经济治理体系更加完善。协调统一的数字经济治理框架和规则体系基本建立，跨部门、跨地区的协同监管机制基本健全。政府数字化监管能力显著增强，行业和市场监管水平大幅提升。政府主导、多元参与、法治保障的数字经济治理格局基本形成，治理水平明显提升。与数字经济发展相适应的法律法规制度体系更加完善，数字经济安全体系进一步增强。

当今世界，互联网、大数据、人工智能等新技术新业态蓬勃发展，正在重组全球要素资源，重塑全球经济结构，改变着全球的竞争格局。近年来，我国信息网络基础设施取得跨越式发展，遵照通信技术的演进规律和适度超前原则，在追赶世界先进技术的步伐中，敢于超前谋划布局、实现超越式发展。特别是瞄准前沿敢于创新，巩固5G发展成果，继续推进以5G基站建设为重点的数字技术工程基础设施建设，实现在新一代通信技术和数字经济发展中的国际领先。未来，随着国家5G、千兆光纤网络、云计算和数据中心等新基建的加快推进，数字技术和网络基础设施将进一步完善，数字鸿沟会不断缩小，而数字化产业和产业数字化的持续发展，也将带来信息化水平的全面提升，能够为促进经济社会高质量发展提供源源不断的强大动力，真正让数字中国成为现代化强国的战略支撑。

3 把发展数字经济的自主权牢牢掌握在自己手中

———○———

　　近年来，世界正在进入数字化经济的全新发展阶段。习近平总书记在十九届中共中央政治局就推动我国数字经济健康发展进行第三十四次集体学习时强调："加强关键核心技术攻关。要牵住数字关键核心技术自主创新这个'牛鼻子'，发挥我国社会主义制度优势、新型举国体制优势、超大规模市场优势，提高数字技术基础研发能力，打好关键核心技术攻坚战，尽快实现高水平自立自强，把发展数字经济自主权牢牢掌握在自己手中。"[①] 数字经济事关国家大局。能否把发展数字经济自主权牢牢掌握在自己手中，关系到能否抓住新一轮科技革命和产业变革机遇，赢得未来发展和国际竞争的主动权。

[①] 习近平：《不断做强做优做大我国数字经济》，《求是》2022年第2期。

（一）
牵住数字关键核心技术
自主创新这个"牛鼻子"

2020年我国数字经济发展规模突破40万亿元，稳居世界第二。尽管如此，我们在一些基础技术领域和核心技术领域，仍然未摆脱受制于人的困局，数字经济的发展还有不尽如人意的地方，在做强做优方面亟待解决。如果实现了做强做优，做大也就顺理成章了，这种局面如果成为现实，国家竞争新优势也就能得到凸显，还可以为广大消费者带来更满意的服务和体验。我们应该清醒地认识到，数字关键核心技术上的短板是最大的"命门"，紧紧牵住数字关键核心技术自主创新这个"牛鼻子"是补短板的关键。

——深刻认识数字经济自主创新的重大意义。

第一，自主创新既可以增长我国的国际竞争新优势，又可以增强我国发展的长期动力；既可以提高我国经济增长的质量和效益，又可以加快转变我国的经济发展方式。

第二，数字经济自主创新的加快，在传统产业优化升级的支持方面有利，并且会催生新模式、产生新业态和新产业，在传统动能的改造升级和新动能培育壮大方面也有很大的促进作用。一方面，数字经济自主创新的加快，对深化要素市场化配置改革有利，并且在降低实体经济运行成本方面有很大贡献；另一方面，数字经济自主创新的加快，对于构建新型发展体制机制有利，并且可以加快形成诸如创新发展的市场环境、投融资体制、分配制度、产权制度、人才培养引进使用机制等大好局面。同时，数字经济自主创新的加快，在变革经济发展的动力、质量、效率等方面，在提高全要素生产率，加快国家创新体系建设，不断增强国家经济创新力和国际竞争力方面都具有强劲的推动作用。

——明确牵住自主创新"牛鼻子"的几大着力点。

第一，推动数字经济的基础设施建设和技术发展。通信网络、大数据、5G等数字基础设施和新技术的发展需要大力推进；互联网数据中心、传统宽带网络等传统基础设施的升级改造需要高标准推动；不同地区之间、城镇之间的基础设施水平差距大的问题需要解决；新一代数字基础设施安全、移动、高速等方面需要积极构建；数字资源交互效果需要提升；产业数字化升级、数字产业化的坚实基础需要推动和奠定。

第二，加强数据安全工作和深化数据治理。就像农业时代的劳动力和土地一样，工业时代的数据、资本、技术已然变成了数字经济最核心的生产要素。在这当中，政府成了掌握那些海量公共数据的主体。应选择在交通运输、医疗卫生等重点领域进行改革试验，对公共数据的分类分级开放策略进行周密的研究，在公共数据的开放共享体制机制方面进行积极的探索，在社会各方开发利用公共数据资源的规范化、制度化、法治化方面需要加快步伐，从而最大限度地挖掘和释放公共数据的潜能。对于电商平台、互联网企业等采集来的数据，应开展数据反垄断、平台经济、数据流通等相关立法的建立健全工作；对定价、数据流通涉及的产权明确等环节的交易问题，加强对共享、使用、存储、数据采集等相关行为的规范；明确平台各相关主体的权责规范，为数据的流通创设轻松的法律和政策环境。与此同时，还要尽快完善个人信息保护、数据安全等方面的制度规范和法律法规，从而加大对个人信息的保护力度。

↑ 2022年1月初，广州市国际生物岛正式对外开放运营无人驾驶小巴，为市民提供无人驾驶微循环免费公交服务　中新图片/陈骥旻

第三，推进重点领域智能化数字化的应用强化。三大产业深度融合发展，人工智能、大数据等新技术的引导，以及向生态化、平台化、智能化、数字化的升级，数字经济在助推实体经济发展方面，会有叠加和倍增效应。要促进物联网、大数据、云计算、人工智能等新兴技术向重点行业的渗透转化，加快推进智能家居、智能制造、无人驾驶、智能交通、智慧教育、智慧医疗等智能经济应用发展。

第四，加强数字经济相关基础性研究的开展。与传统经济相比，数字经济有许多不同的特点，传统经济学理论的解释和指导不能完全适用于数字经济，因此，亟须解决基础性研究问题。应指导研发中心、科研院所、高校加强对实操、技术、相关理论等方面的研究，在产品定价、组织管理、企业组织、竞争理论、数据产权等领域加快取得突破性成果。同时，要加快培养一批研发技术过硬、基础理论功底深厚的数字经济骨干和领军人才。

第五，加强数字经济国际交流与合作。以跨境电商为基础的"数字丝绸之路"为依托，加快"一带一路"沿线国家数字基础设施的互联互通和建设工作；实现信息流和数据流的互联互通，与各个国家的优势资源和核心生产要素相连接；加强我国与国际社会在智能化安全、智能化产业、智能化研发等方面的合作，进而加强我国对数字经济国际规则的探索和研究，最终提升我国在国际社会的话语权。

第六，坚持走好基础研究和高端研发相结合的数字经济自主创新之路。自主创新是在充分继承并借鉴前人成功经验的基础上，结合发展实际和各自发展特点，开创出更好、更新的发展模式，而不是抛弃已有的成果和经验另起炉灶、从头做起。成功的创新要经过周密细致的调查研究和统筹规划，一拍脑袋、一意孤行、想当然是无法创新成功的。数字经济自主创新既要优化创新发展环境、探索新型商业模式、掌握高端技术、增强经济发展韧性，又要重视高端技术基础研究、提升基础研发能力、持续提高自主创新能力，形成有助于提高经济发展质量的新技术、新产品，从而有效防止因外部冲击而导致产业链断裂，打通数字经济发展渠道，并掌握数字经济发展的主动权。

第七，充分发挥人才在数字经济自主创新中的引领和支撑作用。"创新驱动实质是人才驱动。"[①] 习近平总书记的重要论断，深刻指明了创新驱动发展战略的突破口和着力点在于人才和创新。数字经济专业人才的培

---

① 习近平：《在中国科学院第十九次院士大会、中国工程院第十四次院士大会上的讲话》，人民出版社 2018 年版，第 3 页。

育，有利于实现数字经济前沿研究新突破，有利于夯实数字经济基础研究。各级党委政府要充分发挥人才在自主创新发展中的引领作用，加快数字经济创新型人才队伍建设，突破数字经济发展的人才瓶颈，建立健全人才培养与引进模式。要打破束缚人才的制度羁绊，创设符合人才成长规律的管理模式，建立更为灵活的人才管理机制，完善人才评估机制，让众多人才发挥出自己的光和热，广泛吸引各类创新人才，汇聚创新发展的强大正能量。

（二）
发挥我国制度优势、体制优势和市场优势

在全球数字经济竞争日趋激烈的形势下，我国面临着高速增长和高质量发展的双重任务与挑战。但在发展数字经济方面，我国也具有在制度、体制、市场等其他多方面的优势。抢占数字经济未来发展制高点，推动我国数字经济健康发展，要充分发挥我国社会主义制度优势、新型举国体制优势和超大规模市场优势。

我国社会主义制度优势集中体现在两个方面。

第一，我国独有的集中力量办大事的制度优势。特有的制度优势使得我国政府能够在数字基础设施的建设上大有作为。例如，新型基础设施建设具有所需投资大、涉及产业广、规模大等特点，由此带来的高昂建设成本，必然需要企业和民间资本的大量参与和支持。因此，必然要借助我国独有的集中力量办大事的制度优势，这无疑为数字经济生态体系的健康发展和完善奠定了基础。因此，我国独有的集中力量办大事的制度优势，具有重大的现实意义和战略意义。近年来，在以习近平同志为核心的党中央

的高度重视和大力推动下，各级政府纷纷出台政策促进数字经济发展，为数字经济发展提供体制保障和环境动力。例如，浙江省、河北省（雄安新区）、福建省、广东省、重庆市、四川省等地结合创建"国家数字经济创新发展试验区"，深入开展体制改革探索，围绕加速实体经济数字化转型，研究构建更加适应数字生产力进步的生产关系，建立适应平台经济、共享经济等新业态发展要求的管理制度，探索数据高效安全流通和应用的政策制度。特别是浙江省，以"数字化改革"为主线，研究出台了一系列政策文件，推动全省范围内的深化改革和革故鼎新，全面引领数字经济新产品、新模式、新业态、新就业、新消费、新生活方式。

在新的5G时代已经到来、商业化应用即将到来之际，中国将集中大规模投资建设5G基站和运营平台。与此同时，中国巨大的国内市场也将充分发挥作用，释放出更多消费潜力。中国集中力量办大事的制度优势明显，在此情况下，中国数字经济的发展成果也将充分造福民众。

第二，我国包容宽松的政策法规体系。当前，民众、企业、政府对发展数字经济的认识得到进一步统一，数字经济发展需要的良好的政策环境在中央到地方自上而下的政策部署中都得到了体现，数字经济新模式、新业态和新产业蕴藏的巨大潜力和强大动能的助力得到不断释放。中国政府对数字经济一直持包容宽松的监管态度，并在国家战略高度重视发展数字经济。近年来，推进"上云用数赋智"行动、数字化转型伙伴行动（2020）等政策、举措相继推出，我国发展数字经济的制度优势日益凸显。

新型举国体制优势，也是我国社会主义制度的一大亮点，这一优势主要表现在以下三个方面。

第一，国家重视促进数字经济发展的顶层设计和体制机制建设。党的十八大以来，党中央高度重视发展数字经济，实施网络强国战略和国家大数据战略，拓展网络经济空间，支持基于互联网的各类创新，推动互联网、大数据、人工智能和实体经济深度融合，建设数字中国、智慧社会，推进数字产业化和产业数字化，打造具有国际竞争力的数字产业集群，使我国数字经济发展较快、成就显著。特别是新冠肺炎疫情暴发以来，数字技术、数字经济在支持抗击新冠肺炎疫情、恢复生产生活方面发挥了重要作用。《中国数字经济发展白皮书（2021）》显示，数字化体制改革最大限度地释放了数字经济发展的巨大潜力，全国有13个省份数字经济规模超过1万亿元，北京、上海数字经济占GDP比重全国领先，重庆、福建数字经济增速全国领先；而根据工信部数据，2021年1—5月，直播、短视频等新模式带动网络销售持续活跃，生产、生活类服务平台快速恢复，在线教育服务、网络游戏等领域迅猛发展。

第二，市场主体机制。近年来，我国大力推动互联网与消费领域深度融合，积极培育内生增长动力，培养了一大批走在世界前列的数字平台企业，在电子商务、移动支付、共享经济等数字经济核心领域引领全球。在龙头企业的带动引领下，大批中小企业得以集聚。同时，依靠市场和政府的共同推动，在人才、金融、新型基础设施、制度等多要素支撑下，形成了一个大的数字产业生态，正在加快传统产业转型升级。此外，占据全球领先地位的龙头企业通过深化对外经贸合作与技术交流，为我国赢得了国际话语权优势，它们广泛参与电子商务、移动支付、数字内容等领域的国际规则制定，为更多中国数字经济企业走出去提供了良好规则基础。

第三，协调配置机制。当前，随着数字经济的快速发展，我国的互联网平台已成为协调和配置资源的基本经济组织，成为推动我国经济高质量发展的重要加速器。数字经济依托互联网平台组织，一方面，减少了信息的不对称性，能够有效避免生产要素投入过剩或闲置造成的浪费；另一方面，又通过技术和模式创新，有利于打破各类要素投入生产的时空约束，扩大生产要素的资源供给。通过打造共创共赢的生态系统，互联网平台推动整个社会实现数字化转型，为大量中小微企业提供可负担的、世界级的数字基础设施，能够促使更多资源实现高效集聚，大幅降低整个社会的信息成本，让更大范围的协同合作成为可能。

"十四五"时期，数字经济高质量发展亟须在数据要素基础制度改革上取得重大突破，加快建立数据资源产权、交易流通、跨境传输和安全保护等方面的基础制度和标准规范。继续保持和发挥新型举国体制优势，一是要推进实体经济转型。加快推进实体企业价值链、供应链各环节的数字化改造，加快企业"上云用数赋智"，打通各部门、各环节的数据连接，推动实体企业业务流程、商业模式和业态创新。二是在首创性制度创新上"大胆地试，大胆地闯"，打破制约数字经济发展的市场监管、宏观政策、法律法规等梗阻，构建与数字经济发展相适应的政策法规体系。三是完善数字治理规则，推动数据权属、开放和流动，以及数字市场公平竞争，加强网络安全等领域的法律法规和管理制度建设，营造良好的数字经济发展环境。积极参与数字领域的全球治理规则制定，深化数字经济全球分工合作，促进数据、数字商品和服务跨境流动。

我国超大规模市场优势主要体现在三个方面。

第一，市场规模优势。数字经济的典型特征是网络外部性，市场规模越大，越有利于海量数据的产生，也就越有利于数字经济发展。我国拥有14亿多人口所形成的强大内需市场，网民规模巨大。截至2021年6月，我国网民规模为10.11亿，较2020年12月新增网民2175万；互联网普及率达71.6%，较2020年12月提升1.2个百分点。强大的国内市场更有利于数字经济充分发挥降低市场交易成本和协调成本的能力，也将使市场效率得到有效提升。

第二，消费群体优势。技术的可持续发展离不开市场需求的激励。我国人口数量众多，且人均GDP突破1万美元，消费能力和潜力较大，超大规模市场优势较为突出。我国数字消费者数量庞大，各种数字应用渗透率都位于世界前列。2021年上半年，全国网上零售额61133亿元，同比增长23.2%，其中，实物商品网上零售额50263亿元，增长18.7%，实物商品网上零售额占社会消费品零售总额的比重为23.7%，信息消费引领国内消费市场稳步复苏。庞大的消费者群体促使各个数字企业不断开辟新场景新产品，使消费者的个性化需求得以满足。当前，越来越多的中国互联网公司开始采用独特的生态战略，实现线上线下全场景打通，强化与消费者的沟通，通过社会化方式完成更多新产品新服务的生产和提供。

从2020年"双十一"各大电商的销售业绩来看，我国巨大的消费群体优势如下：2020年天猫"双十一"全球狂欢季成交额达到4982亿元，超过450个品牌成交额过亿。2019年这一数据为2684亿元。而截至2020年11月11日23时，实时物流订单量突破22.5亿单，约等于我国2010年全年快递量的总和。2020年11月1日0时0分至11月11日23时59分，京东"双十一"全球热爱季累计下单金额超过2715亿元，2019年这一数据为2044亿元。这一成绩的获得并不简单。2020年，疫情曾给经济按下暂停键，而随着"双十一"再度来临，从商家到消费者，从外贸工厂到田间地头，从直播生态到物流体系，从国内到海外，都达到了颇为默契的协同，向世界展现了中国的消费信心。

在网民购物狂欢的背后，也有着技术创新的坚实基础作为支撑。物流方面，随着数字技术渗透到供应链管理、仓库发货、快递中转、末端配送，"双十一"的物流体验显著提升。2020年，菜鸟的预售极速达服务覆盖了全国338个城市，预售订单可提前下沉到配送网点和社区，将配送距离缩短至几公里甚至几百米。在菜鸟仓库，有智能机器人帮助人工拣货，拣货员一天的走动从2万多步减少到了2000多步，拣货效率却提高了1倍以上；在快递中转环节，各大快递公司自动流水线实现了近百分百的自动化覆盖。2020年菜鸟还首创了"双十一"快递直播，通过云监工，1亿人次看到了中国经济跳动的脉搏。菜鸟无锡无人仓内，智能机器人在快递云监工的镜头下处理"双十一"订单。京东物流方面，2020年京东物流在"分钟达"上再度突破，"双十一"第一单用时6分钟送达，农村最快一单用时15分钟，不断刷新时效纪录。同时，在"千县万镇24小时达"计划的推动下，在全国范围内，92%的区县和83%的乡镇消费者可以享受"24小时达"服务。

第三，消费变革优势。随着传统消费市场和大数据、云计算、人工智能等数字技术的融合，许多以数字技术为依托的全新消费形式应运而生，在满足人们多样化消费需求的同时又促进了数字技术、数字产业的发展升级。我们要充分利用好我国超大规模市场的优势，推动新技术快速大规模应用和迭代升级，加速科技成果向现实生产力转化。同样以2020年的"双十一"为例，各大电商纷纷打破传统的消费模式，转向以数字技术为依托，全力为消费者打造各种新的消费模式。在订单创建与支付体验上，继2019年"双十一"核心系统上云后，阿里巴巴实现全面云原生化，2020年11月11日0点刚过26秒，天猫"双十一"的订单创建峰值就达到58.3万笔/秒，大大提升了商业效率。此外，C2M（反向定制）模式也值得一提。依托于强大的数据基础和挖掘能力，京东在2020年"双十一"期间，C2M反向定制商品成交额同比增长超过2倍，京东超市多款C2M品类的商品销售呈现爆发式增长。截至2020年11月6日12点，京品家电成交额同比增长近5倍，成交金额占京东家电整体的26%。11月6日，游戏笔记本电脑成交额同比增长8倍，其中由京东反向定制推出的产品销量占比85%。

而随着直播、3D场景购等新技术全面普及，品牌销售额也纷纷实现了新增长。淘宝直播上，2020年11月1日零点至11日1时，华为、海尔、美的等7个品牌的淘宝直播间成交额破1亿元。预售期间，淘宝直播每天开播场次同比增长超过50%，淘宝直播的观看人数也出现大幅增长。除了达人直播，商家开播也成为店铺消费者运营的标配。与此同时，海外消费者也通过直播买进中国货。2020年"双十一"，西班牙、法国、俄罗斯等国超过300位达人主播通过速卖通举行了1万场直播，这一数字是2019年的10倍。而通过直播间的实时翻译功能，商家只需用中文直播，就会被自动翻译成英、西、俄语字幕，覆盖逾10亿消费者，让全球用户越过语言障碍。

2020年11月10日，快手大数据研究院联合快手电商发布的《2020快手电商生态报告》显示，快手电商GMV2年增长1000倍，平均每秒2场电商直播，已成长为全球范围内以商品交易总额计第二大的直播电商平台。对比2020年8月和1月，快手电商订单数增长254%，商家数增长74%，买家数增长68%。2020年1至6月，买家平均月复购率达到60%。

此外，3D实景购物技术也得到大规模应用。据介绍，淘宝3D场景购技术全面落地120个家电品牌，海尔、西门子的3D样板间1:1实景复刻线下体验店，实现用户浏览时长同比增长180%，部分商家的客单价因此较日常提升1.17倍。

继续保持和发挥这些超大规模市场优势，一要充分利用当前我国消费升级的强劲趋势。这不仅为数字经济发展提供了多样化的应用场景，也有助于降低企业创新创业的试错成本。在数字经济相关的大数据、人工智能等领域,数字经济能够依托海量数字消费者实现快速发展。此外,中国仍有部分产业的成熟度较低,人民日益增长的美好生活需要难以被传统行业满足。未来,数字经济将提供更具创造性的解决方案,直击消费者痛点,有望实现跨越式发展。二要从消费领域向生产领域扩展。我国是世界上制造业规模最大的国家,产业门类齐全、产业链完整、发展层次多样,产业数字化发展具有广阔的市场空间和丰富的应用场景。当前我国数字经济优势主要体现在消费领域,未来需要更多在生产领域发力,发挥数字科技赋能的巨大威力,提高实体经济的全要素生产率,形成一批产业数字化和数字支撑平台领域的世界级企业,推动我国产业向全球价值链高端攀升。三要促进数字消费提质。鼓励企业利用新一代信息技术开发智能网联化产品,不断创新互联网服务,提高数字产品和服务的定制化水平,满足消费升级需要,拉动科技创新和产业升级。

此外,在数字经济发展方面,我国还具有其他一些优势,这些优势也为数字经济的腾飞保驾护航。

第一,工业体系优势。一是技术优势。信息技术的持续迭代为数字经济增长增添了全新活力。近年来,我国在5G、人工智能、量子计算、物联网、区块链、大数据等信息技术优势领域持续实现突破,并加快推进产业化应用,为数字经济的蓬勃发展提供了强大支撑。二是产业优势。我国已成为制造业大国,是全球唯一拥有联合国产业分类中所列全部工业门类的国家,拥有世界上最完备的工业体系。在工业互联网快速发展的今天,这将为数字经济的发展带来更多红利。三是后发优势。总体来看,我国产业数字化转型仍处于起步期,传统产业数字化水平还有待提高。与此同时,数字经济在不同区域间发展不平衡的问题日益凸显,偏远落后地区、

↑ 区块链技术赋能旅游经济：2019年"五一"假期期间，由福州市政府打造的标杆"数字街区"在福州市三坊七巷亮相　中新图片 / 王东明

农村地区还有大量的数字化需求未能得到满足。

第二，人力资源优势。一是人才吸引力逐步增强。当前，我国数字经济规模占 GDP 比重近四成，其增速远远超出 GDP 增速，在国民经济中的地位举足轻重，数字经济正在成为推动经济增长、吸纳就业的新引擎。二是人才质量不断优化。随着新时代人才强国战略的深入实施，我国教育体系日益优化，科技创新人才队伍建设取得积极进展。近年来，我国人才优势不断积累，"劳动力红利"逐步向"工程师红利"转化，为数字经济的高质量发展奠定了雄厚的智力资本。

总之，数字技术的基础研发需要大量的资金、技术和人才培育的投入，是一项长期的系统工程，要充分发挥社会主义制度优势、新型举国体制优势，将政府、市场与社会有机地结合起来，科学统筹、集中力量、优化机制、协同攻关，把发展数字经济自主权牢牢掌握在自己手中。

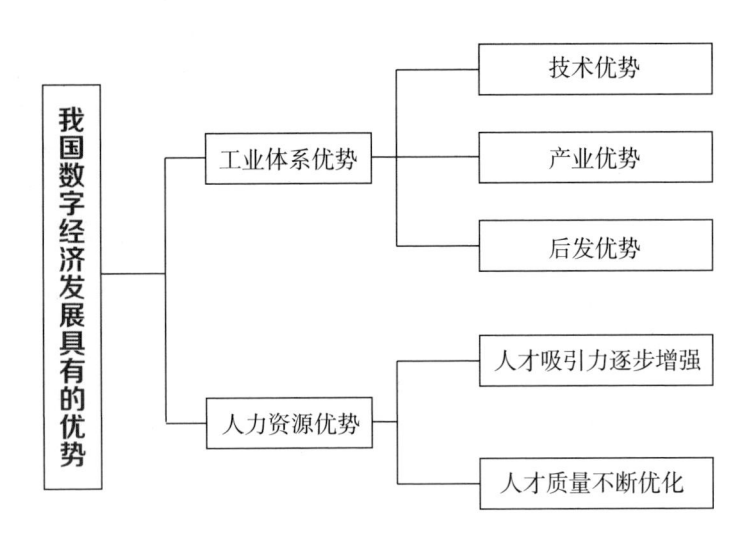

```
我国数字经济发展具有的优势
├── 工业体系优势
│   ├── 技术优势
│   ├── 产业优势
│   └── 后发优势
└── 人力资源优势
    ├── 人才吸引力逐步增强
    └── 人才质量不断优化
```

（三）
提高数字技术基础研发能力

我国数字经济发展已经形成规模和速度优势，正在全面优化升级和深度融合发展。在此基础上，我们要认清形势、把握机遇，强化数字经济发展的技术基础的研发能力，营造更好的发展环境，高水平统筹发展与监管，着力推动我国数字经济健康发展。

数字经济发展的技术基础之所以如此重要，一方面，因为数字经济的发展取决于基础数字技术的研发。数字化技术要带动经济腾飞，一定要结合各种科技要素和实体，其中数字经济要和物联网技术结合，与各类大数据结合，和机器人结合，与虚拟现实结合，与教育模式结合，与设备技术结合。通过状态场景的不断研发，就能让数字技术高速融入并应用于数字经济的各种场景工程。另一方面，因为基础研究是自主创新的源头。"自主创新"不等于"闭门创新"。虽然我国的经济总量已位居世界第二，但企业总体上还处于全球行业价值链的中低端；我国的全员劳动生产率只有发达国家的 20% 左右。要实现经济转型，首先需要实现从买技术到自主创新的转变。中国经济能不能真正从世界"第二"走向"第一"，将取决于我们原始创新和基础研究的能力。基础研究探索客观事物的原理与规律，不仅需要长期的努力与坚持，也需要不同背景、不同国家的科学家通力合作。我们要善于抓住将基础研究成果转化为生产力的机会，在充分继承并借鉴前人已有的成功经验基础上，结合发展实际和各自发展特点，开创出更新、更好的发展模式。

当前，数字技术基础研发的着力点主要包括。

第一，坚持走好基础研究和高端研发相结合的数字经济自主创新之路。打好关键核心技术攻坚战，必须补齐基础研究的短板。许多"卡脖子"技术问题，根子就在于基础理论研究跟不上，源头和底层的东西没有搞清楚。数字技术高水平自立自强，必须建立在基础研究和原始创新的深厚根基上。要把基础研究摆在更加突出的位置，从"卡脖子"问题清单和国家重大需求中提炼和找准基础科学问题，以应用倒逼基础研究，以基础研究支撑应用，为关键核心技术突破提供知识和技术基础。同时，要强化原创引领导向，支持和激励科研人员增强创新自信，挑战科学和技术难题，实现更多"从 0 到 1"的原创突破，努力提出新理论、开辟新方向，为实现数字技术高水平自立自强提供持久丰沛的创新源泉。[1]

第二，完善数字技术基础设施支撑体系。这是数字经济的底层逻辑

---

[1] 参见求是网评论员：《把发展数字经济自主权牢牢掌握在自己手中》，求是网 2021 年 10 月 22 日。

↑ 国家大数据（贵州）综合试验区展示中心　中新图片 / 瞿宏伦

和发展根基。有专家指出：以5G、集成电路、大数据、云计算、区块链、人工智能等为代表的新一代信息技术快速演进、交叉融合，促使"技术—产业"交互迭代效应持续增强，正在深刻改变全球技术产业体系，并强有力地支撑数字经济创新发展。为此，我们要实施"双千兆"网络协同发展行动计划，推广升级千兆光纤网络，建设品质优良、集约高效、安全可靠的精品5G网络。实施5G应用创新行动计划，培育5G产业生态，系统拓展应用领域。深入推进网络提速提质。推进移动物联网全面发展，完善电信普遍服务补偿机制，优化国际通信出入口布局。统筹布局绿色智能的数据与计算设施。推进全国一体化大数据中心体系建设，打造若干国家枢纽节点和区域大数据中心集群，推进国家工业互联网大数据中心建设，引导数据中心向高技术、高效能、低排放"两高一低"方向发展。构建多层次的计算基础设施体系，推动建设公共数据共享交换平台、大数据交易中心等设施，提升人工智能基础设施服务能力。同时，积极发展高效协同的融合基础设施，加快车联网基础设施建设和改造，利用5G、大数据、人工智能等技术对传统基础设施进行智能化改造。[1]

除此之外，还要加快信息基础设施升级。《中华人民共和国国民经济和社会发展第十四个五年规划和2035年远景目标纲要》提出"打造数字经济新优势"，强调"充分发挥海量数据和丰富应用场景优势，促进数字技术与实体经济深度融合，赋能传统产业转型升级，催生新产业新业态新模式"。完成这一重要任务，需要从两个方面着手。一是加大数字科技研发投入。特别是要加大政府对数字经济领域基础科学、产业共性技术以及"卡脖子"技术的研发投入，通过提高研发费用加计扣除比例等措施，鼓

---

[1] 参见肖亚庆：《大力推动数字经济高质量发展》，《学习时报》2021年7月16日。

励企业加大研发投入、更多关注基础研究。

二是加快推动数字技术标准制定。推动政府主管部门、行业协会、领军企业、高校和科研院所密切合作，加快数字经济领域术语、新技术和数据格式、工业互联网平台架构等方面的标准制定，尽快形成业界共识，实现兼容和互联互通。同时，积极参与国际技术标准组织的工作，推动更多中国技术标准成为国际技术标准。

三是支持科技成果产业转化。改革科技成果管理体制，使科研人员能够更好分享科技成果转化的收益，增强其推动科技成果转化的积极性；借鉴国际上比较成熟的经验，通过国家重大工程等为新技术的工程化创造早期市场；通过政府采购、新型基础设施建设等为数字科技的大规模产业化提供市场支持，加快技术迭代和成熟。

四是促进数据开放连接共享。研究制定政府公共数据开放制度规范，推动企业登记、交通、气象、信用评价等不涉及国家安全的公共数据向企业开放以及各地区各部门间的数据共享；推动制定数据权利归属、数据交易等相关制度，建立数据交易市场，鼓励企业间的数据连接与交易共享。

五是完善数字经济法律体系。借鉴国外成功经验并结合我国实际，着眼促进创新、产业发展和国家安全等方面，加快数字经济重点领域和重点环节的立法工作，在推动数字经济快速发展的同时，维护国家利益和人民群众利益。[1]

第三，构建平台体系。平台体系是数字经济的基本形态，也是数字化的神经中枢。一方面，要规范发展以在线基础设施支持市场交换的交易平台，整合线上线下资源，通过交易平台实现高水平互联互通，放大融通发

---

[1] 参见李晓华：《打造数字经济新优势的着力点》，《经济日报》2021年8月11日。

展效应。从实践来看，交易平台是数字经济最为活跃的部分，也是我国数字经济发展迅速、表现亮眼的方面。另一方面，要重点发展以操作系统或技术标准支持的专业平台，作为推动我国数字经济发展的关键点。例如，构建面向制造业数字化、网络化、智能化需求的工业互联网平台，通过海量数据采集、汇聚、分析，实现精准匹配供给需求、优化资源配置方向。此外，随着数字经济的深入发展，还会有一些新的平台出现。要适应数字经济发展要求，不断丰富完善发展平台体系，促进平台经济健康发展，推动经济发展质量变革、效率变革、动力变革。

第四，完善数字产业体系。从国际比较来看，数字经济的优势取决于数字核心企业和数字产业集群聚合能力，以及在此基础上形成的数字产业链供应链。因此，依托数字核心企业形成产业关联体系和数字产业集群，是数字经济的主体支撑和活力源泉。当前，我国数字经济发展迅猛，具有一定的速度优势和规模优势，但客观分析，也还存在着核心数字企业不强、数字产业集群优势不明显的短板，这是我国数字经济发展必须实现突破的一个重要方面。

第五，完善数据资源体系。经过多年的发展，我国数字经济具有海量数据资源优势。但要把现有存量优势转化为未来发展优势，还需要进一步加快完善数据资源体系，推动数据资产化进程。只有这样，才能更好地发挥数据在数字经济发展中的重要作用。要以数据采集、数据存储、数据加工、数据流通等环节为核心，构建数据权属与收益制度体系、数据定价交易市场体系、数据共享与安全隐私保护体系、数据技术标准与基础设施支撑体系、数据市场开放体系等，加快数据要素市场化流通，加快构建数据要素市场规则。

4 打好关键核心技术攻坚战

———一———

关键核心技术更是国之重器,对推动我国经济高质量发展、保障国家安全都具有十分重要的意义。习近平总书记在中国科学院第二十次院士大会、中国工程院第十五次院士大会、中国科协第十次全国代表大会上强调:"加强原创性、引领性科技攻关,坚决打赢关键核心技术攻坚战。"[①] 实践反复告诉我们,关键核心技术是要不来、买不来、讨不来的。只有打好关键核心技术攻坚战,才能牢牢掌握创新主动权、发展主动权。

---

① 习近平:《在中国科学院第二十次院士大会、中国工程院第十五次院士大会、中国科协第十次全国代表大会上的讲话》,人民出版社2021年版,第9页。

（一）

推动实施国家大数据战略

2015年10月召开的党的十八届五中全会提出"实施国家大数据战略"，目的是全面推进我国大数据发展和应用，加快建设"大数据强国"，推动数据资源开放共享，释放技术红利、制度红利和创新红利，促进经济转型升级。以此为标志，大数据战略上升为国家战略。

近几年，智能手机诞生，移动上网得到普及，消费者的通话、微信、短信等信息被长期储存。智能手环、智能血压仪等设备出现，用户身体的生理数据成为被记录和分析的内容。运用GPS定位系统，用户的地理方位、活动轨迹等信息被准确记录。2009年，谷歌公司把5000万条美国人检索最频繁的词条和美国疾控中心在2003年至2008年间季节性流感传播时期的数据对比，建立数学模型，判断流感从哪里传播出来，并且准确预测了2009年甲型H1N1流感暴发和传播。2011年5月，麦肯锡咨询公司发布调研报告《大数据：下一个前沿，竞争力、创新力和生产力》，认为大数据将给社会带来巨大的价值。依据互联网收集的数据，可以客观分析客户的行为习惯、消费需求。亚马逊根据客户查询和购买记录，开发了个性化推荐系统，为消费者精准推荐想购买的书。谷歌根据查询关键词，快速为关联网站排序，方便用户查询。Facebook（脸书）根据存储的客户社交网络记录，推断用户的兴趣与好恶。

大数据时代，数据不仅改变了人们的观念，还推动产业、科研、教育、家庭和社会等各个层面变革，产生深远而广泛的影响。第一，大数据关系国家核心竞争力和国家安全。斯诺登事件说明美国在信息技术、大数据方面具有领先优势，凭借技术优势收集各国用户的聊天日志、存储数据、语音通信、邮件传输、个人社交网络数据等信息，实施网络霸权。第二，大数据催生产业创新、模式创新、业态创新，推动产业转型升级。大数据突破传统产业界限，进军商业、通信、金融、健康、物流等领域，诞生电子商务、数据传输、互联网金融、智慧旅游等新型业态。大数据的使用将成为企业成长和竞争的关键。第三，大数据优化公共资源配置，提高公共服务效率。大数据广泛应用于交通、教育、医疗、治安等公共服务领域，催生智慧交通、空中课堂、网络远程医疗、天网工程等新模式。

面对大数据广泛而深刻的影响，发达国家纷纷认识到大数据的重要性，将开发运用大数据作为夺取新一轮竞争制高点的重要抓手。美国

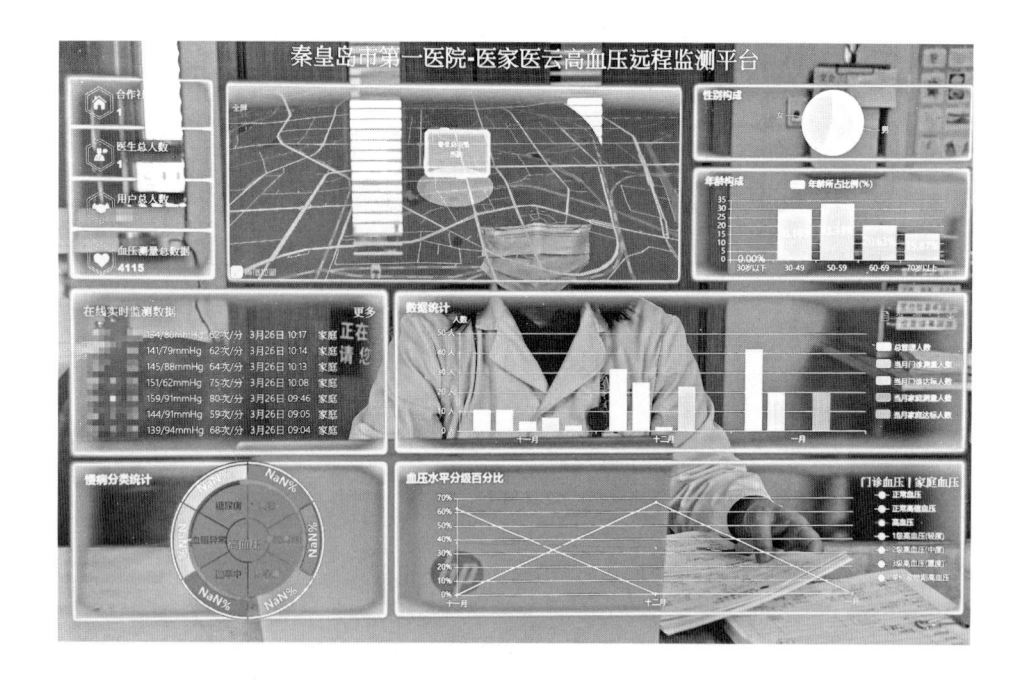

↑ "互联网 + 大数据"助力远程医疗：2020 年 3 月 26 日，秦皇岛市第一医院心内科三病区主任正在查看患者高血压数据　中新图片 / 曹建雄

2012年出台《大数据的研究和发展计划》，将大数据上升为事关国家核心竞争力的国家战略，并投2亿多美元启动该计划，这是继"信息高速公路计划"之后在信息科学领域的又一重大计划。2014年美国又发布《大数据：把握机遇，维护价值》，提出大数据是重要的发展机遇。2013年英国出台《英国数据能力发展战略规划》，投1.89亿英镑，提高大数据的采集、分析能力，推动英国在"数据革命"中抢得先机。2013年澳大利亚发布了《公共服务大数据战略》，推进大数据的分析应用、与其他政策和技术的协同以及为公共服务领域变革。2013年日本制定《创建最尖端IT国家宣言》，韩国颁布《第五次国家信息化基本计划》。由此可见，主要发达国家已将开发运用大数据上升为国家战略。

为了赶上大数据的发展浪潮，中国奋起直追。2015年《政府工作报告》提出"推动移动互联网、云计算、大数据、物联网发展"；2015年8月19日，国务院发布《关于促进大数据发展的行动纲要》。国内城市也争先恐后抢抓大数据机遇，阿里巴巴、腾讯、百度、京东、小米等企业快速成长，成为大数据发展的先手，带领国内大数据产业高歌猛进。贵阳建立国内首个大数据战略重点实验室、首个块上集聚的大数据公共平台、首个大数据交易所，成为国内首个政府数据开放示范城市，承办"国际大数据产业博览会"，建设中关村贵阳科技园。京、津、沪、渝、穗、冀、贵等省市政府先后出台大数据研究与发展行动计划。2013年，《上海推进大数据研究与发展三年行动计划》《广东信息化发展规划纲要》《重庆市大数据行动计划》《滨海新区大数据行动方案》《贵州省大数据产业发展应用规划纲要》等先后发布。

大数据对经济社会发展的影响巨大。从国内外大数据发展现状出发，为了更好地落实国家大数据战略，各省市应当采取有力措施，快速推进大数据发展。

第一，要更新观念，培养大数据思维，树立"大数据是财富"理念。大数据，看不见摸不着，却深深地渗透进我们的生活，与我们形影不离，吃饭、睡觉、走路、看电影，每一样都会产生数据。大数据是继土地、资本、技术之后的新型财富，具有巨大的潜在价值，正在成为经济资产、宝贵资源，成为21世纪的"矿产和石油"。缺少数据思维，无以言将来。可以说，大数据时代是大势所趋，是党员干部必须面对的机遇与挑战。要将大数据发展战略纳入党校（行政学院）、干部学院的培训课程，将大数据纳入公务员的常规培训体系，形成依据数据来决策的文化氛围。在大数据时代，党员干部要牢记宗旨、立足本职，从重视大数据融合分析入手，从运用大数据思考决策起步，形成"用数据来说话、用数据来管理、用数据来决策、用数据来创新"的习惯，通过实时、动态、全样本大数据的相关性、因果性逻辑分析，提升决策和执行的预见性、科学性和公平性。

第二，要成立大数据发展机构，制定大数据发展规划。大数据时代刚刚到来，并将持续推动人类社会实现从思维方式到生产、生活方式的重大变革。据预测，到2022年，中国将成为世界第一数据资源大国和全球数据中心。"苟日新，日日新，又日新。"党员干部需知道认识问题、分析问题、思考问题和解决问题，都需要进行数据信息的"关联"，更要看到在大数据时代影响下，领导方式、工作思路及日常生活必将发生巨大变化。因此，党员干部要不断学习大数据时代背景下的新工具、新理念和新方法，基于大数据进行考量、思考、决策、服务，坚持以人民为中心的发展思想，运用大数据促进保障和改善民生。从国家战略高度认识大数据，突破大数据领域的核心技术，加快科学和工程领域创新，提高大数据竞争力。通过领导、统筹地区大数据发展工作，明确"十四五"期间大数据的发展目标、重点任务、发展路径和保障措施，为大数据发展指明方向。

第三，要出台大数据发展政策，强化财税金融、科技投入、人才培养等方面的政策倾斜和支持，优化大数据发展环境，以开放的心态和创新的勇气迎接"大数据时代"。要制定大数据法律法规，科学划定数据公开、共享与个人隐私保护的界限，规范数据所有者、持有者、管理者与使用者之间的权利与义务。

第四，要放眼世界，引进项目，建立大数据服务平台。各省区市应该以世界眼光，结合本地区的实际情况，在全球范围内引进大数据项目，共建高端研究机构，引进大数据龙头企业，或者建立分公司等。通过率先在交通、医疗、教育、社会保障、公共安全、地下管网等领域建立大数据服务平台，为智慧交通、智能养老等产业发展提供支撑，早日启动大数据交易平台、大数据评估中心等。

第五，要引进和培养大数据人才，积聚大数据研发实力。各地可从国外引进大数据领域学科带头人，鼓励高等院校设立大数据专业，培养大数据专业人才，满足大数据发展需要，并在研究机构、大学设立大数据领域实验室，依据各地产业发展规划，建立专业数据库，挖掘潜在价值，向大数据交易平台发展。

（二）
推动我国新一代人工智能健康发展

人工智能本质上是计算机科学的一个分支，自1956年在美国达特茅斯会议上人工智能学科正式诞生以来，至今已有60多年。在20世纪60年代末到80年代初，人工智能曾有过辉煌的发展时期。在各领域专家系统需求的驱动下，人工智能技术得到了蓬勃发展。20世纪80年代初，人工智能的研究则出现了危机。专家系统只能在极有限和狭窄的专业领域中发挥作用，这极大地限制了人工智能技术的进一步应用与发展。网络时代的到来为人工智能的研发提供了机遇与驱动力。计算机网络，尤其是互联网，是理想的人工智能实验床，因为可以将整个互联网看成一个传感器密集、大规模并行的自治、虚拟机器人系统。进入21世纪，随着计算能力、资源存储和网络带宽的跨越式提升，云计算、超级计算、量子计算平台的构建与应用以及大规模数据的不断积累，尤其是来自各行各业的需求驱动，人工智能的研发和应用有了真正万事俱备、水到渠成的时机，甚至推动了第四次技术革命的到来。

目前，包括中国、美国在内的多国政府均将发展人工智能作为国家战略。我国政府2017年印发了《新一代人工智能发展规划》，确立人工智能为新一轮产业变革的核心驱动力。美国国家科委会也发布了《美国人工智

三次人工智能浪潮示意图

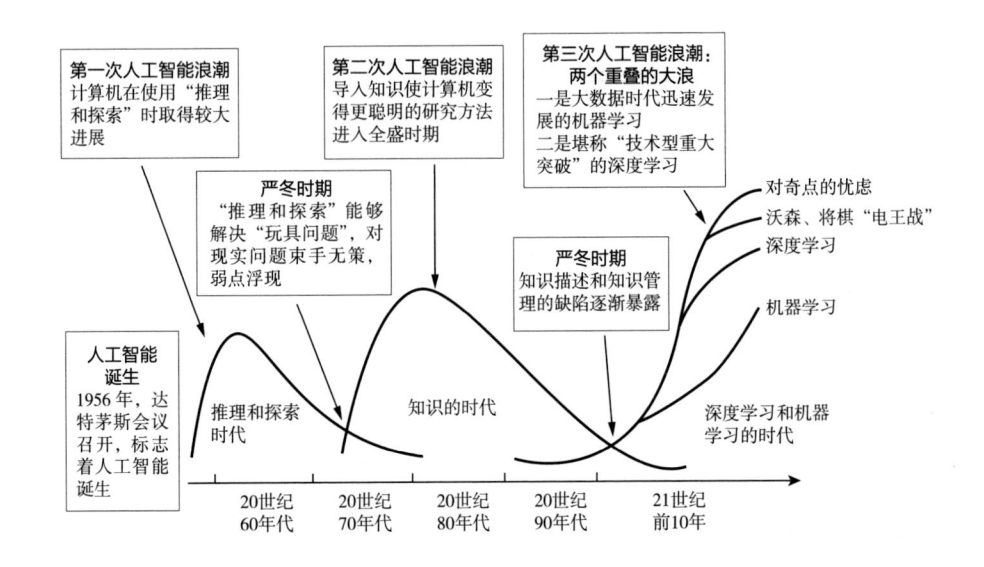

第一次人工智能浪潮
计算机在使用"推理和探索"时取得较大进展

第二次人工智能浪潮
导入知识使计算机变得更聪明的研究方法进入全盛时期

第三次人工智能浪潮：两个重叠的大浪
一是大数据时代迅速发展的机器学习
二是堪称"技术型重大突破"的深度学习

严冬时期
"推理和探索"能够解决"玩具问题"，对现实问题束手无策，弱点浮现

严冬时期
知识描述和知识管理的缺陷逐渐暴露

对奇点的忧虑
沃森、将棋"电王战"
深度学习
机器学习

人工智能诞生
1956年，达特茅斯会议召开，标志着人工智能诞生

推理和探索时代
知识的时代
深度学习和机器学习的时代

20世纪60年代　20世纪70年代　20世纪80年代　20世纪90年代　21世纪前10年

能研发战略计划》，白宫还发布了《为未来人工智能准备》的报告，提出基于人工智能、大数据增强决策和发现能力，从而激发联邦机构和整个国家的新潜能，加速科学发现和创新进程。欧洲利用大数据开展欧盟人脑计划，开发基于人脑机理的革命性的信息通信技术；日本则公布《创建最尖端IT国家宣言》；加拿大将人工智能列入新经济六大支柱；韩国政府则提出"智慧首尔"计划。

第一，要正确认识人工智能。人工智能是引领这一轮科技革命和产业变革的战略性技术，具有溢出带动性很强的"头雁"效应。在移动互联网、大数据、超级计算、传感网、脑科学等新理论新技术的驱动下，人工智能加速发展，呈现出深度学习、跨界融合、人机协同、群智开放、自主操控等新特征，正在经济发展、社会进步、国际政治经济格局等方面产生重大而深远的影响。当今时代，人工智能被认为是科技创新的下一个"超级风口"，世界各国越来越重视。加快发展新一代人工智能，是我们赢得全球科技竞争主动权的重要战略抓手，是推动我国科技跨越发展、产业优化升级、生产力整体跃升的重要战略资源。推动新一代人工智能健康发展，需要我们具备世界眼光、全局思维，不断深化对人工智能内涵、外延、功能和发展前景的认识。从战略高度来看，发展新一代人工智能，不仅有助于让技术更好地服务经济社会发展，而且有助于不断满足人民日益增长的美好生活需要。我国经济已由高速增长阶段转向高质量发展阶段，人工智能等技术成为推动经济高质量发展的重要力量。一方面，经济转型升级的内在要求为人工智能服务实体经济提供了广阔空间；另一方面，国内很多应用场景为科技企业提供了宝贵的练兵机会，亿万网民产生的海量数据为机器学习提供了丰富"原料"，有力促进了技术的迭代与创新。

第二，要以世界眼光认识人工智能。人工智能正深刻改变着人们的生产、生活和学习方式，推动人类社会迎来人机协同、跨界融合、共创分享的智能时代。可以预见，作为引领变革的战略性技术，人工智能对世界的影响将远超以往历次工业革命。拥抱人工智能的时代，要求我们树立世界眼光，在思考、分析和解决人工智能问题时站在全球高度，用洞悉人类历史发展趋势的长远眼光来审时度势，进而找准自身位置。未来的中国不仅能成为众多新技术的发源地，还能推动更多创新成果辐射全球、造福人类。

第三，要用前瞻思维认识人工智能。人工智能不是一个孤立的静止系统。从历史层面看，智能革命与前几次技术革命有着本质差异。从蒸汽革命、电气革命到信息革命，在某种程度上说都是人类学习和适应机器。而在人工智能时代，是机器来学习和适应人类，是人和机器一起学习、创新。人工智能发展包括弱人工智能、强人工智能和超人工智能三个阶段。虽然我们距强人工智能和超人工智能尚远，但应运用前瞻思维深入思考未来可能出现的突出问题，如人工智能是否安全可控、人会不会被机器取代、人与机器的责任如何界定等。

第四，要从伦理角度认识人工智能。人工智能高度发展，从实验室走入社会、走向应用，机器不再是单纯的工具，而有可能帮助甚至部分替代人进行决策，如自动驾驶、诊断病情、教授知识、检验产品等。与此同时，人工智能对社会治理、伦理道德、隐私保护等方面的挑战也随之而来。与技术快速走在前面相比，相关的法律规范、社会公德、行为习惯、社会治理构建则相对滞后。习近平总书记指出："要整合多学科力量，加强人工智能相关法律、伦理、社会问题研究。"[①] 只有建立完善的人工智能伦理规范，

---

① 《习近平在中共中央政治局第九次集体学习时强调 加强领导做好规划明确任务夯实基础 推动我国新一代人工智能健康发展》，《人民日报》2018年11月1日。

处理好机器与人的关系，我们才能更好、更多地获得人工智能红利，让技术造福人类。当前，我国在人工智能技术研发和应用方面走在国际前列，但关于人工智能伦理的探讨才刚刚起步。我们应为人工智能伦理确立一些"原则意识"，如最高原则是安全可控；创新愿景是促进人类更平等地获取技术和能力；存在价值是教人学习、让人成长，而不是超越人、取代人；终极理想是为人类带来更多的自由和可能。此外，在信息推荐、自动驾驶、虚拟现实等热点领域，设计主体在产品设计和业务运营中也应积极探索，让人工智能提供的信息和服务助人成长。我们应加快人工智能伦理研究步伐，积极参与全球人工智能伦理原则的研究和制定，及早识别禁区，让技术创新更好地造福人类，为全球人工智能伦理研究贡献中国智慧。[1]

我国正处在转变发展方式、优化经济结构、转换增长动力的攻关期，迫切需要新一代人工智能等重大创新为发展添薪续力。人工智能具有多学科综合、高度复杂的特征，推动人工智能健康发展也要科学统筹、积极稳妥：一要加强研判，统筹谋划，协同创新，稳步推进，把增强原创能力作为重点，以关键核心技术为主攻方向，夯实新一代人工智能发展的基础。二要加强基础理论研究，支持科学家勇闯人工智能科技前沿的"无人区"，努力在人工智能发展方向和理论、方法、工具、系统等方面取得变革性、颠覆性突破，确保我国在人工智能这个重要领域的理论研究走在前面，在关键核心技术方面占领制高点。三要深入把握新一代人工智能发展的特点，加强人工智能和产业发展融合，发挥人工智能在产业升级、产品开发、服务创新等方面的技术优势，促进人工智能同第一、二、三产业深度融合，以人工智能技术推动产业变革，在中高端消费、创新引领、绿色低碳、共

---

[1] 参见李彦宏：《推动新一代人工智能健康发展》，《人民日报》2019年7月22日。

享经济、现代供应链、人力资本服务等领域培育新增长点、形成新动能，为高质量发展提供新动能。四要围绕建设现代化经济体系，以供给侧结构性改革为主线，把握数字化、网络化、智能化融合发展契机，在质量变革、效率变革、动力变革中发挥人工智能作用，提高全要素生产率。五要培育具有重大引领带动作用的人工智能企业和产业，构建数据驱动、人机协同、跨界融合、共创分享的智能经济形态。六要推动智能化信息基础设施建设，提升传统基础设施智能化水平，形成适应智能经济、智能社会需要的基础设施体系。七要主攻关键核心技术，以问题为导向，全面增强人工智能科技创新能力，加快建立新一代人工智能关键共性技术体系，在短板上抓紧布局，确保把人工智能关键核心技术牢牢掌握在自己手里。八要强化科技应用开发，紧紧围绕经济社会发展需求，充分发挥我国海量数据和巨大市场应用规模优势，坚持需求导向、市场倒逼的科技发展路径，积极培育人工智能创新产品和服务，推进人工智能技术产业化，形成科技创新和产业应用互相促进的良好发展局面。九要加强人才队伍建设，以更大的决心、更有力的措施，打造多种形式的高层次人才培养平台，加强后备人才培养力度，为科技和产业发展提供更加充分的人才支撑。[①]

（三）
把区块链作为核心技术自主创新的重要突破口

从狭义上讲，区块链是一种按照时间顺序将数据区块以顺序相连的方

[①] 参见学而时习工作室：《这四次中央政治局集体学习，主题非常"前沿"》，求是网 2021 年 3 月 19 日。

式组合成一种链式数据结构，并以密码学方式保证其不可篡改和不可伪造的分布式账本。进一步讲，区块链技术是利用块链式数据结构来验证与存储数据、利用分布式节点共识算法来生成和更新数据、利用密码学的方式保证数据传输和访问的安全、利用由自动化脚本代码组成的智能合约来编程和操作数据的一种全新的分布式基础架构与计算范式。区块链技术具备去中心化、开放性、信息不可篡改、应用领域广泛等特点，被认为是继蒸汽机、电力、互联网之后，下一代颠覆性的核心技术。

从区块链的应用层次来看，分别是数字货币应用的1.0；数字货币与智能合约相结合、对金融领域更广泛的场景和流程进行优化应用的2.0；超越金融经济，特别是在政府、文化健康等领域的新应用的3.0。区块链2.0应用加入了智能合约的概念，这使得区块链技术可以拓展到股权、债权和产权的登记、转让，证券和金融合约的交易、执行，甚至博彩和防伪等金融领域。区块链3.0应用超越金融领域，应用范围覆盖人类社会生活的方方面面，进入司法、医疗、物流、社会公证、社会治理、文化健康等各个领域，区块链技术有可能成为"万物互联"的一种最底层的技术。

从区块链的功能发挥来看，有以下特性。

第一，权力下放。区块链是一个去中心化的分布式架构的数据库，每个节点都可以依靠第三方机构来实现信息的识别、传输和存储。第二，透明度。区块链通过与数据一致性共享共识来实现数据的开放性和透明性，任何存取者都可以轻易看到信息的来源与历程。第三，隐私安全。在实现透明性的同时，区块链分散的性质和加密技术的使用，使用户身份和用户数据相分离，又在技术层面保护了用户的身份和其他隐私。第四，防篡改数据。区块链环环相扣，有严格的先后顺序，任何人都不可能单方面存储数据，全链信息也无法篡改。第五，高可用性。由于区块链的分散性，破

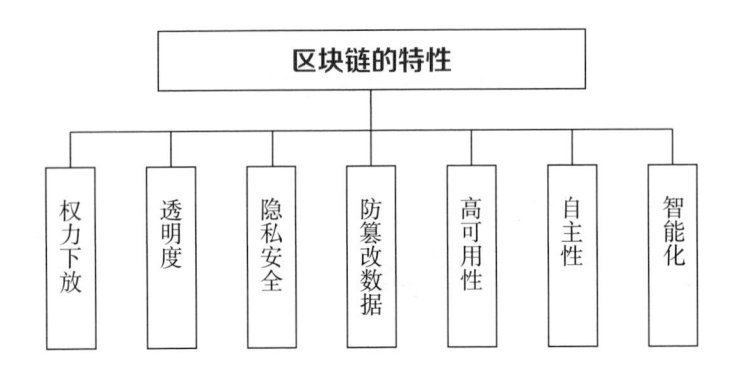

```
                    ┌─────────────┐
                    │  区块链的特性  │
                    └──────┬──────┘
    ┌──────┬──────┬──────┼──────┬──────┬──────┐
   权力   透明   隐私   防篡    高可   自主   智能
   下放    度   安全   改数据  用性    性    化
                        据
```

坏单个节点,并不会使整个区块链系统瘫痪,因此区块链中没有单点故障。第六,自主性。区块链使用一种开放透明的共识机制,凭借其独有的信任建立机制,实现了穿透式监管和信任逐级传递,系统中的所有节点都可以在不受信任的环境中自动共享数据,开创了一种在不可信的竞争环境中低成本建立信任的新型计算范式和协作模式。第七,智能化。基于上述特性,区块链可以在不需要第三方的情况下,执行可追溯、不可逆转和安全的交易,可以结合计算机技术人员的可编程特征在区块链上创建和部署智能合约,使各行各业从智能合约发展中受益。

进入 21 世纪以来,全球科技创新进入空前密集活跃的时期,以区块链为代表的新一代信息技术加速突破应用,已延伸到数字金融、物联网、智能制造、供应链管理、数字资产交易等多个领域。我国区块链领域的发展基础良好,已经显示出在助力高质量发展、实体经济、数字经济、民生领域、智慧城市、互联互通、"最多跑一次"改革中的巨大潜力和价值。习近平总书记强调:"区块链技术的集成应用在新的技术革新和产业变革中起着重要作用。我们要把区块链作为核心技术自主创新的重要突破口,明确主攻方向,加大投入力度,着力攻克一批关键核心技术,加快推动区块链技术和产业创新发展。"① 我们要坚持以深化改革激发创新活力，抓住区块链技术发展的契机，加快推动区块链技术和产业创新发展，进一步打通科技和经济社会融合发展的通道。

一要强化基础研究，提升原始创新能力。努力让我国在区块链这个新兴领域走在理论最前沿、占据创新制高点、取得产业新优势。要推动协同攻关，加快推进核心技术突破，为区块链应用发展提供安全可控的技术支撑。要加强区块链标准化研究，提升国际话语权和规则制定权。

二要加快产业发展，发挥好市场优势，进一步打通创新链、应用链、价值链。要构建区块链产业生态，加快区块链和人工智能、大数据、物联网等前沿信息技术的深度融合，推动集成创新和融合应用。要加强人才队伍建设，建立完善人才培养体系，打造多种形式的高层次人才培养平台，培育一批领军人物和高水平创新团队。

三要抓住区块链技术融合、功能拓展、产业细分的契机。发挥区块链在促进数据共享、优化业务流程、降低运营成本、提升协同效率、建设可信体系等方面的作用。要推动区块链和实体经济深度融合，解决中小企业贷款融资难、银行风控难、部门监管难等问题。要利用区块链技术探索数字经济模式创新，为打造便捷高效、公平竞争、稳定透明的营商环境提供动力，为推进供给侧结构性改革、实现各行业供需有效对接提供服务，为加快新旧动能接续转换、推动经济高质量发展提供支撑。

四要探索"区块链+"在民生领域的运用，积极推动区块链技术应用。积极推动区块链技术在教育、就业、养老、精准脱贫、医疗健康、商品防

---

① 《习近平在中央政治局第十八次集体学习时强调　把区块链作为核心技术自主创新重要突破口　加快推动区块链技术和产业创新发展》，《人民日报》2019年10月26日。

伪、食品安全、公益、社会救助等领域的应用，为人民群众提供更加智能、更加便捷、更加优质的公共服务。要推动区块链底层技术服务和新型智慧城市建设相结合，探索在信息基础设施、智慧交通、能源电力等领域的推广应用，提升城市管理的智能化、精准化水平。要利用区块链技术促进城市间在信息、资金、人才、征信等方面实现更大规模的互联互通，保障生产要素在区域内有序高效流动。要探索利用区块链数据共享模式，实现政务数据跨部门、跨区域共同维护和利用，促进业务协同办理，深化"最多跑一次"改革，为人民群众带来更好的政务服务体验。

五要加强对区块链技术的引导和规范。加强对区块链安全风险的研究和分析，密切跟踪发展动态，积极探索发展规律。要探索建立适应区块链技术机制的安全保障体系，引导和推动区块链开发者、平台运营者加强行业自律、落实安全责任。要把依法治网落实到区块链管理中，推动区块链安全有序发展。

（四）
大力培育物联网、
下一代通信网络等新技术新应用

物联网就是物物相连的互联网。要理解物联网，我们得把"物"、"联"和"网"这三个字拆开来谈。首先需要了解"物"和"网"的基本构成："物质"、"信息"和"联"。以铅笔为例，铅笔是由木材、石墨、油漆等构成的，它们都是真实存在的"物质"；而铅笔上的商标图案，铅笔的用途等就是我们对基本信息进行处理之后，再加上我们自身拥有的知识而形成的新的较为复杂的信息。我们通过眼睛感受外界信息，大脑则对眼睛收集到的信息进行分析，从而可以知道铅笔的长短、颜色等属性，进而得出"这是一只××牌的快用完的铅笔，我只能用它写几行字了"这样复杂并有意义的信息。在这里，"看"这个动作就是从"物质"中提取"信息"的过程，就是一种"联"，而从"看"到"想"的过程也是一种"联"。

推动物联网发展的路径主要有以下几点。

第一，加快技术研发，突破产业瓶颈。以掌握原理实现突破性技术创新为目标，把握技术发展方向，围绕应用和产业急需，明确发展重点，加强低成本、低功耗、高精度、高可靠、智能化传感器的研发与产业化，着力突破物联网核心芯片、软件、仪器仪表等基础共性技术，加快传感器网

↑ 2020年10月21日，重庆市建成覆盖全市的新型数字交通物联网大数据服务平台，可对全市交通情况进行全天候数据采集、云端分析。依托这一平台建立的数字停车系统，已覆盖全市80多万个停车位、70多万个用户，可以提供数字停车、车位共享等便民服务。图为该大数据服务平台展示厅　　中新图片／陈超

络、智能终端、大数据处理、智能分析、服务集成等关键技术研发创新，推进物联网与新一代移动通信、云计算、下一代互联网、卫星通信等技术的融合发展。充分利用和整合现有创新资源，形成一批物联网技术研发实验室、工程中心、企业技术中心，促进应用单位与相关技术、产品和服务提供商的合作，加强协同攻关，突破产业发展瓶颈。

第二，推动应用示范，促进经济发展。在工业、农业、商贸流通、节能环保、安全生产等重要领域和交通、能源、水利等重要基础设施方面，围绕生产制造、商贸流通、物流配送和经营管理流程，推动物联网技术的集成应用，抓好一批效果突出、带动性强、关联度高的典型应用示范工程。积极利用物联网技术改造传统产业，推进精细化管理和科学决策，提升生产和运行效率，推进节能减排，保障安全生产，创新发展模式，促进产业升级。

第三，改善社会管理，提升公共服务。在公共安全、社会保障、医疗卫生、城市管理、民生服务等领域，围绕管理模式和服务模式创新，实施物联网应用示范工程，构建更加便捷高效和安全可靠的智能化社会管理和公共服务体系。发挥物联网技术优势，促进社会管理和公共服务信息化，扩展和延伸服务范围，提升管理和服务水平，提高人民生活质量。

第四，突出区域特色，科学有序发展。引导和督促地方根据自身条件合理确定物联网发展定位，结合科研能力、应用基础、产业园区等特点和优势，科学谋划，因地制宜，有序推进物联网发展。信息化和信息产业基础较好的地区要强化物联网技术研发、产业化及示范应用，信息化和信息产业基础较弱的地区则应侧重推广成熟的物联网应用。加快推进无锡国家传感网创新示范区建设。应用物联网等新一代信息技术建设智慧城市，要加强统筹、注重效果、突出特色。

第五，加强总体设计，完善标准体系。强化统筹协作，依托跨部门、跨行业的标准化协作机制，协调推进物联网标准体系建设。按照急用先立、共性先立原则，加快编码标识、接口、数据、信息安全等基础共性标准、关键技术标准和重点应用标准的研究制定。推动军民融合标准化工作，开展军民通用标准研制。鼓励和支持国内机构积极参与国际标准化工作，提升自主技术标准的国际话语权。

第六，壮大核心产业，提高支撑能力。加快物联网关键核心产业发展，提升感知识别制造产业发展水平，构建完善的物联网通信网络制造及服务产业链，发展物联网应用及软件等相关产业。大力培育具有国际竞争力的物联网骨干企业，积极发展创新型中小企业，建设特色产业基地和产业园区，不断完善产业公共服务体系，形成具有较强竞争力的物联网产业集群。强化产业培育与应用示范的结合，鼓励和支持设备制造、软件开发、服务集成等企业及科研单位参与应用示范工程建设。

第七，创新商业模式，培育新兴业态。积极探索物联网产业链上下游协作共赢的新型商业模式。大力支持企业发展有利于扩大市场需求的物联网专业服务和增值服务，推进应用服务的市场化，带动服务外包产业发展，培育新兴服务产业。鼓励和支持电信运营、信息服务、系统集成等企业参与物联网应用示范工程的运营和推广。

第八，加强防护管理，保障信息安全。提高物联网信息安全管理与数据保护水平，加强信息安全技术的研发，推进信息安全保障体系建设，建立健全监督、检查和安全评估机制，有效保障物联网信息采集、传输、处理、应用等各环节的安全可控。涉及国家公共安全和基础设施的重要物联网应用，其系统解决方案、核心设备以及运营服务必须立足于安全可控。

第九，强化资源整合，促进协同共享。充分利用现有公共通信网络和基础设施开展物联网应用。促进信息系统间的互联互通、资源共享和业务协同，避免形成新的信息孤岛。重视信息资源的智能分析和综合利用，避免重数据采集、轻数据处理和综合应用。加强对物联网建设项目的投资效益分析和风险评估，避免重复建设和不合理投资。[1]

下一代通信网络技术（Next Generation Network），是以软交换为核心的，能够提供包括语音、数据、视频和多媒体业务的基于分组技术的综合开放的网络架构，代表了通信网络发展的方向；是在传统的以电路交换为主的公共电话交换网（Public Switched Telephone Network）中逐渐迈出向以分组交换为主转变的步伐的。因此，在应用中我们应该注重以下几点。

第一，在电力系统的应用。现代网络通信技术通过将可编程逻辑控制器（Programmable Logic Controller）和通信技术进行结合，在电力系统的信号处理中发挥着巨大的作用。电力系统通过特定的频带将信号和数据送达目标，网络通信设备通过正交频分复用技术（Orthogonal Frequency Division Multiplexing）等实现对信号的调制，将调制信号解调和还原来实现传输和接收数据，从而筛选出需要的数据信息。现代通信网络技术在信号的传输中，通过新技术的运用，大幅提升信号的传送效率，从而推动电力系统的发展。

第二，在企业管理上的应用。现代企业的发展伴随着大规模连锁店的铺展，实现总店和分店之间的数据传输离不开现代通信网络技术的支持。传输控制协议/网际协议（Transmission Control Protocol/Internet

---

[1] 参见《国务院关于推进物联网有序健康发展的指导意见》，《国务院公报》2013年第6号。

Protocol），也就是 TCP/IP 技术，可以有效地解决不同设备间的通信问题，将网际和主设备之间通过程序界面连接。企业实现在不同店面之间的网络连接、总店的客户端对数据的储存，分店之间通过拨号连接实现数据信息的互换。

第三，在航海导航中的应用。在航海过程中，航行海域没有有效的参考，容易出现船舶迷航的情况，从而引发海上事故。海事救援船通过配置先进的通信系统，能够及时通过导航系统精确定位，从而向海事管理部门发送信号来保证救援的及时到达。军用舰船通过现代通信网络技术，实现任务的迅速执行。

第四，在网络监控中的应用。网络监控系统的实际应用越来越广泛。网络监控技术主要是由嵌入式开发系统、报警系统以及数据的管理和传输系统组成，相对于传统的单纯依靠摄像头来进行图像收集传递的方式具有很好的灵活性和便利性。

（五）
提升关键软件技术创新和供给能力

作为新一代信息技术产业的重要组成，软件可谓是新一代信息技术的灵魂，是引领科技创新、驱动经济社会转型发展的关键力量，在建设制造强国、网络强国中发挥着重要支撑作用。特别是在深化互联网、大数据、人工智能与实体经济融合的进程中，软件更是具有极其重要的作用。

软件技术的演进，为互联网、大数据、人工智能的发展提供了坚实的基础。而互联网、大数据、人工智能与实体经济融合的新动能，也主要源于软件。在数字经济的发展中，软件强大的辐射带动作用为新兴信息技术与实体经济融合提供了源源不竭的动力。2017年，全球移动互联网营收12万亿元，其中9.8万亿元来自移动应用（App）及其带来的流量收入。

从技术创新上看，软件天然的深度融合性与渗透性，为互联网、大数据、人工智能与实体经济的融合提供了前提基础。通过软件定义，即用软件去定义系统的功能，用软件给硬件赋能，能够实现系统运行效率和能量效率最大化。在软件定义推动下，信息技术应用跨界融入各领域，使新平台、新模式和新思维不断涌现，并带动技术、产品、业态等融合创新，从而实现了融合发展。

从发展路径上看，工业技术软件化是互联网、大数据、人工智能与实体经济融合的重要方式。工业技术软件化通过软件实现工业知识的显性化、数字化、网络化和模块化，在工业各领域促进机器自动使用知识，并通过大数据、人工智能等形成数字化生产力，让工业技术更好地保护、更快地运转、更大规模地应用，进一步增强对制造业提质增效的作用。党的十九大报告指出："加快建设制造强国，加快发展先进制造业，推动互联网、大数据、人工智能和实体经济深度融合。"[1]2018年7月，习近平总书记又强调："必须切实提高我国关键核心技术创新能力，把科技发展主动权牢牢掌握在自己手里，为我国发展提供有力科技保障。"[2] 软件产业是信息产业的核心，提升关键软件技术创新和产业供给能力，对深化供给侧结构性改革，促进新旧动能转换，推动互联网、大数据、人工智能和实体经济深度融合，建设现代化经济体系具有重要意义。

---

[1] 习近平：《决胜全面建成小康社会 夺取新时代中国特色社会主义伟大胜利——在中国共产党第十九次全国代表大会上的报告》，人民出版社2017年版，第30页。

[2]《习近平主持召开中央财经委员会第二次会议强调 提高关键核心技术创新能力 为我国发展提供有力科技保障》，《人民日报》2018年7月14日。

↑ 人工智能机器人在表演节目　中新图片／翟慧勇

近年来，随着互联网和通信技术的发展，软件定义在内涵和外延上均有了新的发展，我国软件产业发展也迎来"换道超车"的重要机遇。一是面临制造强国、网络强国建设等国家战略实施带来的新机遇。党的十八大以来，我国大力推动制造强国、网络强国战略，赋予软件产业发展以新使命和新任务。深刻把握新一轮工业革命发展趋势，推动互联网、大数据、人工智能等新一代信息技术与实体经济深度融合，促进软件技术创新及产业竞争力提升，形成产业发展的新模式、新业态，给软件产业发展带来了重大契机。二是数字经济蓬勃发展带来的新机遇。在数字经济时代，数据成为"新"生产资料。通过数据的挖掘、分析与流动，能够让人、财、物等生产要素加速流动起来，使生产从要素驱动转向数据驱动。而要充分释放数据基础要素资源的作用，形成和提升数字化生产力，就必须发挥软件

"赋能""赋值""赋智"的作用,这就给软件产业带来了广阔发展空间。三是新兴技术领域发展带来的新机遇。当前,以操作系统和数据库系统为代表的基础通用类软件技术,已经形成相对稳定的格局,在这些领域实现赶超的难度比较大。而软件定义为5G、大数据、云计算、人工智能等提供了全新架构,给产业"换道超车"提供了重大历史机遇。四是开源软件技术发展带来的新机遇。开源是全球软件技术和产业创新的主导模式,为软件产业发展提供了技术来源,降低了技术门槛和开发成本,是加速基础软件创新的高效方式,在市场竞争中的价值不断提升。在大数据、云计算、人工智能等新兴信息技术领域,开源软件代表着前沿技术方向,已成为创新的主力军。紧抓开源技术,也给我国软件产业技术突破和跨越式发展提供了机遇。

把握好软件技术面临的发展机遇,实现我国关键软件技术和产业高质量发展,必须立足经济社会发展需求和软件产业发展现实基础,着力提升关键软件技术创新和产业供给能力。

第一,扬长补短,推进软件技术创新。要紧紧抓住数字关键核心技术自主创新这个"牛鼻子",破解关键基础软件、核心工业软件等"阿喀琉斯之踵",尽快解决软件技术的"卡脖子"问题;要加强前瞻布局,积极占领新兴技术产业发展制高点,加快大数据、云计算、人工智能、工业互联网等新兴关键软件技术和系统研发,努力掌握前瞻性、颠覆性、非对称的撒手锏技术;要面向制造业转型升级需求,组织实施好工业App培育工程,增强供给能力,夯实工业技术软件化基础,为推进互联网、大数据、人工智能与实体经济融合做好关键支撑;要科学布局开源技术,借鉴国际开源联盟和开源基金的运作模式,以开源项目示范为带动,加大开源研发力量,增强全球影响力。

第二,创新驱动,提升产业供给能力。要加大应用普及,鼓励支持应用最新软件技术成果,并以应用带动促进技术成果快速转化,实现产业化、规模化发展;要优化"软件定义"应用生态系统,优化产业格局;要支持帮助龙头企业进一步提升已有优势技术和产品的核心竞争力,努力形成规模优势,培育一批专业化程度高、创新能力突出、发展潜力大的优势企业,打造创新网络;要探索"政产学研金服用"联合创新模式,支持企业联合高校、科研机构等形成创新协同合力,建设软件产业产学研用联盟,完善产业环境;要完善财政支持、产融合作、政府采购、知识产权保护等政策,进一步加大执法力度,严厉打击盗版,营造适合关键软件技术和产业发展的环境。

第三,因势利导,强化人才队伍培育。要充分发挥信息技术新工科产学研联盟等社会组织作用,加强高等院校、科研院所和软件企业产学研用对接,加大人才的联合培养;要着力加强软件国民基础教育,逐步推广软件教育,不断提升公众软件技术素养;要普及新兴技术,为高等院校开设大数据、云计算、人工智能等软件专业新课程提供便利,满足软件新技术、新业态、新模式发展人才需求;要营造良好环境,大力引进海外专业人才,以人才引进带动技术引入。

5 加快新型基础设施建设

一

"新型基础设施"概念的出现最早可追溯至 2018 年召开的中央经济工作会议。会议提出要加快 5G 商用步伐,加强人工智能、工业互联网、物联网等新型基础设施建设,简称"新基建"。会议同时明确了新基建的重点是面向数字经济领域,信息基础设施和融合基础设施均是数字经济发展所需的基础设施,并提出"以信息网络为基础、技术创新为驱动"这一限定语。这就明确了新型基础设施建设必须面向数字经济发展这一重点领域。

（一）
加强信息基础设施建设

基础设施也称为传统基础设施，是社会的"先行资本"，具有较强的社会公共属性，主要指铁路、公路、机场等交通运输设施以及电力、通信、水利等设施。信息基础设施是基础设施在公共领域的延伸，是指以互联网为中心，由信息网络、设备（光缆、微波、卫星、移动通信等网络设备设施）和人员组成的系统。信息基础设施既是国家和军队信息化建设的基础支撑，也是保证社会生产和人民生活的基础设施的重要组成部分。

相较于传统基础设施，新型基础设施内涵更为丰富，更能支撑新形势下经济社会的发展需要。新型基础设施可以分为三大类：一是信息基础设施，即以光纤宽带网络、移动宽带网络为主的网络基础设施，以数据、算力为主的数字基础设施；二是能源基础设施，以能源互联网、车联网为主；三是融合基础设施，即以工业互联网、物联网为主，对传统工业、传统基础设施进行数字化、网络化、智能化改造的融合型基础设施。

"十三五"时期，我国信息基础设施全球领先。建成全球规模最大的

新基建三大类型

1 信息基础设施　　2 能源基础设施　　3 融合基础设施

光纤和第四代移动通信（4G）网络，第五代移动通信（5G）网络建设和应用加速推进。宽带用户普及率明显提高，光纤用户占比超过94%，移动宽带用户普及率达到108%，互联网协议第六版（IPv6）活跃用户数达到4.6亿。[①]

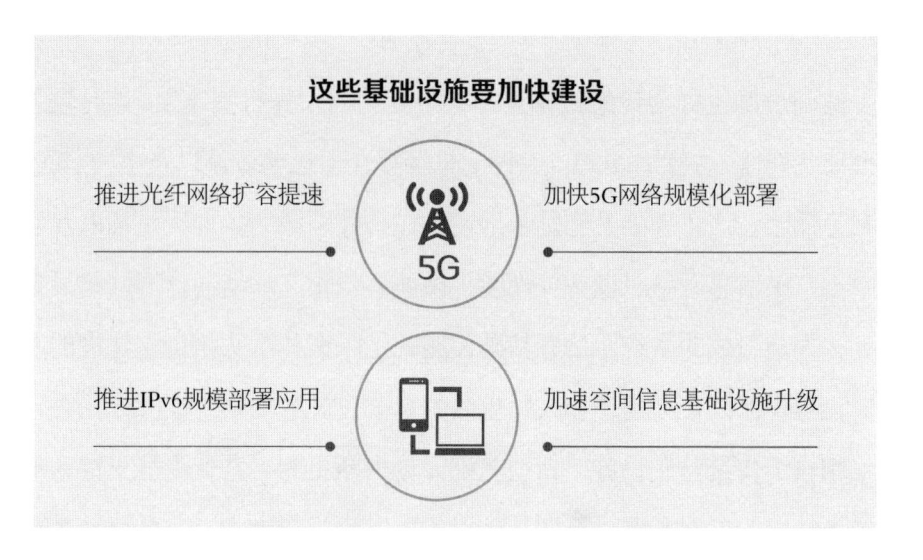

这些基础设施要加快建设

推进光纤网络扩容提速　　加快5G网络规模化部署

推进IPv6规模部署应用　　加速空间信息基础设施升级

建设新型基础设施，是我国立足当前、着眼未来的重大战略部署。2019年，"新基建"被写入《政府工作报告》。当时，面对世界百年未有之大变局，又适逢突如其来的新冠肺炎疫情，经济社会发展受到较大冲击。为对冲新冠肺炎疫情影响，党中央、国务院作出加快推进新基建的决策部署。因此，加快推进新基建是在新冠肺炎疫情防控常态化背景下，实施扩大内需战略、推动经济发展方式转变的重大举措，不仅有利于扩大有效投资，激发新消费需求、助力产业升级，而且有利于进一步发挥数据要素价值，打造经济社会高质量发展的数据底座，为全面建设社会主义现代化强国赋能赋智。

[①] 参见《"十四五"数字经济发展规划》，《人民日报》2022年1月13日。

一是新基建支撑新发展。新基建一端连着巨大的投资需求，另一端连着不断升级的消费市场，是战略性、先导性、长远性基础设施，将通过数字技术赋能传统产业，提升资源配置效率，优化经济结构，进而加快产业升级和经济转型步伐，推动经济高端化、绿色化、集约化、高质量发展。

二是新基建助力新融合。新基建能充分发挥和释放数据红利价值，实现要素设施共享、企业互联融通、开放协同创新、资源优化配置，构建全新的产业组织方式，加速不同领域间有机融合。

三是新基建催生新经济。新基建打破了生产经营、生活体验的时空局限，构建线上与线下、制造与服务、数据与价值、场景与内容相结合的数字经济新模式、新业态、新产业。新冠肺炎疫情防控期间，网上购物、网

↑ 广东省深圳市前海正全力加快推进5G网络、大数据中心、人工智能、工业互联网、物联网等新型基础设施建设，以"数字化"提质"新基建" 中新图片 / 王东元

络游戏、网络直播、在线教育、知识付费、在线医疗、云办公云服务等领域消费需求逆势增长，就是最好的体现。

从中央系列重要会议的表述可以看出，5G、工业互联网、人工智能、物联网、数据中心等都可归入新型基础设施范畴。2020年2月，中央深改委第十二次会议指出，要统筹传统和新型基础设施发展，打造集约高效、经济适用、智能绿色、安全可靠的现代化基础设施体系。

在新型基础设施中，数字基础设施属于新兴事物。第一，从预期作用看，数字基础设施能够为经济社会实现数字化转型和创新发展提供动力和支撑。当前，新一轮科技革命和产业变革正处在实现重大突破的历史关口，加强数字基础设施建设，可以降低全社会应用数字技术进行创新的成本，打造数据驱动的创新体系和新型生产范式，培育以信息化、智能化为杠杆的新动能，全面提升我国经济产业实力。第二，从形成方式看，数字基础设施建立在信息网络基础之上，以新一代信息技术和数字化为驱动因素，既包括基于新技术全新构建的，也包括在原有基础设施之上演进升级的，还包括利用信息技术赋能转型升级形成的。第三，从发展情况看，数字基础设施具有较强的成长性。随着技术革命和产业变革的深入发展，围绕着数据生成、数据处理和数据流通的整个流程，新的基础设施形态将不断出现。而由于技术和商业模式尚未完全定型，不同的数字基础设施所处的发展阶段不尽相同，其基础设施属性的强弱也各有不同。

数字基础设施除具有基础性、公共性、强外部性等基础设施的一般特征外，还具有技术创新性强的特点，并由此表现出一系列的新技术经济特征。

一是创新活跃，范畴持续扩展延伸。信息技术的发展十分迅猛，是当前最活跃的科技创新领域，同时随着信息技术与经济社会的深度融合，越来越多的新兴网络、应用平台和信息系统为人类生产生活提供着基本服务和一般条件，提升了社会整体产出水平。在此过程中，数字基础设施的范畴也将随着新技术新模式的发展而不断拓展延伸。

二是技术性强，设施迭代升级迅速。目前，传统基础设施技术相对较为成熟、升级缓慢，而数字基础设施所依托的信息技术却在不断创新和优化，部分技术尚不稳定，需进行迭代开发和升级，对其进行建设、运营、管理和维护等，都对技术有着更高要求。

三是面向应用，需要持续投入开发。与传统基础设施低信息化水平的运行模式不同，数字基础设施兼有软件和硬件，基于对数据的实时采集、计算、分析来实现与应用的紧密耦合，需要根据场景变化和用户需求，不断进行二次开发，以实现资源优化配置。这要求大量的持续性投入。

四是以数据为核心，统一标准、重视规范。数据是新型基础设施实现高效运行的核心生产要素。在当前市场力量为主的建设模式下，为了加速数据的流动、更好发挥数据的价值，既要加强数字治理体系建设，更要制定统一的建设标准、技术规范等。只有这样，才能推动不同所有者和设施之间的互联互通，实现城市间、行业间、企业间的数据流通和共享。

五是网络性强，安全可靠要求更高。数字基础设施，特别是信息和融合基础设施，是基于联网运行的。在虚拟世界和物理世界高度融合的情景下，恶意攻击或者网络故障将给社会带来不可估量的损失，甚至传统基础设施运行也会受到严重影响。生产、生活能否做到安全有序，很大程度上取决于数字基础设施是否能够安全可靠地运行。

六是跨界融合，创新型人才需求大。数字基础设施迭代更新的速度快，建设和运营对技术的要求高。加速跨界融合，需要有大量信息通信、软件和传统领域的技术型人才和融合型人才。这对我国人才结构提出了较高要求。

"十三五"时期以来,中国参与4G标准的制定,启动5G技术的相关研究,成为5G标准和技术的全球引领者。城乡宽带接入水平持续提升,互联网应用不断丰富完善,为及时有效地应对新冠肺炎疫情打下了坚实的基础。2019年6月6日,工信部正式发放5G牌照,标志着我国正式进入5G时代。"十四五"时期,我们要紧紧抓住发展数字经济的机遇,加大以第五代移动通信网络等为代表的新型基础设施投资力度,将我国拥有的世界上最完备的工业体系优势转化为数据红利。[1]2021年3月,国家发改委提出了加快构建全国一体化大数据中心体系,优化数据中心建设布局。如今,新基建密集部署,以云计算、大数据、人工智能等新一代信息技术为支撑的数字经济加快发展,不仅孕育出了多种新业态、新模式,也成为传统产业转型升级的引擎,为经济社会发展提供强劲动能。在联想武汉产业基地的特色生产线"量子线"上,全线覆盖的5G网络能够提供1Gbps/s以上的空口下行速率,在高速率、海量接入的5G技术支撑下,无论是生产线上的员工操作细节,还是自动化生产线上的传感器数据,都可以实现本地收集、本地管理;同时通过人工智能和大数据算法进行深度分析、质量检测、生产过程控制中的行为识别与轨迹追踪,优化产能、提质增效。

在信息基础设施的支撑下,我国数字经济活力迸发,新模式、新业态不断涌现。2020年4月20日,习近平总书记在陕西省柞水县金米村调研脱贫攻坚情况时,鼓励当地电商直播工作人员:"电商,在农副产品的推销方面是非常重要的,是大有可为的。"艾媒研究院发布的报告《艾媒咨询2021年1—2月中国直播电商行业运行数据监测双月报》的数据显示,

---

[1] 参见陈煜波:《大力发展数字经济》,《人民日报》2021年1月20日。

> **信息网络基础设施优化升级工程**
>
> 1. 推进光纤网络扩容提速。加快千兆光纤网络部署，持续推进新一代超大容量、超长距离、智能调度的光传输网建设，实现城市地区和重点乡镇千兆光纤网络全面覆盖。
> 2. 加快5G网络规模化部署。推动5G独立组网（SA）规模商用，以重大工程应用为牵引，支持在工业、电网、港口等典型领域实现5G网络深度覆盖，助推行业融合应用。
> 3. 推进IPv6规模部署应用。深入开展网络基础设施IPv6改造，增强网络互联互通能力，优化网络和应用服务性能，提升基础设施业务承载能力和终端支持能力，深化对各类网站及应用的IPv6改造。
> 4. 加速空间信息基础设施升级。提升卫星通信、卫星遥感、卫星导航定位系统的支撑能力，构建全球覆盖、高效运行的通信、遥感、导航空间基础设施体系。

来源：《"十四五"数字经济发展规划》

2021年2月中国直播电商行业总观看人数超过30亿人，观看次数超过60亿，新增主播1118人，开播场次超过80万次，新增商品超过45万件。又据中国互联网络信息中心第48次《中国互联网络发展状况统计报告》数据，截至2021年6月，我国网络直播用户规模达6.38亿人，网络视频（含短视频）用户达9.4亿人，其中，电商直播用户规模为3.84亿，成为增长最快的应用之一。直播、短视频大火，VR/AR、自动驾驶方兴未艾，在线教育、在线医疗、在线办公爆发式增长。我国连续7年成为全球最大的网络零售市场，连续3年成为全球最大的网络支付市场。传统的工作、学习和生活消费方式因之改变，数据标注员、网络营销师、小程序开发员等新的岗位应运而生。这一切都离不开信息基础设施的支撑。有高速、可靠的信息网络，才有网络购物、移动支付、线上线下融合等新业态新模式。

截至2021年6月，我国在线办公用户规模达3.81亿，较2020年12

我国在线教育用户规模

截至2021年6月，达3.25亿

↓ 2020年12月减少 **1678万**

占网民整体的**32.1%**

月增长 3506 万，占网民整体的 37.7%。我国在线教育用户规模达 3.25 亿。[①]各级政府积极打造"数字政府"，展现数字抗疫实力。多年来基础教育信息化建设的成果为开展大规模在线教育打下基础，未来线上线下教育融合或将成为主流模式。远程办公带动软硬件产业拓展，加速企业级服务市场创新。新冠肺炎疫情防控期间，腾讯会议 8 天扩容超过 10 万台云主机，涉及超过百万核的计算资源投入，推进了服务器市场增长。

在新基建提速的大背景下，日趋完备的网络基础设施、庞大的网民规模和丰富全面的互联网应用，将继续推动构建以国内大循环为主体、国内国际双循环相互促进的新发展格局，助力"六稳""六保"和经济社会的高质量发展。着眼长远，加快新型基础设施建设将夯实数字经济发展的关键基础，支撑经济社会数字化转型，实现高质量发展。

一是万物互联奠定新基础。信息网络高速发展，并向传统基础设施渗透延伸，形成万物互联、数据智能的新型基础设施，实现以信息流带动技术流、资金流、人才流、物资流，在更大范围优化资源配置效率。

二是融合引领拓展新空间。新型基础设施支撑数字经济蓬勃发展，推

---

① 参见中国互联网络中心第 48 次《中国互联网络发展状况统计报告》。

动数字经济和实体经济深度融合，蕴含巨大的发展潜力。测算结果表明，部分发达国家数字经济占 GDP 比重已经超过 50%；我国数字经济在 2018 年就已名义增长 20.9%，远超同期 GDP 增速，对 GDP 增长的贡献率达到 67.9%。[1]

三是创新驱动培育新动能。以新型基础设施建设为载体，新一代信息技术将加快与先进制造、新能源、新材料等技术交叉融合，引发群体性、颠覆性技术突破，为经济增长持续注入强劲动能。

四是转型升级实现新变革。铁路、公路、电网等基础设施支撑了分别以机械化、电气化、自动化为特征的三次工业革命，新型基础设施将助力数字化、网络化、智能化发展，推动产业结构高端化和产业体系现代化，成为新一轮工业革命的关键依托。[2] 相比于传统基建，包括信息基础设施、融合基础设施、创新基础设施等领域的新基建，最大的特点就在于数字化、智能化。

（二）
稳步发展融合基础设施

所谓融合基础设施，是指信息基础设施的平台、技术和手段与传统产业的融合。从信息技术的角度理解，就是软硬件定义的解决方案，旨在克服传统 IT 存储与计算的独立孤岛结构所造成的限制和效率低下，为最大限度地降低兼容性问题并简化管理，将计算、网络、存储、系统管理和

---

[1] 参见《中国数字经济发展与就业白皮书（2019 年）》，中国信息通信研究院 2019 年 4 月 18 日发布。

[2] 参见贾康：《新基建：既是当务之急，又是长远支撑》，《党政研究》2020 年第 4 期。

融合基础设施

特点	两大基础设施	代表
深度应用互联网、大数据、人工智能等技术，支撑传统基础设施转型升级，进而形成融合基础设施	智能交通基础设施	城际高铁及城际轨道的自动化、电气化、信息化等，基础设施监控体系、智能化的路网运行感知体系，如车路协同建设、公路信息化、高速路 ETC 联网等
	智慧能源基础设施	与能源基建相结合的信息化、智能化建设

软件整合到预配置包中，将其作为单一融合系统进行运维和管理，加快实现价值速度。可以将融合基础设施的整体架构理解为"信息网络为入口、数字平台为支撑、数据融通为核心、智能应用为关键、轻量服务为特色"，重点面向数字经济、数字政府、数字社会发展需求，其核心路径在于信息技术的融合应用。

稳步发展融合基础设施的目的就是打造工业互联网、提升农业数字化、推进智慧城市等，从多个维度来强化信息网络和实体产业的融合，促进融通创新，通过融合来赋能实体经济，实现转型升级。2021 年 9 月召开的国务院常务会议强调："要稳步发展融合基础设施，包括打造多层次工业互联网平台，促进融通创新。结合推进新型城镇化，推动交通、物流、能源、市政等基础设施智慧化改造。提升农业数字化水平。建设远程医疗、在线教育等民生基础设施"。[①] 推动 5G、互联网、大数据、人工智能与制造业深度融合。只有稳步发展融合基础设施，才能厚植数字经济发展"动力源"，

---

① 黄鑫:《重点面向数字经济领域，稳步发展融合基础设施——新基建进入科学布局新阶段》,《经济日报》2021 年 10 月 31 日。

解决核心技术"卡脖子"问题，为经济发展提供有力的信息化支撑。

融合基础设施不仅是某一项信息技术与传统基础设施的简单叠加，更是围绕行业需求，通过打造高效的云计算能力、构建先进的网络基础、部署泛在的感知终端，加强传统基础设施智能化改造，从而进一步挖掘传统基础设施服务能力，实现服务智慧化和管理网络化，拓展传统基础设施服务空间范围，提高传统基础设施的运行效率、管理效率、服务能力，重构服务供给与公共管理关系。融合基础设施是互联网、大数据、人工智能等信息技术深度应用于传统基础设施，融合形成新的基础设施形态，是传统基础设施转型升级的主要方向，除了智能交通基础设施、智慧能源基础设施外，应该还会涉及其他传统基础设施领域。例如，智慧水利设施、智慧市政设施等。

加快智能交通基础设施部署。智能交通基础设施建设，包括智能化道路、交通管控平台、广泛覆盖的车用无线通信网络、车用高精度时空基准服务能力等内容。要以高速公路、城市道路为重点，以发达地区为试点，逐步扩展智能化道路基础设施规划建设，不断推进交通标志标识等道路基础设施数字化改造升级。要加快推进基于C-V2X技术的车联网设施部署，推动各地车联网基础设施有效验证，加强交通信号灯、交通标志标线、视频监控设施、通信设施、车载终端之间的智能互联，打造车联网创新应用生态；积极推广5G智慧港口建设模式，分享技术应用情况，推动船用设备智能化升级，加强无人驾驶船、智能船舶等技术研究和示范应用；推动人工智能、5G、感知设施在智慧机场建设中的应用，全面部署人脸登机、自助行李托运等服务，实现机场信息系统的协同化、可视化、精细化、个性化、智云化和物联化。

推广部署智慧能源基础设施。智慧能源基础设施种类丰富，涉及智能电网、智能油气管线、智能燃气等不同类型。要构建能源系统智能化运营体系，重点加快电力物联网建设，利用感知设施、5G、人工智能等新技术，综合开展电力设备故障智能感知与诊断、源网荷储泛在资源自主智能调控、综合能源自治协同与多元服务及应用；要加快智能充电基础设施建设，遵循"因地制宜、快慢互济、经济合理、适度超前"的原则，以用户居住地停车位、单位停车场、公交及出租车场站等配建的专用充电设施为主体，以公共建筑物停车场、社会公共停车场、临时停车位等配建的公共充电设施为辅助，以独立占地的城市快充站、换电站和高速公路服务区配建的城际快充站为补充，形成布局合理、科学高效的电动汽车充电基础设施体系；要开展"多站融合"示范建设，在已有变电站站址、通信网络和电力资源的基础上，融合建设数据中心站、充（换）电站、5G基站、储能站、北斗基站和光伏站等。

全方位推进智慧水利建设。针对当前水利基础设施信息化程度相对较低的问题，加强智慧水利基础设施建设的规划引导。要深度融合遥感、云计算、物联网、大数据、人工智能等技术，构建天地一体化观测体系与大数据、互联网集成的综合生态安全监管体系，实现对水资源、河湖水域岸线、各类水利工程、水生态环境等涉水信息的动态监测和全面感知；要大力整合利用各类水利信息管理平台，建设高度集成的水利大数据中心，提升计算和存储能力，逐步形成智慧水利大脑；要充分利用公共通信网络，构建连接所有水利感知对象以及各级水行政主管部门、有关水利企事业单位的互联互通网络。

集约建设城市综合信息载体。城市感知设施的统一建设，涉及杆柱、管道等载体的配套，必须统筹规划多功能信息杆柱建设，构建城市统一杆塔信息平台，探索建立杆塔资源共建共享和有偿使用制度。要积极推动智慧管网（廊）建设，把供水、排水、供热、电力等各类管线集于一体，实施统一建设和管理，并融入物联网、大数据和人工智能等，建设支撑管网、管廊智能检修设备的综合运营平台。

构建信息技术与传统基础设施结合的新基建融合基础设施，横跨多个行业和领域，涉及诸多主管部门，需要加强对各部门的统筹协调。在实施过程中，要充分发挥政府和行业主管部门的主导作用，坚持市场化运作，激发多方参与积极性，在确保提供高质效公共服务的基础上，创新商业模式，构建新经济模式，形成推进新基建融合基础设施高质量发展的合力。

当然，仅利用信息基础设施的技术来融合改造传统产业，不足以完美解决转型升级等系列发展问题。新基建要在实现高质量发展中发挥最大效能，首先要关注的是，在新冠肺炎疫情防控中及后续需求的影响下，哪些行业和实体产业是受冲击最严重的。对于这次疫情的暴发，这些产业都应该反思在产业结构、产业链、商业模式、资源配置和技术手段等方面的局限和不足。要统筹新冠肺炎疫情防控常态化和经济社会发展，利用新基建投资的契机，对产业进行结构性的变革与升级。现在，全球主要发达国家都还笼罩在新冠肺炎疫情的阴霾之下，拐点还不够明显。这恰恰是中国相关产业和企业引领下一轮全球产业升级的机遇和重要窗口期。

在新一轮信息技术革命的推动下，以"数字基建"为代表的新基建将向平台经济方向发展，推动产业融合发展。以新基建为平台，新一代信息技术将加快与先进制造、新能源、新材料等的技术交叉融合，引发群体性、颠覆性技术突破，诱导一系列新技术、新产品、新模式、新业态的大量涌现，这个过程包括制造与服务的战略与业务协同、跨界融合、业态与模式创新等，从而推动先进制造业和现代服务业、数字经济和实体经济融合发展，推动中国经济高质量发展。

从现实情况来看,我国新型基础设施稳步推进融合发展,5G、工业互联网、人工智能、物联网、数据中心等建设和应用推广形成突破,技术先进、功能强大的网络、计算和融合类新型基础设施逐渐形成,加快新型基础设施建设正当其时。着眼长远,我国新型基础设施建设的主要着力点应放在以下三个方面:第一,构建数字政府应用支撑体系。强化数字政府平台建设,使政府政务信息和数据形成资源共享、统一有效的政府大数据体系,推动智慧城市发展。第二,加强农村数字基础设施建设。在农业领域、农村生产经营管理中广泛推广"智能大脑"、5G、云计算等数字技术,完善农产品生产销售链,充分利用数字经济优势,加快数字乡村建设,推动乡村振兴战略的实施。第三,建设国际贸易数字平台。实时抓取数字经济中贸易数据,将数字技术与货物仓储、数据分析与贸易决策、国际贸易供给与需求高效结合。

(三)
推动产学研深度融合

党的十九大报告提出,要推进高校、科研院所和企业的深度融合,这是今后非常重要的一个工作方向。党的十九届五中全会也提出:"推动互联网、大数据、人工智能等同各产业深度融合,推动先进制造业集群发展,构建一批各具特色、优势互补、结构合理的战略性新兴产业增长引擎,培育新技术、新产品、新业态、新模式。"[①]因此,推动产学研深度融合发展,

---

[①]《中共中央关于制定国民经济和社会发展第十四个五年规划和二〇三五年远景目标的建议》,《人民日报》2020年11月4日。

是"十四五"时期立足新发展阶段、贯彻新发展理念、构建新发展格局、推动高质量发展的重要任务。

产学研最早出现在国外，是科技革命、产业变革和企业发展的产物，伴随中国的市场化改革、企业组织能力提升以及新兴产业的崛起而产生，成为重要的发展共识。一般意义上的产学研深度融合，是指高校、科研机构、企业等技术创新的上、中、下游相互对接，实现资源共享、优势互补，通过组成利益共同体，开展科技创新研发，实现成果转化，共享利益、共担风险。产学研深度融合、协同创新是围绕创新发展，以产业为导向、以学界为后盾、以研发为桥梁，促进各链条融通创新，使产业界的产业技术研究与产业化组织实施能力、学术界的基础研究与共性技术研究、研发界的商业应用研究与商品工艺研究形成合力，发挥1+1+1>3的协同效应的一种创新方式。

以大数据、云计算、人工智能等新一代信息技术为基础的数字经济，体现了经济发展的方向。推动数字经济和实体经济深度融合，需要加强数字基础设施建设的产学研融合深度，发挥高校科研智库优势，注重人才培养与成果转化、共享，促进互联互通，通过智能化、协同化的新生产方式对产业实体经济进行改造升

↑ 2019年11月4日，第七届中国江苏产学研合作大会在南京国展中心开幕，5G无人车引人注目　中新图片 / 王路宪

级,全面提高实体经济的质量、效益和竞争力,打造数字经济形态下的实体经济,进而推动经济体系优化升级。党的十九届五中全会提出:"发展数字经济,推进数字产业化和产业数字化,推动数字经济和实体经济深度融合,打造具有国际竞争力的数字产业集群。"

多年来,我国在产学研协同创新方面,树立了"产业主导、市场拉动、企业主体、政府引导、院校支撑"的政策导向。在科技政策、产业政策、企业政策方面,加快从偏重后端产业化向注重中端应用研究和前端基础研究方向发展,从偏重供给端到供给与需求并重的方向发展,由"政产学研用"向"政产学研金服用"的多维方向发展。

进入数字时代,用户在创新进程中的特殊地位凸显出来,从场景创新的需求出发,反向配置资源和逆向创新成为重要趋势,并进一步加速了"政产学研金服用"的协同发展。究其实质,产学研协同创新体系以实现关键共性技术突破的产学研高度协同创新为目标,重在使各类创新要素在技术创新链上、中、下游的各类组织之间循环流通,从而实现协同发展。

在"政产学研金服用"高效融合联动方面,近年来涌现出很多新模式和典型案例,包括:高校院所衍生的高科技企业模式,如青岛科技大学培育出的"软控";企业合作高校院所进行开放式创新模式,如海尔联动全球高校科研院所开展研发众包,培育出了众多科技型企业;产业技术联盟科技攻关模式,如通信领域经政府引导成立的若干产业技术联盟,合作进行共性技术攻关和国际国内标准创制,加快推动了产业技术创新和国际竞争力提升;产业技术研究院平台赋能模式,如江苏产业技术研究院运用新模式新机制加快产学研协同创新;政府财政科技引导与投行培育模式,如北京市政府对京东方及其产业提供长期系列支持;以政府采购与示范工程反向带动模式,如北京中关村轨道交通联盟,在重大工程上以需求为导向进行产学研合作等。

如今，伴随着产业跨界、技术突变和业态创新等的发展，实现创新更加需要鼓励每个创新主体的自主性、自发性、能动性、创造性。要通过系统性的群体试错、持续化的迭代创新、大规模的集成创新、市场化的自然选择等，更加自觉和有组织地实现系统创新。

推动产学研深度融合，要建立健全产学研协同组织体系，服务科技经济融合。就产业层面而言，要想让"政产学研金服用"等不同创新主体发挥好各自的作用，必须有效创新组织方式，并通过系统优化组织创新，让产业企业形成强大的产业组织实施能力。就企业层面而言，关键是在企业家、科学家、工程师、投资人、职业经理人以及"工匠"等之间，形成协同创新的治理结构与生产组织方式。从实践来看，一些研发创新活动最终失败了，一个重要的原因就是缺乏具有科技创新及产业组织功能的创新平台或产业组织者。[①]

推动产学研深度融合，要促进数字经济创新活动向生产领域渗透。数字经济为实体经济提供新的科学技术知识和生产组织形式，实体经济为数字经济提供应用市场和大数据来源。要积极运用新一代数字技术推进传统实体经济的数字化改造，推进数字产业化和产业数字化，推动产业链向中高端延伸，增强实体经济的核心竞争力；要完善国家创新体系，健全创新激励机制，将数字经济创新活动广泛引向生产领域，为实体经济转型升级赋能助力。

推动产学研深度融合，要驱动产业"数智化"升级。新技术的爆发式发展，对企业的转型升级提出新的要求。依托大数据、云计算、AI、物联

---

① 参见王琨、特木钦:《推动数字经济和实体经济深度融合》,《人民日报》2021年3月16日。

网等技术方面的优势，加速促进数字经济与实体经济融合发展，需加强产学研的深度合作，联动助力传统产业数字化转型升级，以及驱动产业进行"数智化"转型升级。针对疫情的有效管控，健康码无疑发挥了巨大的作用。上海交通大学特聘教授马利庄及其团队，基于人工智能、大数据算法研发出健康码。再如，腾讯以产学研建设项目实施平台为输出口，围绕腾讯生态体系进行技术成果转化，落实企业引进，为许昌打造智慧教育、智慧政府等相关产业的研发集群，带动地方相关产业升级发展。可以预见，政企的充分合作将成为推动数字经济与实体经济深度融合的重要力量。

产学研深度融合是否有成效，取决于协调发展的机制。首先，要完善产学研深度融合的运行机制，按照"政府引导、市场主导、专业运作"的模式，加强统筹协调，在政府、企业、科研院所、高校、行业组织之间协同互动，形成促进产学研深度融合的政策合力和相应的资金支持。其次，要建立产学研深度融合的评价激励机制。将科研成果转化体系建设纳入高校相关建设考核目标，把科研成果应用作为建设"双一流"大学的重要举措和关键环节。最后，要鼓励科研人员与企业建立深层次的长期合作关系，聚焦地方经济建设与产业发展的方向，紧盯企业产品开发与技术升级需求，实现科研成果转化。

（四）
鼓励多元投入，推进开放合作

《中华人民共和国国民经济和社会发展第十四个五年规划和2035年远景目标纲要》指出，要统筹推进传统基础设施和新型基础设施建设，打造系统完备、高效实用、智能绿色、安全可靠的现代化基础设施体系。《纲要》还强调，要围绕强化数字转型、智能升级、融合创新支撑，布局建设信息基础设施、融合基础设施、创新基础设施等新型基础设施；支持民营和境外资本参与新型基础设施投资运营；参与相关国际规则标准制定。2021年9月22日，国务院常务会议审议通过了《"十四五"新型基础设施建设规划》，再次明确鼓励多元投入、推进开放合作，支持民营和境外资本参与新型基础设施投资运营。

以AI、大数据、云计算、5G为核心的技术基础，加速各行各业的深度融合，这一过程就是多元投入、开放合作的过程。通过开放、自由、多元的市场化探索、试错和创新，从而形成技术变革和商业创造的百花齐放，将有利于我国数字经济发展的多样化形态构建，从而为接下来中国数字经济繁荣，乃至世界数字经济建设提供宝贵经验和成功样本。未来需进一步激发市场投资主体的活力，引导更多社会资本包括民营和境外资本参与进来。需要及时发布一批新型基础设施建设项目，明确其商业运作模式，鼓励社会资本创新商业模式，提升基础设施投资回报率。

从建设目标来看，新基建要求国内信息企业从底层数据中心架构到上层软件应用系统，提升技术产品质量，建立适配广泛行业的技术标准，提高技术服务能力。从应用层面来看，新基建要求各软件开发商、系统集成商、互联网应用服务商、政府、行业等各方联合行动，实现信息领域应用成果广泛落地，共同打造应用生态。从区域发展需求来看，新基建能够有力促进区域经济结构优化，推动地方经济发展。但新基建不能千城一面，要和地方实际发展情况紧密结合。这要求"政产学研金服用"各方跳出单纯的"基建思维"或"产业思维"，通过与区域需求相结合、因地制宜，实现协同发展。

当然，新基建的本质还是基建。随着新技术发展、产业变革与消费升级，除加大创新开放合作路径，很多基础设施的形态、构成、管理运行方式等也发生了巨大变化，且需作为一项浩大的系统性工程，汇聚各方智慧和力量，集聚信息与通信技术行业合力，持续推进。因此，要支持民营和境外资本参与，建立健康多元化投融资体系。要更加积极主动地向外资企业宣介有关法律和政策，帮助外资企业融入新发展格局，特别是引导推动外资企业在碳达峰碳中和、新型基础设施建设和创新驱动发展等方面，更多把握投资机会，融入产业链供应链，为经济高质量发展更好地发挥作用。

当前，我国新基建建设仍面临一些问题，特别是资金来源不足的问题仍很突出。一方面，地方政府隐性债务依然是去杠杆的重点领域；另一方面，人工智能、工业互联网、物联网等新型基础设施建设对资金有着长期性、大规模的需求。因此，加快新型基础设施建设，必须构建政府财政和社会资本互为补充的多元化的投融资体系。从各省区市上报的"十四五"基础设施建设投资规划看，新基建投资规模总额高达30万亿至40万亿元，需要央企、国企和民企等各类市场主体共同参与到新基建的投融资、建设和管理运营中来。社会资本以政企合作的模式参与新基建，能够发挥专业专注的优势，也有利于快速推进商用化，获取经济效益，从而提高投资回报率，推动产业可持续发展。民营企业整体规模较小、融资渠道单一、综合竞争力薄弱，深度参与新基建存在诸多困难，且部分新基建项目特别是交通、能源、电信等领域项目，对民间资本的市场准入门槛仍然较高，应推动进一步简政放权，以降低准入门槛，并保护其合法权益。

此外，新型基础设施建设带有一定的公益属性，与市场化运作存在矛盾。如何保障新基建项目有收益、能收益，确保项目风险可控在控，也需要进一步探索。对于社会资本来说，投资新基建项目要求有稳定可持续的投资回报，因而应当探索可持续的商业模式。要注重项目投建营一体化，在项目建成后实现对效益的长期维护，采取资产证券化、融资租赁等方式，降低项目的投资风险；要通过政策补贴、税收减免等方法，鼓励和引导社会资本投入新基建相关技术的研发应用，以及有序参与项目建设和运营；要通过应收账款和订单融资、实体仓储和票据融资、融资租赁、资产证券化等手段，帮助民营企业获得定向精准的资金支持，降低其融资成本。

《2021中国民营企业500强报告》显示，民营企业参与国家重大决策部署更加踊跃。500强企业中有354家企业参与乡村振兴战略，246家企业参与"两新一重"建设，183家参与混合所有制改革。350家参与区域协调发展战略，其中，参与长三角区域一体化发展、长江经济带发展、西部大开发、粤港澳大湾区建设的企业数量最多，分别为170家、159家、122家和122家。[1] 随着改革不断深化，营商环境将持续改善，民营企业将在构建新发展格局中发挥更大作用。在国家顶层设计下，各地也展开积极部署。广西印发文件明确鼓励采用PPP模式盘活存量资产，重点支持盘活交通、市政等基础设施补短板行业及新型基础设施项目。江苏提出坚持政府引导、市场主导，最大限度发挥市场在资源配置中的决定性作用，构建多元化投融资体系，探索长期可持续的新型基础设施运营模式。

2019年10月，以"智能互联开放合作——携手共建网络空间命运共同体"为主题的第六届世界互联网大会在浙江乌镇召开。此次大会勾勒出未来中国及世界互联网发展的方向与目标，也提出了更为可行的前进路径。来自世界各国的1500多名企业家、科学家共聚一堂，为世界互联网更好更快地发展提供真知灼见，在研讨中碰撞出新的智慧火花。

世界互联网大会见证了中国数字经济发展的多元化探索。对于中国

---

[1] 参见《2021中国民营企业500强报告》，中华全国工商业联合会2021年9月25日发布。

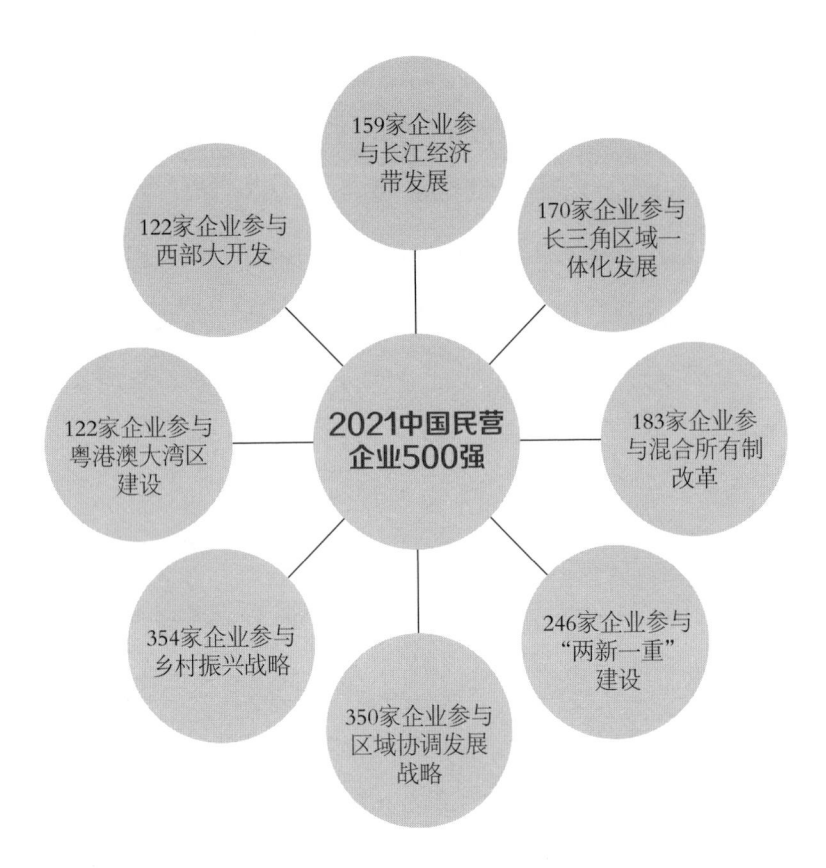

```
           159家企业参
           与长江经济
              带发展
                              170家企业参与
122家企业参与                   长三角区域一
  西部大开发                      体化发展

                                    183家企业参
122家企业参与     2021中国民营         与混合所有制
粤港澳大湾区      企业500强              改革
    建设
                                    246家企业参与
354家企业参与                         "两新一重"
  乡村振兴战略                            建设
              350家企业参与
              区域协调发展
                  战略
```

数字经济的未来,众多与会嘉宾纷纷建言。如百度董事长兼CEO李彦宏提出,数字经济在经历了PC的发明与普及、PC互联网、移动互联网这三个阶段后,正在进化到以人工智能为核心驱动力的智能经济新阶段。智能经济将给全球经济带来新的活力,技术与人的连接越来越紧密,万物智能互联的时代来临,中国及世界经济迎来新的增长动能。

近年来,我国以数字经济为代表的新模式新业态快速增长。数字经济正成为我国经济发展的新优势,不仅为中国经济稳步复苏提供了强有力的支撑,也将助力世界经济复苏发展。我国企业电子商务、短视频应用等成功经验正被许多西方互联网巨头借鉴。一些民营科技企业凭借先进的数字技术和完整的商业模式,能够系统性解决农业数字化问题,从而提高生产效率，跟踪产品安全，促进精准营销并建立农业品牌。一些知名互联网企业，拥有大数据、云计算、数字支付等技术优势，正成为推动国家农业转型的重要力量，也引起了整个世界的关注。

当前，通过数字技术出口，我国帮助非洲建设数字经济，实现合作共赢。面对新冠肺炎疫情的挑战，我国积极推动新一代信息技术支撑疫情防控和复工复产。互联网企业借助技术优势帮助全球抗疫并发挥了重要作用。例如，百度研究院，面向全球各基因检测机构、防疫中心及科学研究中心，免费开放其线性时间算法以及核糖核酸结构预测网站，有效提升了新冠肺炎病毒核糖核酸空间结构预测速度。另外，我国一些电子商务平台在东盟拓展业务，给尚在发展初期的东盟电商市场带去了成熟的技术和经验等，为当地创造了更多发展机遇，既成为拉动当地经济发展的新增长点，也成为推动东盟与中国贸易增长的新引擎。

总体来看，我国新型基础设施建设蓬勃发展，呈现出前所未有的大好形势，但也存在一些不足，面临诸多困难和挑战。一是统筹规划不够，关于促进新型基础设施建设的总体指导意见，关于新型基础设施的布局、建设、保护，关于各类新型基础设施间的协调发展，这些方面都还缺乏总体设计。二是产业短板突出，核心技术产业基础依然薄弱，核心元器件、基础软件对外依存度高，关键技术受制于人的隐患客观存在，这些因素制约着新型基础设施建设的发展，亟须加快提升自主创新能力。三是发展窗口紧迫，当前，新一轮科技革命和产业变革正处于格局未定和重大突破的窗口期，各主要国家都在加紧5G、工业互联网、人工智能的战略布局，不进则退，慢进亦退，加快新型基础设施建设已刻不容缓。

6 加快数字产业化和产业数字化转型

——○——

　　党的十九届五中全会通过的《中共中央关于制定国民经济和社会发展第十四个五年规划和二〇三五远景目标的建议》，就"加快推动数字产业化"和"推进产业数字化转型"作出了全面部署。这是以习近平同志为核心的党中央把握世界科技革命和产业变革大趋势作出的战略决策。在十九届中共中央政治局第三十四次集体学习时，习近平总书记强调："推动数字经济和实体经济融合发展。要把握数字化、网络化、智能化方向，推动制造业、服务业、农业等产业数字化，利用互联网新技术对传统产业进行全方位、全链条的改造，提高全要素生产率，发挥数字技术对经济发展的放大、叠加、倍增作用。"① 这就进一步为我们打造数字经济新优势指明了方向。

---

① 习近平：《不断做强做优做大我国数字经济》，《求是》2022 年第 2 期。

（一）
推动数字经济和
实体经济融合发展

　　数字产业化即信息产业化，指的是数据要素的产业化、商业化和市场化。作为数字经济的基础部分，数字产业具体包括电子信息制造业、信息通信业软件和信息技术服务业、互联网行业等。产业数字化，指的是利用现代数字信息技术、先进互联网和人工智能技术对传统产业进行全方位、全角度、全链条改造，使数字技术与实体经济各行各业深度融合发展。从本质上看，产业数字化是通过连接客户、结构可视、智慧决策，对产业链上下游的全要素进行数字化改造，从而实现产业降本提效、提高用户体验、增加产业收入和升级产业的模式。作为数字经济的融合部分，它是国民经济各行各业因数字技术应用而带来的产出增加和效率提升。数字产业化和产业数字化，二者相互促进、相互协作。数字产业化可通过各种数字技术为产业提供服务，而产业数字化可促进企业建立数字化流程，确保企业快速、稳定发展。简单地讲，产业数字化是过程，是目标；数字产业化是手段，是抓手。

　　加快数字产业化和产业数字化转型，推动数字经济和实体经济融合发展，是立足新发展阶段、贯彻新发展理念、构建新发展格局、推动高质量发展的必然选择。党的十八大以来，以习近平同志为核心的党中央把振兴实体经济摆在了更加突出的位置，多次强调国家强大要靠实体经济，要把实体经济搞上去。发展实体经济要用新经济、新业态、新动能的蓬勃力量，推动传统产业尤其是实体经济更好地适应经济转型，从而提高竞争力。因而，实体经济的发展离不开数字经济的发展。同时，数字经济的发展也离不开实体经济的发展，需要实体经济的良好支撑。数字经济作为一种全新的经济模式，充分发挥了互联网在生产要素配置中的优化和集成作用，将互联网的创新成果深度融入经济社会的各个领域。通过与实体经济相融合，数字经济全面提升了实体经济的创新力和生产力，逐渐形成了以互联网为基础设施和实现工具的经济发展新形态。互联网技术和数字经济的发展，既改善了宏观经济结构，从而直接推动经济增长；也改变了传统经济的增长模式，进而为经济转型升级注入新动力。为此，党的十九届五中全会提出："发展数字经济，推进数字产业化和产业数字化，推动数字经济和实体经济深度融合，打造具有国际竞争力的数字产业集群。"[1]

要大力推进产业数字化转型。加快企业数字化转型升级。引导企业强化数字化思维，提升员工数字技能和数据管理能力，全面系统推动企业研发设计、生产加工、经营管理、销售服务等业务数字化转型。全面深化重点产业数字化转型。立足不同产业特点和差异化需求，推动传统产业全方位、全链条数字化转型，提高全要素生产率。推动产业园区和产业集群数字化转型。引导产业园区加快数字基础设施建设，利用数字技术提升园区管理和服务能力。培育转型支撑服务生态。建立市场化服务与公共服务双轮驱动，技术、资本、人才、数据等多要素支撑的数字化转型服务生态，解决企业"不会转""不能转""不敢转"的难题。

要加快推动数字产业化。增强关键技术创新能力。瞄准传感器、量子

---

[1]《中共中央关于制定国民经济和社会发展第十四个五年规划和二〇三五年远景目标的建议》，《人民日报》2020年11月4日。

信息、网络通信、集成电路、关键软件、大数据、人工智能、区块链、新材料等战略性前瞻性领域，发挥我国社会主义制度优势、新型举国体制优势、超大规模市场优势，提高数字技术基础研发能力。提升核心产业竞争力。着力提升基础软硬件、核心电子元器件、关键基础材料和生产装备的供给水平，强化关键产品自给保障能力。加快培育新业态新模式。推动平台经济健康发展，深化共享经济在生活服务领域的应用，发展基于数字技术的智能经济。营造繁荣有序的产业创新生态。发挥数字经济领军企业的引领带动作用，加强资源共享和数据开放，推动线上线下相结合的创新协同、产能共享、供应链互通。

近年来，我国数字经济与实体经济的融合为产业发展带来了众多的新机遇。中国互联网协会发布的《中国互联网发展报告（2021）》显示，2020年中国数字经济规模达到39.2万亿元，并保持了9.7%的同比增长速度。进入新发展阶段，数字经济已成为稳定经济增长的重要动力。就其积极作用而言：其一，数字经济与实体经济通过融合能够突破时空局限，促进产业和区域发展均衡。传统的实体经济发展主要依靠人力、物力以及地区的优势而建设，人力、物力以及当地优势明显的地方往往会产生大的实体经济的聚集，优势不明显的地方则往往无法产生更多的实体经济。而在数字经济环境下，企业可以选择成本较低、利于发展的地方，通过远程协同、多地协同，实现从地理位置聚集到线上载体聚集的转变，从而有助于缓解区域之间产业发展不均衡、不协调的问题。其二，数字经济与实体经济的融合有助于为企业搭建数字平台。在新型冠状肺炎疫情以及多方因素共同影响下，全球的实体经济都在寻求数字化转型、构建数字桥梁，在积极应变中寻求发展的机遇。通过大数据龙头企业带动，重点项目示范引领，可以为实体经济高质量发展注入"数字动力"。其三，数字经济与实

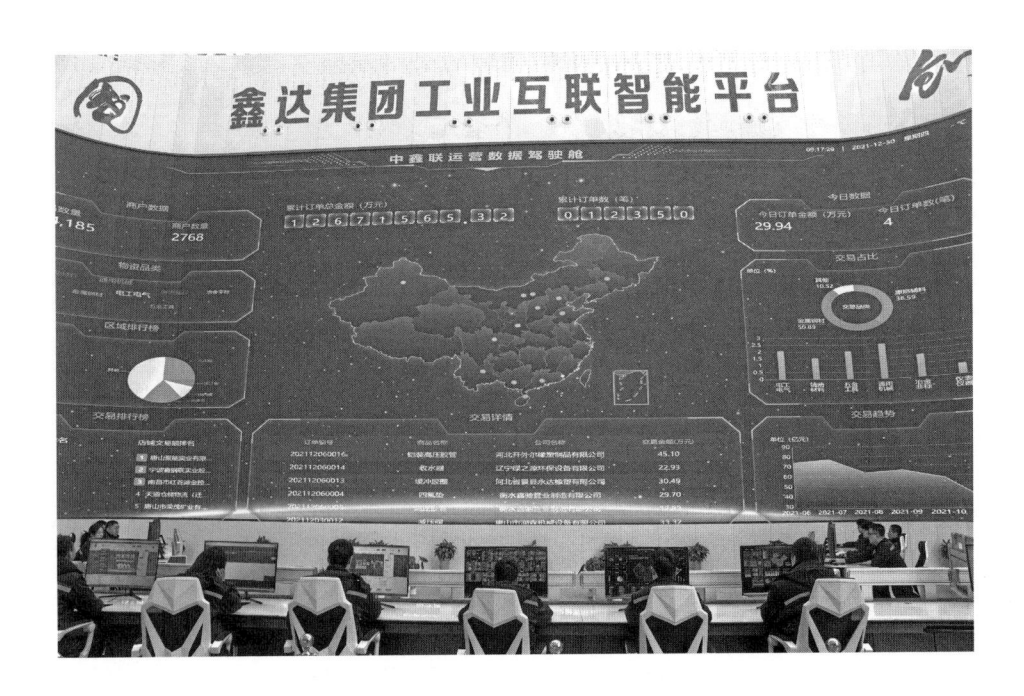

↑ 近年来，河北省迁安市大力推动数字产业化、产业数字化，积极推进工业互联网等新一代信息技术与钢铁产业融合发展，加快"企业上云"进程，提高产业数字化水平。图为鑫达集团工业互联智能平台　中新图片／任海霞

体经济的融合有助于加强企业间的跨界合作。数据流通使得企业的组织界限、供销关系、行业内企业间的关系等都发生了巨大的变化，能够形成全新的产业网络。其四，数字经济与实体经济的融合有助于构建全新产业链。在数字经济快速发展的情况下，信息和市场的需求也随之变化，对于资源整合和业务协同有了更高的要求。一部分在行业内领先的企业借助数字化的成功经验逐步转型，形成新的产业链。

　　当前，数字经济与实体经济的融合发展主要面临着以下挑战：一是实体经济领域自主创新能力不足。我国实体经济在发展过程中缺失关键核心技术，一些核心零部件和技术长期受制于人。由于对核心技术的掌握程度所限，在运用数字技术为实体经济发展赋能时，一些关键的技术依旧无法突破，对于深层次地利用数字技术去获得经济价值还需要付出努力。即使运用了数字技术，由于关键核心技术还掌握在来源国，因此受益方也为来源国。这样就导致了先进制造业与数字经济的融合所应当呈现的效应未能充分显现。二是缺乏高素质的数字技术专业技能人才。高素质的数字技术专业技能人才的缺乏，依旧是制约先进制造业发展的重要瓶颈。在企业决策层面，由于缺乏数字思维，对于外界环境变化不敏感，导致很难作出优质的顶层设计，进而不能及时推动数字化变革。在企业员工层面，由于真正会分析数据、管理数字化的人才较少，导致不能很好地实现数字经济与实体经济的深度融合。三是数字经济与实体经济领域存在的形式差异导致二者融合度不高。目前的融合方式有两种：一种是产业内部成立信息技术部门；另一种是产业与信息技术企业进行合作。这两种方式均存在对产业领域和数字经济的认知差异。究其原因，一方面在于忽略了大数据的新型要素特征，不能有效挖掘利用数据价值；另一方面在于信息技术企业不能完全把握制造企业的工艺和业务流程，也就难以满足企业的转型需求。四是缺乏数字经济与实体经济融合发展、沟通交流的工业互联网平台。

推动数字经济与实体经济融合，要放眼全局，从全社会、全要素、全产业的角度，从技术、应用和生态层面，谋划融合发展的策略与路径。习近平总书记指出："加强关键核心技术攻关。要牵住数字关键核心技术自主创新这个'牛鼻子'，发挥我国社会主义制度优势、新型举国体制优势、超大规模市场优势，提高数字技术基础研发能力，打好关键核心技术攻坚战，尽快实现高水平自立自强，把发展数字经济自主权牢牢掌握在自己手中。"[①] 推动数字经济与实体经济融合发展，一是要发挥数字经济领

---

① 习近平：《不断做强做优做大我国数字经济》，《求是》2022年第2期。

数字经济与实体经济的融合发展面临的挑战

实体经济领域自主创新能力不足 （1）关键核心技术缺失 （2）核心零部件受制于人	缺乏高素质的数字技术专业技能人才 （1）企业决策层面，不能及时推动数字化变革 （2）企业员工层面，不能实现数字经济与实体经济深度融合
数字经济与实体经济领域存在的形式差异导致二者融合度不高 （1）忽略了大数据的新型要素特征，不能有效挖掘利用数据价值 （2）信息技术企业不能完全把握制造企业的工艺和业务流程	缺乏数字经济与实体经济融合发展、沟通交流的工业互联网平台

头羊作用，大力推进5G、工业互联网、大数据等新型基础设施建设布局。二是要引导各个行业正确把握未来数字经济的发展趋势，主动拥抱数字科技，提出多行业需求，并积极运用数据分析实体行业存在痛点，明确行业发展的前景。三是要加快启动国家工业互联网平台，积极运用新一代数字技术推进传统实体经济的数字化改造，推进数字产业化和产业数字化，推动产业链向中高端延伸，增强实体经济的核心竞争力。通过完善国家创新体系，健全创新激励机制，将数字经济创新活动广泛引向生产领域，为实体经济转型升级赋能助力。四是要加强专业数字人才的培育培养。数字经济所需的数字技术进步以及实体经济所需的数字化改造，都离不开掌握数字技术、懂得分析处理数据的专门化人才。提升社会公共服务以及社会治理数字化水平，同样需要培养数字人才以及提升公众的数字素养。因此，需要加快构建数字人才培养体系，创新人才培养模式，为数字产业化与实体产业数据化提供充足人才。

推动数字经济和实体经济融合发展，不仅需要推动数字经济转型，而且需要加快实体经济数字化转型。要开展制造业数字化转型行动，夯实制造业数字化基础，积极推进企业数字化改造，深化各环节的数字化应用。要坚持智能制造主攻方向，加快工业互联网创新发展，发展智能制造、服务型制造、规模化定制等数字化新模式新业态。

（二）
推动互联网、大数据、人工智能同产业深度融合

随着互联网、大数据、人工智能等技术应用大规模发展，互联网所承载的数据和信息越来越丰富。这些数字资源已经成为国家重要战略资源和新生产要素，数字经济成为影响社会发展、社会管理、国家治理以及人们生活的新变量。从整体上来看，我国互联网、大数据、人工智能在消费领域的发展推进速度都较快，但是与实体产业经济的融合发展还有待进一步提升，亟须通过政策整合，逐步扭转互联网、大数据、人工智能与实体产业经济"两张皮"现象，促进互联网、大数据、人工智能与实体产业之间的深度融合。

党的十八大以来，以习近平同志为核心的党中央高度重视发展数字经济，实施网络强国战略和国家大数据战略，拓展网络经济空间，支持基于互联网的各类创新，推动互联网、大数据、人工智能和实体经济深度融合，建设数字中国、智慧社会，推进数字产业化和产业数字化，打造具有国际竞争力的数字产业集群。2018年1月，习近平主席在同法国总统马克龙会谈时指出，要"加强创新合作，在数字经济、人工智能、先进制造业等

领域更好实现优势互补，共同发展"①。2020年10月，党的十九届五中全会提出："推动互联网、大数据、人工智能等同各产业深度融合，推动先进制造业集群发展，构建一批各具特色、优势互补、结构合理的战略性新兴产业增长引擎，培育新技术、新产品、新业态、新模式。"②

特别是新冠肺炎疫情暴发以来，数字技术、数字经济在支持抗击新冠肺炎疫情、恢复生产生活方面发挥了重要作用。这表明以大数据、云计算、人工智能等新一代信息技术为基础的数字经济，已成为当今世界经济发展的方向。对此，习近平总书记指出："新一代人工智能正在全球范围内蓬勃兴起，为经济社会发展注入了新动能，正在深刻改变人们的生产生活方式。"③ 在十九届中共中央政治局第三十四次集体学习时，习近平总书记强调："要推动互联网、大数据、人工智能同产业深度融合，加快培育一批'专精特新'企业和制造业单项冠军企业。当然，要脚踏实地、因企制宜，不能为数字化而数字化。"④ 这为推动互联网、大数据、人工智能同产业深度融合指明了方向。

第一，推进互联网与产业的深度融合。习近平总书记在十八届中共中央政治局就实施网络强国战略进行第三十六次集体学习时指出："随着互联网特别是移动互联网发展，社会治理模式正在从单向管理转向双向互动，从线下转向线上线下融合，从单纯的政府监管向更加注重社会协同治理转变。我们要深刻认识互联网在国家管理和社会治理中的作用，以推行

---

① 《习近平同法国总统马克龙举行会谈》，《人民日报》2018年1月10日。
② 《中共中央关于制定国民经济和社会发展第十四个五年规划和二〇三五年远景目标的建议》，《人民日报》2020年11月4日。
③ 《习近平致信祝贺二〇一八世界人工智能大会开幕强调 共享数字经济发展机遇 共同推动人工智能造福人类》，《人民日报》2018年9月18日。
④ 习近平：《不断做强做优做大我国数字经济》，《求是》2022年第2期。

电子政务、建设新型智慧城市等为抓手，以数据集中和共享为途径，建设全国一体化的国家大数据中心，推进技术融合、业务融合、数据融合，实现跨层级、跨地域、跨系统、跨部门、跨业务的协同管理和服务。"[1]事实证明，网络信息技术是全球研发投入最集中、创新最活跃、应用最广泛、辐射带动作用最大的技术创新领域，是全球技术创新竞争高地。

推进互联网与产业的深度融合，也就是实现"互联网+"。通俗来讲，"互联网+"就是"互联网+传统行业"，就是推动互联网、云计算、大数据、物联网等与现代制造业结合，促进电子商务、工业互联网和互联网金融健康发展，引导互联网企业拓展国际市场。"互联网+"是一个流程再造、创新、改造，最终提升的过程。通过再造，互联网与各个产业结合，提高企业的运作效率，甚至提升政府的管理效率。近些年，互联网与通信、零售、民生、医疗、教育等多领域合作，形成互联网金融、互联网教育、互联网交通等新业态。不可否认，"互联网+"催生了巨大的市场，已成为新时代的创业趋势。

"互联网+"意味着有更多的新兴业态和产业成为我国经济的新增长点。各个领域的深度融合，也促进了我国经济的创新。例如，"互联网+中国智造"，必然要求企业提高自主创新能力，提高科技水平，掌握核心技术，从中国制造向中国智造转变。"互联网+地产业"，实现了从新思维到新平台的变革。地产企业主动拥抱互联网，用互联网思维经营传统企业，增加用户黏度，借力营销、大数据融合进而促进行业发展。"互联网+制造业"从大批量生产制造到多品种、小批量生产，让人人都是生产者。

---

[1]《习近平在中共中央政治局第三十六次集体学习时强调　加快推进网络信息技术自主创新　朝着建设网络强国目标不懈努力》，《人民日报》2016年10月10日。

互联网帮助企业迅速捕捉市场信息，第一时间与客户建立联系，利用大数据平台迅速获取对企业有用的信息。同时，传统制造业打破传统思维，借力互联网技术，将企业内外网络以及产业链上的各个环节联系到一起，以最短的时间对市场需求作出反应，将资源进行整合、优化，及时掌握市场的变化以及变化背后的内涵，及时设计出满足消费者更多需求的产品，再迅速投入生产。"互联网＋新闻业"，使大众传媒话语权发生历史性的嬗变。随着互联网的普及，网络中的资讯应有尽有，时间不受限制。网络新闻基于强大的互联网平台，加上数以亿计的用户支持，更加体现了行业的优势资源，也以更加创新的方式将新闻呈现出来，站在用户的立场，更好地服务用户。"互联网＋教育"，当互联网与教育相融，通过网络设备和技术，全球各地的网民都获得了接受优质教育的机会。网络平台让人人都有学习的机会，实现更多个性化的教育，让教育更有亮点。"互联网＋医疗"，健康类网站、移动医疗等的出现，使得传统医疗业在一定程度上面临着挑战。互联网推动了远程会诊，缩小了地区医疗水平差距。可以说，"互联网＋医疗"使传统医疗行业引进网络管理系统，帮助患者建立健康档案，减轻医务人员的负担，关注患者的身体状况，并在需要处理紧急情况时用最短时间调出相关资料，让管理逐步迈向现代化。

互联网正促进中国经济均衡协调发展、绿色低碳发展、开放共享发展、全面创新发展，积极拥抱互联网，加速推进互联网与各行业的深度融合，将开启中国经济新的发展征程。要推进互联网与产业的融合，就要强化互联网思维，利用互联网扁平化、交互式、快捷性优势，推进政府决策科学化、社会治理精准化、公共服务高效化，用信息化手段更好感知社会态势、畅通沟通渠道、辅助决策施政。要推进互联网与产业的融合，就要积极发挥我国互联网产业的比较优势，加快推进互联网与经济社会各领域的深度融合。加快发展产业互联网,主要场景是工业互联网、车联网和新型智慧城市,这些场景的主角是各级政府和传统企业,必须坚持做优存量和做大增量并举,坚持创新驱动和融合发展并举。要通过利用互联网技术和思维,强化技术应用,创新服务模式,加快促进传统产业转型升级和提质增效。通过"互联网+"行动计划重塑创新体系、激发创新活力、培育新兴业态,主动适应和引领经济发展新常态、推进供给侧结构性改革、打造经济发展新引擎。

第二,推进大数据与产业的深度融合。2017年12月,习近平总书记在十九届中共中央政治局第二次集体学习时强调:"要构建以数据为关键要素的数字经济。"[①]2020年12月,国家发展和改革委员会等部门印发的《关于加快构建全国一体化大数据中心协同创新体系的指导意见》提出,到2025年"公共云服务体系初步形成,全社会算力获取成本显著降低。政府部门间、政企间数据壁垒进一步打破,数据资源流通活力明显增强"。由此可见,数据日益成为不可缺少的新型生产要素,数据的挖掘、存储、管理、分析、交换等已形成较为完整的产业体系,数据供应链和价值链也已成形。在信息时代,数据已经成为生产和消费的核心要素,绝大多数的经济都由它主导。数据产业所具有的质的飞跃、由点到面的转变,能够为产业融合、改善宏观调控、保障改善民生、创新社会治理等方面提供有力的支撑。数据要素与传统的生产要素的深入融合,可以显著降低市场信息不对称,促进传统劳动力、资本以及技术等生产要素的组合优化,进而促进要素配置效率和劳动生产率提升。

---

① 《习近平在中共中央政治局第二次集体学习时强调 审时度势精心谋划超前布局力争主动 实施国家大数据战略加快建设数字中国》,《人民日报》2017年12月10日。

大数据的特点

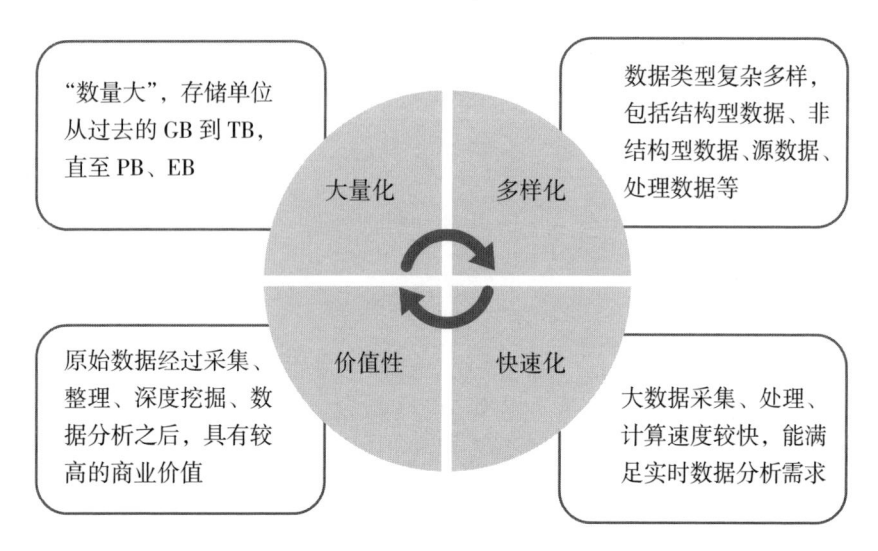

- 大量化："数量大"，存储单位从过去的 GB 到 TB，直至 PB、EB
- 多样化：数据类型复杂多样，包括结构型数据、非结构型数据、源数据、处理数据等
- 价值性：原始数据经过采集、整理、深度挖掘、数据分析之后，具有较高的商业价值
- 快速化：大数据采集、处理、计算速度较快，能满足实时数据分析需求

1980年，"大数据"一词首次出现在未来学家阿尔文·托夫勒极具影响的《第三次浪潮》一书中。在该书中，托夫勒大胆预言，如果说IBM的主机拉开了信息化革命的大幕，那么，大数据则是第三次浪潮的华彩乐章。2000年以后，这一预言已经在我们所处的时代逐渐兴起，悄然成真。数据从其开始为人们所熟知，到如今，大数据遍布于人类社会的方方面面，政府、企业以及个人对大数据的使用变得更加普遍。目前，各国、各地区纷纷进行数字化转型，逐步形成用数据决策、用数据管理、用数据服务的公共管理和服务机制，数据治理能力已经成为现代化治理能力的主要评价标准。在企业运营中，大数据分析已经逐渐转变为企业能够存续发展的先决条件，而与之相对应的数据分析师、AI训练师等相关高技能人才成为就业市场的优选人才。在个体的消费选择中，基于大数据的个性化推荐已经成为大多数网商平台的标配。

推进大数据与产业的深度融合，需要加大具备云资源接入和数据流通一体化调度功能的新平台的构建,充分发挥数据产业对不同产业黏合剂的作用。通过不同行业与大数据相互融合和嵌套,催生新的生产模式。当然,我们也应该看到,能够在大数据热的早期占据领先地位的国家、地区和企业将取得持续性的竞争优势。在当前的大数据热中,我国的互联网和数字经济行业在许多领域占据领先地位。我们要在鼓励竞争和保护创新的大前提下,力争形成一批具有显著数字优势的企业,以此作为中国未来经济高质量发展的重要增长点。通过对数据的挖掘、分析以及充分应用,必将产生大量的财富。考虑到数据作为一种虚拟资源,以及其权利边界不清、权益分配规则不明、纠纷机制解决不健全的特点,数据收入切实需要政府介入,要制定保护数据弱势群体的规则和制度,以避免收入不平等加剧。

第三,推进人工智能与产业的深度融合。虽然早在1956年的达特茅斯会议上"人工智能"这一概念就被正式提出,但是,直到2016年人工智能才真正走入大众的视野。一般认为,人工智能是研究、开发用于模拟、延伸和扩展人的智能的理论方法、技术及应用系统的一门新的技术科学。人们希望通过人工智能的研究,将它用于模拟和扩展人的智能,辅助甚至代替人去实现多种功能,包括识别、认知、分析和决策等。人工智能按照层次来分,可以划分为基础设施层、算法层、技术层、应用层四个方面。

人工智能发展到今天,源于技术的跨越式突破和大规模普及,已经迎来了一场真正的智能革命。它在计算机视觉、语音识别、深度学习算法等诸多领域,已经取得突破性进展,正通过技术革命为经济社会发展注入新的驱动力,通过创新生产、流通、服务的组织形式催化产业结构和产业格局不断迭代。当今的人工智能技术,以机器学习为核心,在视觉、语音、自然语言、大数据等应用领域迅速发展,像水电煤一样赋能各行业。随着自动驾驶、工业机器人、智能医疗、无人机等人工智能产品孕育兴起，人工智能与经济社会各行业各领域融合创新水平不断提升，新技术、新模式、新产业正在构筑经济社会发展的新动能，人工智能也将扮演越来越重要的角色。

随着近年来数据爆发式增长、计算能力大幅提升以及深度学习算法的发展和成熟，人工智能的第三次浪潮已经来临。基于大数据和强大计算能力的机器学习算法已经在计算机视觉、语音识别、自然语言处理等领域中取得了突破性进展，基于人工智能技术的应用也开始成熟。这一轮人工智能的影响已经远远超出学界，政府、企业、非营利性机构都开始拥抱人工智能技术。这一次浪潮之下的人工智能更"实在"，这种"实在"体现在不同垂直领域的性能提升和效率优化。计算机视觉、语音识别、自然语言处理的准确率等水平都有所提升，应用场景逐渐在真实的商业世界扮演起重要的角色。

通过对人工智能领域企业的分布和研究领域的观察，对于人工智能接受程度较高的领域主要有：服务业和工业、自动驾驶、金融服务和虚拟助理。有研究表明，目前人们更加希望在智能家居、交通运输、老年人/儿童陪护和个性化推荐等领域使用人工智能。而从产业发展的成熟度来看，交通、医疗、金融、娱乐成为人工智能最先落地的领域。自动驾驶、智能机器人、虚拟现实和增强现实等应用融合了图像识别、语音识别、智能交互等多项人工智能技术，也得到了产业界和国家层面的高度重视。

与互联网相似，中国将会成为人工智能应用的最大市场，拥有丰富的应用场景，拥有全球最多的用户和活跃的数据生产主体。在自动驾驶产业领域，我国加速推进路面测试和法规的出台；以网联汽车为方向，推动系统研发和通信标准统一；以创新业态为引领，互联网企业成为重要驱动力量；以企业并购为突破口，初创企业和领军企业成为标的。在智能机器人领域，其在工业、医疗、教育、军事等领域发挥巨大作用。国内工业机器人生产正打破技术壁垒、降低成本、突破重点产品，向中高端制造迈进；服务机器人产业机遇与空间更大，或将成为未来机器人制造业的重点，市场份额不可估量。在智能医疗领域，人工智能技术的发展，大大推动了以数据密集、知识密集、脑力劳动密集为特征的医疗产业与人工智能的深度融合。特别是随着社会进步和人们健康意识的增强，以及人口老龄化问题的不断加剧，人们对提升医疗技术、延长人类寿命、增强健康的需求也更加迫切，而在实践中却存在着医疗资源分配不均、药物研制周期长、费用高以及医务人员培养成本高等问题。对于医疗进步的现实需求，极大地刺激了我国以人工智能技术推动医疗产业变革升级浪潮的兴起。目前人工智能技术在医疗领域的应用主要集中于医疗机器人、智能药物研发、智能诊疗、智能医学影像以及智能健康管理等领域。在实际的产业发展中，我国的智能医疗仍处于起步阶段，在未来我们应当加强数据库、算法、通用技术等基础层面的研发与投资力度，在筑牢基础的同时进一步拓宽智能医疗的应用领域。当然，医疗行业领域引入人工智能技术以及深度推广还需要符合相关的监管要求，需要医疗数据的获取和使用上有限制，需要推进智能医疗的发展与应用。在智能家居领域，人工智能正在全球范围呈现强劲的活力，我国的发展潜在空间巨大，其发展优势包括：一是传统的家电企业对原有产品进行智能化改造，并推出相关智能家电产品和平台产品；二是大型互联网公司，在软硬件、服务以及内容等系列领域进行布局，并与传统家电厂家加强合作；三是优秀的手机硬件企业定位明确，发挥自身优势，合理布局相关智能家居的相关产品和服务；四是运营商、视频网站等借助网络运营优势，布局相关应用产品以及以智能电视为载体收取服务费等方式开展经营。

　　人工智能以智能制造、智能商业、智能物流、智能医疗、智能金融等形式渗入各个产业领域，用数据形式连接世界，进而实现资源配置的智能化调节。积极推进人工智能为全产业链赋权，能够打造出新生产、新分配、新流通、新消费，以供给侧和需求侧的智慧化，疏通国民经济运行的"经络"，协调好国内生产与国际生产，联通好国内市场和国外市场，利用好国内资源和国外资源，推动构建形成双循环新发展格局。人工智能为流通系统提供智能化数据决策支持和服务。人工智能促进消费提质扩容，通过从产业链的全过程培育潜在需求，优化需求结构，为经济增长增添智能动力。人工智能形成高效智能化供应链满足市场需求。根据人工智能在资本、技术、劳动的分配算法中的偏向性，加速收入分配体制改革，规避人工智能对劳动收入分配的冲击，提升不同人群的收入获得感。人工智能的高性能算法推动供给侧结构改革的创新发展。人工智能以理念—行动流形态渗透到创新链全过程，为产业链持续发展提供强大的创新动能。为此，需要加快构建智能化基础设施建设，加快各类感知技术与深度学习技术的商业性研发，加快布局工业互联网，实现全产业链的智能制造，实现产业链上下游智能连接，打造智能化数字经济系统。

　　推动互联网、大数据、人工智能同产业深度融合，要运用云计算、大数据、人工智能等数字技术和各行各业深度融合，输出产品思维和用户思维，帮助传统企业用数字化技术优化业务流程、改造商业模式，把数字化基因注入传统企业。在数字经济时代，唯一不变的就是变化。如何更好地融入数字经济时代？对于个人来说，就要不断提升自己的数据能力与算法编辑能力，以应对工作内容的不断变化与人工智能的持续冲击；对于企业来说，关键在于提高自身的数据资本规模，找到引入人工智能的正确方式，逐渐将自身转变为数据密集型企业；对于政府来说，需要充分意识到参与市场机制和制定技术政策的重要性，通过市场机制设计和政策措施，在数字经济健康发展和有效监管中找到一个平衡点。

重点行业数字化转型提升工程

1. 发展智慧农业和智慧水利。加快推动种植业、畜牧业、渔业等领域数字化转型，加强大数据、物联网、人工智能等技术深度应用，提升农业生产经营数字化水平。构建智慧水利体系，以流域为单元提升水情测报和智能调度能力。

2. 开展工业数字化转型应用示范。实施智能制造试点示范行动，建设智能制造示范工厂，培育智能制造先行区。针对产业痛点、堵点，分行业制定数字化转型路线图，面向原材料、消费品、装备制造、电子信息等重点行业开展数字化转型应用示范和评估，加大标杆应用推广力度。

3. 加快推动工业互联网创新发展。深入实施工业互联网创新发展战略，鼓励工业企业利用5G、时间敏感网络（TSN）等技术改造升级企业内外网，完善标识解析体系，打造若干具有国际竞争力的工业互联网平台，提升安全保障能力，推动各行业加快数字化转型。

4. 提升商务领域数字化水平。打造大数据支撑、网络化共享、智能化协作的智慧供应链体系。健全电子商务公共服务体系，汇聚数字赋能服务资源，支持商务领域中小微企业数字化转型升级。提升贸易数字化水平。引导批发零售、住宿餐饮、租赁和商务服务等传统业态积极开展线上线下、全渠道、定制化、精准化营销创新。

5. 大力发展智慧物流。加快对传统物流设施的数字化改造升级，促进现代物流业与农业、制造业等产业融合发展。加快建设跨行业、跨区域的物流信息服务平台，实现需求、库存和物流信息的实时共享，探索推进电子提单应用。建设智能仓储体系，提升物流仓储的自动化、智能化水平。

6. 加快金融领域数字化转型。合理推动大数据、人工智能、区块链等技术在银行、证券、保险等领域的深化应用，发展智能支付、智慧网点、智能投顾、数字化融资等新模式，稳妥推进数字人民币研发，有序开展可控试点。

7. 加快能源领域数字化转型。推动能源产、运、储、销、用各环节设施的数字化升级，实施煤矿、油气田、油气管网、电厂、电网、油气储备库、终端用能等领域设备设施、工艺流程的数字化建设与改造。推进微电网等智慧能源技术试点示范应用。推动基于供需衔接、生产服务、监督管理等业务关系的数字平台建设，提升能源体系智能化水平。

来源：《"十四五"数字经济发展规划》

（三）
推进重点领域数字产业发展

随着信息技术的不断发展，数字产业所聚焦的领域主要在于政府、乡村、海洋、新型信息消费、实体经济、民生服务，聚焦工业、交通、医疗、农业、文旅等多个重点行业。当前，我国重点领域数字产业发展现状表现为：从制造到服务，"产品"的形态不断丰富；从做生产到建生态，产业的边界加速拓展。智慧停车、远程医疗、协同办公等，在高速网络下，人们的生活快速进入"云时代"。聚焦生活中的痛点，创新不断出现，智慧果园实现自动浇水、自动物理杀虫和可视化管理，提高产量的同时，也降低了运营成本；网络货运平台实现在线货找车、车找货，综合物流成本进一步压缩。

习近平总书记指出："推进重点领域数字产业发展。要聚焦战略前沿和制高点领域，立足重大技术突破和重大发展需求，增强产业链关键环节竞争力，完善重点产业供应链体系，加速产品和服务迭代。"[①] 从总体上看，一是大力推进数字政府建设。政府数字化转型，将成为"十四五"乃至未来很长一段时期政府形态重塑的主基调之一。要充分运用大数据、云计算、区块链、人工智能等新一代信息技术，构建组织扁平化、业务协同化、服务智能化的数字政府，通过数字赋能，推动政府职能转变和机构优化，提高政府服务和社会运行效率。二是大力推进数字乡村建设。"十四五"时期是数字乡村全面"布局"和重点"破局"的关键阶段。要依托云计算、

---

① 习近平：《不断做强做优做大我国数字经济》，《求是》2022 年第 2 期。

物联网、人工智能等技术，激活乡村发展内生动力，利用区块链技术加强农产品产地环境保护和源头治理，推进智慧农业、智慧物流建设，实现"数字助农、智慧兴农"。三是大力推进智慧海洋建设。加快推进智慧海洋建设，是建设海洋强国的内在要求。要以卫星互联网（北斗卫星、高通量宽带卫星）为核心，整合拓展海洋环境观测、海域动态监视监测等海洋数字化管理系统，构建涵盖海洋基础地理、环境、生态、渔业等信息的智慧海洋平台，全面形成与海洋强国建设需求相适应的海洋信息自主获取能力，强化空天陆海协同一体的海洋通信和灾害预警服务保障，发展智慧海产、智慧滨海旅游、智慧港口等。总之，要推进重点领域数字产业集群增速扩容，面向大数据、人工智能、工业互联网、虚拟现实等重点领域形成具有国际竞争力的数字产业群。

具体来看，推动重点领域数字产业化发展，一要积极构建"政府引导—平台赋能—龙头引领—机构支撑—多元服务"的联合推进机制，以带动中小企业数字化转型为重点，提升产业数字化转型服务供给能力，促进企业加快数字化转型升级步伐，打造数字化企业。二要培育推广工业互联网平台、系统解决方案、产品和服务，以数字化、网络化、智能化赋能工业企业，推进工业企业数字化改造升级。三要加强科技创新，强化企业的创新主体地位，发挥高校院所的关键技术研发能力，支持企业和高校、科研院所融通创新，进一步完善以企业为主体、市场为导向、产学研深度融合的技术创新体系。四要深挖产业生态资源，加快培育优势产业，依托创新平台或重点企业，主攻以物联网、人工智能、5G、信息安全、数字贸易等为特色的数字经济产业，做强以激光应用为特色的智能制造产业，培育以高端医疗服务为特色的大健康产业。五要大力创设高等院校、科研院所等创新研发平台，全力提升科技创新能力和产业发展水平。六要全面提

↑ 2021（第十六届）中国电子政务论坛暨首届数字政府建设峰会上的广东省级"一网统管"基础平台——"粤治慧平台" 中新图片 / 陈骥旻

升技术创新能力，加快"5G+工业互联网"、异构标识互操作、工业大数据等关键标准研制，加快智能网关、边缘计算、工业App等新型应用技术研发，依托工业互联网创新中心，加速推动技术创新、成果转化和企业孵化。

推动重点领域数字产业化发展，必须充分发挥政府作用，建立完善政府部门联手、部门协同的工作机制。要全面推动数字产业发展，支持有条件的地区申报创建各类数字化转型示范区，加强与区域相关发展规划衔接，结合区域实际形成"一区一特色"。要推进融合创新，积极推进线上线下融合、商产融合、内外贸融合，以新技术赋能消费新体验，加强联动协调，强化跨区域、跨部门、跨层级的协同联动。要加快5G、集成电路、工业软件等代表国家战略方向、创新密度高、市场潜力大的产业集群化发展，增强本土产业链、供应链竞争力，形成全局带动效应。

7 在数字经济合作中实现互利共赢

一

2021年7月，习近平主席在亚太经合组织（APEC）领导人非正式会议上发表的重要讲话中指出："数字经济是世界经济发展的重要方向。全球数字经济是开放和紧密相连的整体，合作共赢是唯一正道，封闭排他、对立分裂只会走进死胡同。"[①] 随着互联网、大数据、人工智能等现代信息技术不断取得突破，整个世界正在经历一场更大范围、更深层次的科技革命和产业变革。在此过程中，全球数字经济的发展需要各国精诚合作、共同努力。只有秉持互利共赢的理念，才能创造出丰富多彩的数字文明，造福各国人民。

---

① 习近平：《团结合作抗疫引领经济复苏——在亚太经合组织领导人非正式会议上的讲话》，《人民日报》2021年7月17日。

（一）
全球数字经济是开放和紧密相连的整体

近年来，虽然受国际金融危机影响和新冠肺炎疫情冲击，全球经济增长动能减弱，不确定、不稳定性因素明显增多，但全球数字经济保持了平稳增长，各国数字经济总体保持了持续增长，全球围绕数字经济在关键领域加快部署，各经济体正依托自身优势打造特色数字经济。

2021年8月，中国信息通信研究院发布的《全球数字经济白皮书——疫情冲击下的复苏新曙光》显示，2020年，全球47个国家的数字经济规模由2019年的31.8万亿美元增加到32.6万亿美元，同比增长2.5%。在这47个国家中，有31个国家的数字经济呈现正增长，16个国家为负增长。在正增长的国家中，保加利亚、卢森堡、爱尔兰这3个国家的数字经济增长最快，增速分别达到11.94%、11.81%、11.14%；瑞士、爱沙尼亚、克罗地亚这3个国家的数字经济增速排在第4至第6位，分别为10.64%、9.33%和8.94%；泰国、挪威、韩国、塞浦路斯、立陶宛这5个国家的数字经济增速均超过5%；美国、中国、德国等其余20个国家数字经济增速介于0%—5%之间。而巴西、西班牙、南非、俄罗斯这4个国家的数字经济增速下降明显，同比分别下滑20.22%、13.3%、11.38%、11.14%。墨西哥、印度、印度尼西亚、拉脱维亚等其他国家的数字经济增长也均出现了不同程度的下滑。

总体而言，发达国家数字经济发展领先于发展中国家。根据联合国最新的《人类发展指数》对全球47个国家的测算，美国、澳大利亚、加拿大、英国、法国、德国、日本、挪威、爱尔兰、瑞典、荷兰、丹麦、芬兰、新西兰、比利时、奥地利、瑞士、新加坡、卢森堡、韩国等20个国家为发达国家。从规模来看，2020年20个发达国家数字经济规模达到24.4万亿美元，而27个发展中国家数字经济规模仅为8.2万亿美元，发达国家数字经济体量是发展中国家的近3倍。从占比来看，2020年发达国家数字经济占GDP比重已达半壁江山，而发展中国家数字经济占GDP比重仅为20%多。而从不同收入水平看，34个高收入国家的数字经济规模为25.3万亿美元，增长2.8%，占GDP比重为50.7%，也优于10个中高收入国家和3个中低收入国家的水平。

而从南北半球的对比来看，北半球数字经济实现了更平稳发展，主要位于北半球的欧洲、美洲、亚洲数字经济发展水平显著优于主要位于南半球的大洋洲和非洲。从规模看，美洲数字经济规模为14.7万亿美元，亚洲为10.0万亿美元，欧洲为7.5万亿美元。从占比看，美洲数字经济GDP占比为58.6%，欧洲占比为40.9%，亚洲占比为34.8%。从增速看，亚洲同比增长5.2%，欧洲增长2.7%，大洋洲增长2.0%。[①]

尽管从增速来看，受多重因素影响，2020年发展中国家数字经济增速低于发达国家，但就全球而言，各国都在围绕数字经济关键领域加快部署、推动发展。在技术赋能方面，以5G和人工智能为代表的技术进步和产品创新快速演进，并加速与垂直行业深度融合；在数字化转型方面，制造业数字化转型步伐加快，金融科技等服务业数字化快速成长，推动传统产业新兴裂变和升级演进；在数据与安全方面，各国加快推动数据开发及市场

---

① 参见《全球数字经济白皮书——疫情冲击下的复苏新曙光》，中国信息通信研究院2021年8月发布。

化流通。同时，全球网络安全部署升级，带动网络安全产业快速发展。

与此同时，各经济体纷纷依托自身优势，努力形成特色数字经济。中国根据自己的产业基础特点并充分发挥自身市场优势，正积极推进有效市场和有为政府的建设；美国凭借其持续领先的技术创新，正着力巩固数字经济全球竞争力；欧盟在数字治理规则上领先探索，正试图打造统一的数字化生态；德国依托其强大的制造优势，正打造全球制造业数字化转型标杆；英国完善数字经济整体布局，正以数字政府建设引领数字化发展。

数字经济在迅猛发展中，开放性特点愈发鲜明，各国数字经济的联系也更加紧密。

一方面，全球数字经济是开放的。与传统经济发展模式不同，以互联网特别是移动互联网、大数据、云计算、智能化等为核心的数字经济，自诞生之日起就是开放的。可以说，数字经济的发展离不开数字技术、平台企业、数字化产业链汇聚的生态圈。因此，数字经济的发展更强调"圈合作"思维。企业间要紧密合作，行业间要打破界限，国家地区之间更需要开展合作。任何一个国家和地区在发展数字经济时，都要打破不同国家和地区、不同行政区之间的恶性竞争，要以开放的思维和行动推动数字经济发展。打开国门，既要从其他国家"引进来"，让国人享受世界特别是发达国家的数字经济成果，同时也要"走出去"，把本国所取得的数字经济成果输送出去，让各国数字经济快速发展，以推动全球数字经济的发展，让全球人民共享数字经济成果。

另一方面，各国数字经济的发展是紧密相连的。2015年12月16日，习近平主席在第二届世界互联网大会开幕式上指出："网络空间是人类共同的活动空间，网络空间前途命运应由世界各国共同掌握。各国应该加强沟通、扩大共识、深化合作,共同构建网络空间命运共同体。"[1]2019年5月,在向中国国际大数据产业博览会的致辞中,习近平主席提出希望与会代表能够共商大数据产业发展与合作大计,为推动各国共同发展、构建人类命运共同体作出贡献。在全球数字经济的广泛发展中,国家与国家之间、地区与地区之间、人与人之间的联系日益紧密,甚至达到"同呼吸、共命运"的程度。面对全球数字经济的广阔前景,2021年9月26日,习近平主席在向第八届世界互联网大会乌镇峰会致贺信时提道:"中国愿同世界各国一道,共同担起为人类谋进步的历史责任,激发数字经济活力,增强数字政府效能,优化数字社会环境,构建数字合作格局,筑牢数字安全屏障,让数字文明造福各国人民,推动构建人类命运共同体。"[2]

当前,随着互联网、大数据、人工智能等现代信息技术不断取得突破,全世界正在经历一场更大范围、更深层次的科技革命和产业变革。在信息通信技术领域,这种变革更为直观,以人工智能、区块链、云计算、大数据、边缘计算、物联网和5G为代表的新技术蓬勃兴起,渗透到全球经济社会各领域。世界各国虽然国情不同、互联网发展阶段不同、面临的现实挑战不同,但推动数字经济发展的愿望相同、应对网络安全挑战的利益相同、加强网络空间治理的需求相同。因此,一国数字技术的发展和运用离不开其他国家的支持与合作,各国数字经济的发展又能推动全球数字经济发展。如今,走出国门的游客发现,支付宝、微信支付等技术在日本、泰国等国家也能方便使用。这充分说明,如同货物贸易的全球化一样,全球数字经济也是一个整体。

---

[1] 《习近平出席第二届世界互联网大会开幕式并发表主旨演讲 强调加强沟通扩大共识深化合作 共同构建网络空间命运共同体》,《人民日报》2015年12月17日。
[2] 《习近平向2021年世界互联网大会乌镇峰会致贺信》,《人民日报》2021年9月27日。

↑ 2021年9月26日，以"迈向数字文明新时代——携手构建网络空间命运共同体"为主题的世界互联网大会乌镇峰会在浙江乌镇开幕。图为一家参展企业的工作人员展示用于教育、电力、城市地铁领域的智能检测、巡检的机器狗　中新图片／钟鑫旺

（二）
合作共赢是唯一正道

　　当今世界，正在经历一场更大范围、更深层次的科技革命和产业变革。没有哪一个国家能拒绝这场革命和变革。相反，凡是想绕过这场变革和革命就意味着被世界甩得更远，更加落后。因此，全球各经济体应以全人类命运与共的视野和远见，积极、共同构建第四次工业革命时代的全球架构。

　　党的十八大以来，习近平总书记在一系列重要讲话中阐释了合作共赢的理念。"经济全球化是社会生产力发展的客观要求和科技进步的必然结果"；"让世界经济的大海退回到一个一个孤立的小湖泊、小河流，是不可能的，也是不符合历史潮流的"；"中国的发展是世界的机遇，中国是经济全球化的受益者，更是贡献者"；"中国人民张开双臂欢迎各国人民搭乘中国发展的'快车'、'便车'"……这些话语，为世界经济发展提供了中国智慧。

2017年1月17日，习近平主席首次出席世界经济论坛年会并发表题为《共担时代责任，共促全球发展》的演讲。习近平总书记洞察历史规律、把握时代潮流、着眼全球未来，提出一系列"世界经济怎么看、怎么办"的中国主张、中国方案，强调要坚定不移推进经济全球化，引导好经济全球化走向，打造世界经济增长、合作、治理、发展新模式。这凝聚起经济全球化的新共识，深刻回答了"世界怎么了，我们怎么办"的世界之问、时代之问。

2021年第八届世界互联网大会，一系列合作成果令人瞩目。40个数字经济合作项目完成签约，总投资额超600亿元；相关主管部门与30家"行业产业大脑"建设试点单位、33家"未来工厂"建设试点企业签订任务书……实打实的合作成果、不断做大的合作蛋糕、稳步提升的合作能级，让世界互联网大会成为推动务实合作的"加速器"、各方互利共赢的"大平台"。

"合作"不仅是世界互联网大会的高频词，也是数字时代的内在要求。在互联网时代，依托无远弗届的数字技术和互联互通的数字基础设施，社会分工在更大范围、更广领域、更高层次展开，社会合作扩大有助于降低交易成本、提高生产效率。数字技术合作催生了大量合作新形态、打开了共赢新通道，推动全球分工体系演变和升级。

习近平主席在致2021年世界互联网大会乌镇峰会的贺信中，提出要"构建数字合作格局"。近年来，互联网、大数据、云计算、人工智能、区块链等技术加速创新，日益融入经济社会发展各领域和全过程。数字经济发展速度之快、辐射范围之广、影响程度之深前所未有，正在成为重组全球要素资源、重塑全球经济结构、改变全球竞争格局的关键力量。这意味着前所未有的机遇，也意味着前所未有的挑战。联合国贸发会议发布的《2021年数字经济报告》指出，数字经济正迅速发展，但数字鸿沟正在加剧。无论是消除数字壁垒、填平数字鸿沟、推动数字经济健康发展，还是打造国际竞争新优势、培育合作增长点、促进全球经济复苏，都迫切需要加快构建数字合作格局、展现数字合作新作为。

从根本上看，数字合作目的是为社会创造更多价值、为人民带来更多福祉。正因为如此，构建数字合作格局，必须推动数字经济朝着开放、包容、普惠、平衡、共赢的方向发展。在十九届中共中央政治局第三十四次集体学习时，习近平总书记强调："积极参与数字经济国际合作。要密切观察、主动作为，主动参与国际组织数字经济议题谈判，开展双多边数字治理合作，维护和完善多边数字经济治理机制，及时提出中国方案，发出中国声音。"[①] 近年来，从搭建广交会、服贸会、进博会、世界互联网大会等多种合作平台，到打造"数字丝绸之路"、发展跨境电子商务、建设国家信息经济示范区等，中国用行动表明，只要主动把握时代机遇、秉持互利共赢理念、充分发挥各自比较优势，就能推动彼此在网络空间优势互补、共同发展。数字经济大潮澎湃，将创造更多利益契合点、合作增长点、共赢新亮点，各国携手并进、未来可期。

良好的发展环境，是数字合作枝繁叶茂的土壤。随着世界多极化、经济全球化、社会信息化、文化多样化深入发展，互联网对人类文明进步将发挥更大促进作用。同时，互联网领域发展不平衡、规则不健全、秩序不合理等问题日益凸显。如何才能改变不同国家和地区信息鸿沟不断拉大的趋势？如何才能减少世界范围内侵害个人隐私、网络犯罪等现象？如何才

---

① 习近平：《不断做强做优做大我国数字经济》，《求是》2022年第2期。

能消除网络监听、网络攻击、网络恐怖主义活动等全球公害？这是数字时代全球治理的重要议题，也是必须答好的"时代之问"。奉行零和博弈、搞赢者通吃那一套，只会让数字经济壁垒丛生；相互尊重信任、加强对话合作，携手打造开放、公平、公正、非歧视的数字发展环境，才能推动互联网全球治理体系变革。①

随着全球数字化进程的快速推进，数字经济发展的国际合力初步形成。以数字化为代表的第四次工业革命已对国际社会和经济产生了深刻影响，如商业模式、政府行为、社会治理形态等领域都出现了不同程度的变化。尽管各国关注焦点存在差异，但产业数字化转型与 G20 等国际合作机制为全球经济社会持续发展提供了巨大的助力。发展数字经济与加强国际合作缺一不可。

2015 年，中俄共同发布"丝绸之路经济带"与欧亚经济联盟对接的联合声明，标志着推进欧亚地区发展战略合力的形成。2017 年，中国发布的《网络空间国际合作战略》提出，促进数字经济合作，弥合发展中国家和发达国家间的数字鸿沟，推动实现全球数字经济发展互利共赢。2019 年，联合国数字合作高级别小组发布全球数字经济未来发展纲领性报告《数字相互依存的时代》，强调数字经济给全球带来的机遇多于风险，倡议各方加强合作。2020 年，全球最大的自贸协定——《区域全面经济伙伴关系协定》（RCEP）正式签署，其成员总人口经济体量、贸易总额均占全球总量的 30% 左右，为全球数字经济深度合作提供了更坚实、更宽广的舞台。

据 2020 年 11 月世界经济论坛年会的报告估计，未来 10 年，仅数字化平台就将为全球经济体创造高达 70% 的新价值。面对巨大的数字红利，国

---

① 参见人民日报评论部：《构建数字合作格局》，《人民日报》2021 年 10 月 22 日。

际社会加紧推动数字化转型，大力发展数字经济。与此同时，各多边合作框架为共同推动数字经济发展创造了良好的国际环境。近年来，金砖国家、G20、OECD、APEC、WTO等多边合作机制在推动数字经济发展中积极作为，"一带一路"框架下的数字经济合作日益深化，世界互联网大会汇聚数字经济发展生机力量。在"一带一路"倡议下，中国目前已与16个国家签署了"数字丝绸之路"建设合作协议，与50多个国家开展远程医疗合作，与40多个国家开发建成移动支付平台，建成30条跨境陆地光缆和10多条国际海底光缆。2020年7月31日，北斗三号全球卫星导航系统开通，它将与美国GPS、俄罗斯卫星导航系统一道，在国土测绘、智慧农业、物联网、区块链、人工智能等领域提供服务，进一步提升全球数字经济发展水平。

2020年底，墨西哥教育部门与华为墨西哥公司签订合作协议，共同开展数字化人才培养项目，助力墨西哥数字化转型与发展。中国企业为墨

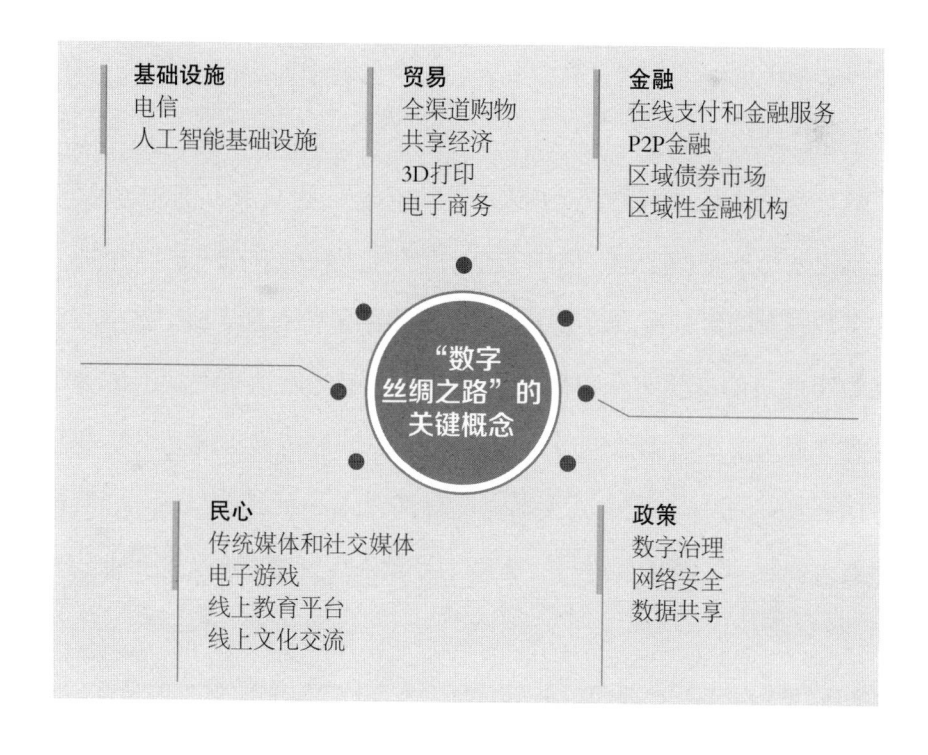

基础设施
电信
人工智能基础设施

贸易
全渠道购物
共享经济
3D打印
电子商务

金融
在线支付和金融服务
P2P金融
区域债券市场
区域性金融机构

"数字丝绸之路"的关键概念

民心
传统媒体和社交媒体
电子游戏
线上教育平台
线上文化交流

政策
数字治理
网络安全
数据共享

西哥提供人才培训、提高墨西哥的数字化竞争力，墨西哥可成为中国企业高附加值服务的拉美市场出口平台，实现互利共赢和共同发展。运用中国技术，马来西亚数字自由贸易区已在吉隆坡全面启动运营，为马来西亚发展企业跨境贸易提供物流、仓储、通关、贸易、金融等供应链设施和商业服务。中国和新加坡合作的国际人工智能创新中心在新加坡启动后，媒体评价称，这一项目将提升新加坡在人工智能技术方面的能力，培养本地人工智能人才。

与此同时，中国正与亚太国家携手合作，在智慧城市、5G、人工智能、电子商务、大数据、区块链、远程医疗等领域打造更多新的合作亮点，加强数据安全保护和政策沟通协调，建设中国—东盟信息港，打造"数字丝绸之路"。东盟秘书长林玉辉表示，中国与东盟国家在数字经济领域互补性强、合作潜力巨大，相信中国的支持将为东盟数字化转型注入新活力。老挝驻中国南宁总领事馆总领事维拉萨·宋蓬说："当前，信息通信技术在世界范围内发挥的作用日益增强，我们目睹数字经济合作成为促进区域经济增长的新引擎。"[①]

数字经济合作尽管是大势所趋，但并不会一帆风顺，仍需破浪前行。与数字化发达国家相比，一些国家在数字化进程中面临着不同的问题。一是大多数国家的数字经济对数字化发达国家的依赖有增无减。数字平台是发展数字经济的支柱之一。然而，美国等数字化发达国家拥有的数字平台存在垄断性，并呈现制约全球多数国家数字经济发展的趋势。在排名前 30 的全球互联网企业中，美国企业有 17 家，占比达到了 56%，其市值占比更高。数字经济的发展一定程度上导致以传统劳动密集型产业为主的

---

① 冯雪珺等：《把握科技创新机遇　共促数字经济合作》，《人民日报》2021 年 8 月 2 日。

国家，在全球经济中话语权下降。二是数字技术鸿沟抬高了数字经济的成本。目前，全球多数国家普遍缺乏良好的科学创新环境和高素质的数字技术人员，这导致一些国家对数字技术发展领先的国家严重依赖，一些发展中国家在数字化进程中，自主研发能力反而被进一步削弱，提高了数字经济发展的成本。因多数发展中国家在数字经济方面的基础设施水平低、人才缺乏，增加了数字经济国际合作的难度。三是数字化对就业的影响增大。发展数字经济绕不开产业数字化，而产业数字化会对传统劳动力市场产生较大的冲击。蓝领岗位被取代的同时，虽然新增了白领岗位，但提升了就业人群的知识门槛。

尽管数字经济合作中存在诸多问题，但毋庸置疑，全球数字经济的合作利大于弊，不仅对发展中国家是这样，对发达国家也是如此。正如联合国报告指出的，现在是经济相互依存的时代，巩固提升全球数字经济发展合力至关重要。目前，全球各国已经认识到数字经济的强大生命力，以及数字技术在抗击新冠肺炎疫情中发挥的重要作用。加强数字经济合作已成为全球公认的数字经济发展重点之一。国际社会需要做的是，发挥G20等多边合作机制的作用，并推动数字经济向更公平、合理、可持续发展的方向改进。

党的十八大以来，在习近平新时代中国特色社会主义思想指引下，我国数字经济蓬勃发展，进入发展的快车道。我们要准确把握发展大势，发挥经济大国、网络大国的叠加优势，抓住全球数字经济快速发展的机遇，加强新一代信息基础设施建设，提高数字技术研发能力和产业创新能力，加快制造业、农业、服务业向数字化、网络化、智能化升级；聚焦数字化前沿方向和关键领域，加快培养急需紧缺的数字化领军人才和创新团队；推动数字经济国际交流和"数字丝绸之路"建设合作，共促数字经济持续健康发展。加强数字经济交流合作是促进数字经济快速健康发展的必经之路，新形势新问题的不断出现，需要我们以开放、合作、包容的态度与世界对话，同各国交流。

要有效拓展数字经济国际合作。加快贸易数字化发展。以数字化驱动贸易主体转型和贸易方式变革，营造贸易数字化良好环境。加大服务业开放力度，探索放宽数字经济新业态准入，加强国际创新资源"引进来"。扎实推进跨境电商综合试验区建设，积极鼓励各业务环节探索创新，打造跨境电商产业链和生态圈。推动"数字丝绸之路"深入发展。加强统筹谋划，高质量推动中国—东盟智慧城市合作、中国—中东欧数字经济合作。统筹开展境外数字基础设施合作，结合当地需求和条件，与共建"一带一路"国家开展跨境光缆建设合作，保障网络基础设施互联互通。加大金融、物流、电子商务等领域的合作模式创新，支持我国数字经济企业"走出去"，积极参与国际合作。积极构建良好的国际合作环境。倡导构建和平、安全、开放、合作、有序的网络空间命运共同体，积极维护网络空间主权，加快研究制定符合我国国情的数字经济相关标准和治理规则。依托双边和多边合作机制，开展数字经济标准国际协调和数字经济治理合作。

（三）
让数字文明造福各国人民

文明如火，烛照人类前行；字节跃动，开启文明新景。人类社会的发展经历了石器时代、青铜时代、铁器时代、蒸汽机时代、信息时代，现在进入智能时代。智能时代是一个以5G、大数据、区块链、机器人、虚拟现实、人工智能等技术为代表的数字经济蓬勃发展、遍地开花的时代，数字经济所带来的数字文明成果将造福全球各国人民。

第八届世界互联网大会乌镇峰会的主题是"迈向数字文明新时代——携手构建网络空间命运共同体"。在此次峰会上，数字新科技、应用新场景、蓬勃新业态、治理新理念……各项新成果、新融合闪亮登场。数字文明不仅带来新技术、新理念、新观念、新模式，更对社会生产、人类生活、经济形态、国家治理等方面影响深远，深度融入经济、政治、文化、社会、生态文明建设全过程。拥抱数字文明，开启新的时代，是全人类的使命。

2016年发布的《二十国集团数字经济发展与合作倡议》指出：数字经济正在经历高速增长、快速创新，是全球经济增长日益重要的驱动力，在加速经济发展、提高现有产业劳动生产率、培育新市场和产业新增长点、实现包容性增长和可持续发展方面正发挥着重要作用。数字经济成为经济增长的主要动力源泉，数字经济极大促进了经济增长。

牛津经济研究院和埃森哲提出了用数字化密度指数来衡量数字技术在各国企业和经济中的渗透程度。研究显示，提高数字化密度能显著促进经济增长。以2014年的价格水平计算，数字化密度在5年内增加10分（100分制），将使发达经济体的GDP年均增长率提升0.25个百分点，使新兴经济体的增长率提升0.5个百分点，2020年美国和中国分别获得3650亿美元和4180亿美元的新增产值。世界经济论坛《2012信息技术报告》的分析也表明，数字化程度每提高10%，人均GDP将增长0.5%—0.62%。

据中国工信部的数据，2019年中国数字经济规模达35.8万亿元人民币，占GDP的36.2%。2021年上半年的数据显示，中国高技术制造业增加值同比增长22.6%，新能源汽车、工业机器人、集成电路产量等表现抢眼，数字经济、新技术基础设施、绿色技术等经济增长新引擎不断增强。国际货币基金组织总裁格奥尔基耶娃说，中国在推动数字经济转型方面已取得长足进展。

新冠肺炎疫情在全球范围的大流行给世界经济带来了巨大冲击，而数字经济正在助力全球抗疫。2020年11月10日，习近平主席向博鳌亚洲论坛国际科技与创新论坛首届大会开幕致贺信指出："当今世界，新一轮科技革命和产业变革方兴未艾，给人类发展带来了深刻变化，为解决和应对全球性发展难题和挑战提供了新路径。"[1] 新冠肺炎疫情发生以来，远程医疗、在线教育、共享平台、协同办公等得到广泛应用，互联网对促进各国经济复苏、保障社会运行、推动国际抗疫合作发挥了重要作用。

"数字经济与科技抗疫"论坛是"世界互联网大会·互联网发展论坛"的主论坛之一。与会海内外人士聚焦"数字经济发展与合作助推全球经济复苏"和"数字技术助力全球抗疫"等议题，畅谈数字经济与科技抗疫。塞尔维亚共和国贸易、旅游和电信部部长塔蒂亚娜·马蒂奇表示，在开展数字融合合作的道路上，保持连续性至关重要。当前，联合抗击新冠肺炎疫情是国际社会的共同使命，要成功完成这一使命，需要各方通过合作与交流来促进新技术的应用。思科公司董事长、首席执行官罗卓克表示，随着世界开始重建，技术将在后新冠肺炎疫情时代对全球经济复苏起到极其关键的作用。中兴通讯股份有限公司董事长李自学表示，在新冠肺炎疫情应对中，以5G、大数据为代表的数字技术发挥了重要作用。依托新冠肺炎疫情防控大数据平台，开展流行病学和溯源调查，对密切接触者进行"追踪"，大幅提高了防控精准度和筛查效率；通过"5G+医疗"，多学科、多专家远程为重症患者协作诊疗，提升了抗疫一线的医疗救治水平。在经济恢复发展方面，数字经济成为关键增长引擎。大量企业利用远程会议、

---

[1]《习近平向博鳌亚洲论坛国际科技与创新论坛首届大会开幕致贺信》，《人民日报》2020年11月11日。

在线营销等数字化应用，快速实现复工复产。线上消费、在线教育等新业态不断涌现，增强了新冠肺炎疫情防控期间的经济发展韧性。加快数字化转型，助抗疫、促发展。从某种程度上来说，新冠肺炎疫情的暴发"倒逼"了各行业加快数字化转型。

在国内，新冠肺炎疫情发生以来，以互联网为代表的数字技术成为不可或缺的抗疫"利器"。2020年初，为了支持和保障武汉抗击新冠肺炎疫情，中国电信、中国移动和中国联通受命完成火神山医院、雷神山医院的信息化系统部署。它们在短时间完成5G基站建设，搭建起视频直播平台，实现24小时不间断云直播，数千万人同时在线观看，被称为"史上最强云监工"。为了实现对新冠肺炎疫情的实时监测，各地纷纷研发出基于大数据的"行程卡、健康码"，用于开展流行病学和溯源调查以及对密切接触者进行"追踪"，有效提高了防控精准度和筛查效率。中国工程院院士钟南山认为，大数据、云计算、人工智能等技术与交通、医疗、教育、科研等领域的深度融合，助推了全社会的信息化转型升级。可以说，在这次抗疫工作中，数字技术为新冠肺炎疫情防控提供了强大支撑，在态势研判、信息共享、流行病学分析等方面显示了巨大能量。

数字技术为全球减贫事业也注入了动力。在中国的脱贫攻坚战中，以数字技术为依托的电子商务、数字普惠金融和大数据精准扶贫管理等，对扶贫对象实行精细化管理、对扶贫资源实行精确化配置、对扶贫对象实行精准化扶持，对于扶贫对象摆脱贫困发挥了积极作用。一方面，电子商务促进贫困人口增收和增能。1999年，阿里巴巴成立淘宝网，为众多小微商家搭建了网上交易平台。2003年，基于电子支付和移动支付的支付平台支付宝上线，使网上交易更为便利，也让电子商务发展步入快车道。如今，中国拥有世界上最大和增长最快的电子商务市场，电子商务交易额约

↑ 2020 年 1 月 31 日，火神山医院施工现场　中新图片 / 王腾

占全球的 40% 以上。在电子商务的蓬勃发展中，众多贫困人口以不同的方式受益。其中，在政府政策支持下，"全国电子商务进农村综合示范项目"帮助近 300 万建档立卡贫困户实现增收。2019 年，全国 832 个贫困县的网络零售额达到 1076.1 亿元。

另一方面，数字技术让金融服务更加普惠。融资难、融资贵，一直是影响小微企业和贫困群体生存与发展的障碍。此前，世界各国在提供普惠金融方面做了很多探索，也取得了一定成效，但始终面临成本和信用两个难题。为解决这两项难题，2016 年召开的 G20 峰会发布《二十国集团数字普惠金融高级原则》，这标志着普惠金融的全球实践正式进入数字化阶段。中国的数字普惠金融对打赢脱贫攻坚战发挥了直接作用：一是传统金融机构大力运用数字化手段，提高了边缘群体金融服务的可获得性和便利性；二是互联网公司积极开展新型数字普惠金融，让数字信贷、移动支付、互联网保险等金融服务惠及更多贫困人口，特别是通过创新信用评价机制，解决了贫困户抵押不足的难题；三是传统金融机构与互联网平台企业合作，实现银行核心业务能力与互联网大数据技术优势的互补，进一步扩大了对贫困人群的金融覆盖。

同时，大数据也成为辅助政府精准扶贫的技术手段。全面准确的贫困户信息是打赢脱贫攻坚战的重要支撑，大数据的应用为精准扶贫提供了科学高效的技术手段。一是通过大数据进行贫困识别，提高了识别精准度，也使公平性得到保障。比如，利用大数据对贫困户开展预警筛查，及时发现因重病、教育等可能导致的支出型贫困；通过对扶贫对象的实时监测，实现贫困户脱贫退出、返贫纳入动态管理机制，清退已经脱贫或不符合贫困要求的人口，对已脱贫人口进行追踪。二是通过大数据对贫困地区的各项情况进行综合分析，帮助制定有针对性的帮扶措施。比如，运用大数据深入分析贫困地区的气候、地貌等自然信息以及贫困对象的家庭人口、个人能力、经济财务等社会信息，准确定位县、村、户等多尺度下的致贫原因，为扶贫到村到户提供强有力支撑。三是通过大数据提高扶贫资源使用效率，推动扶贫领域的科学决策。比如，对扶贫、教育、工商、民政等领域的大数据实时共享及动态比对，跟踪和监测地区、机构的扶贫进度和效率，提高扶贫财政资金等公共资源利用效果。

2019年11月23日，世界银行和阿里巴巴集团在共同发布的报告《电子商务发展：来自中国的经验》中称，中国农村电商发展的成功经验表明，数字技术的效益不仅限于高收入国家和城市地区，数字技术也可以在发展中国家和农村地区快速发展，成为乡村振兴和减贫的强大工具。世界银行中国局局长芮泽在当天的报告发布会上表示："案例研究显示，中国的部分贫困地区通过发展电子商务得以脱贫致富，人们通过参与电子商务获得了财富，改善了生活。"报告针对中国2118个淘宝村的调查发现，电商家庭比非电商家庭的年收入高 80%，网店员工的工资接近或高于城镇私营企业员工的平均工资。四分之三的农村零售网店店主年龄在 20 至 29 岁，这就为大量青年提供了就业岗位。

物联网、大数据、云计算、人工智能、无人机……"互联网+"技术，也正在成为生态环境监管和污染防治不可或缺的手段。2016 年至 2020 年，中国政府相继出台《"互联网+"绿色生态三年行动实施方案》《生态环境大数据建设总体方案》《打赢蓝天保卫战三年行动计划》《关于促进生态环境科技成果转化的指导意见》等行政法规与部门规章，从政策层面为数字技术在环境保护领域的应用提供法律保障和政策鼓励。随着各地政府对生态环境管理工作的要求提高，环保产业的市场空间加速释放，产业规模不断扩大。"互联网+"相关的新数字技术，逐渐在环境治理领域得到创新应用。近年来，不少地方生态环境部门应用新的数字技术，探索环境治理模式，创新环境监管手段，拓展污染防治方式。随着中国生态环境治理"最强大脑"的形成，生态环境治理凭借数字技术，日益走向精细化、数据化、智能化。随着一些关键技术的研发突破，在污染治理和生态修复方面的技术可达性更强、经济可行性更加合理，环境保护与经济发展更加协调。

物联网架起"天罗地网"。100 个固定扬尘监测点，20 条公交线路、110 辆出租车组成的移动监测点，覆盖全市道路、建筑工地等监测范围，实时更新监测数值，智能响应扬尘污染超标警报……已投入使用的上海市环境保护信息中心扬尘在线监测系统，为上海市扬尘监测布下一张"天罗地网"。在上海市公布的《关于加快构建现代环境治理体系的实施意见》中，利用创新技术打造的智慧环保监测监控管理系统是一大亮点。像这样综合运用物联网相关技术的环境监测系统，已成为全国多地加强生态治理的技术手段。一张张借助物联网构建的生态治理网络，让环境监测和污染防治变得更加精细、更加具象。专家指出，基于物联网技术搭建的"智慧环保"平台，通过全球定位系统、视频监控、卫星遥感、红外探测等技术，实时采集污染源、环境质量等信息，能实现生态环境管理相关信息的高效精准传递，高效助力污染源监控、环境质量检测、监督执法及管理决策等环保业务。

大数据精准识别污染源。江苏省生态环境厅公布的数字表明：2020年上半年全省$PM_{2.5}$浓度为41微克/立方米，同比下降19.6%；空气质量优良天数比率78.7%，同比上升12.7个百分点，为2013年以来同期最优……这些数字的背后，是江苏生态环境大数据平台强大的技术支持。该平台于2018年建成，涵盖了监测、监控、执法和执纪四大系统，集成各类生态环境数据50亿条。这样依靠大数据、云计算等数字技术实现环境监测和污染防治的例子还有很多。2021年8月，福建省生态环境厅与国网福建电力有限公司签署战略合作协议，研发"电力+环保"数据服务产品，辅助福建省生态环境大数据云平台决策分析。这个覆盖全省的"生态云"已应用于全省生态环境服务监测、监管、服务三大方面，通过关联分析等大数据算法，构建相关分析模型，研发环保数据产品，为相关部门提供重点企业排污监测、应急管控下停限产管理、"散乱污"用户分析等系列应用服务。

与大数据、云计算共同发挥环保作用的，还有人工智能、5G、遥感、无人机等多项数字技术。广西玉林通过搭建大气环境网格化监管系统和环境综合治理可视化监控系统，构建智能化大气环境监测大数据分析平台，结合无人机巡查等方法，精准识别并处理污染源。[1]

助力气候保护行动，数字技术成为关键驱动力。全球电子可持续发

---

[1] 参见高乔：《生态治理有了"智慧大脑"》，《人民日报海外版》2020年9月16日。

展倡议组织（GeSI）发布的报告《目标明确的数字化转型：打造更智慧的2030》中认为，对于人类来说有3个关键议题亟待解决，这也是实现人类社会可持续发展的三大核心支柱。这3个问题是：二氧化碳排放量持续上升，给我们的生物圈带来了威胁；社会不平等正在加剧；经济发展以不可持续的自然资源消耗为代价。要解决这些问题，需要推动跨国、跨行业合作，寻找综合的融合式创新解决方案。而数字技术正好能提供这种解决方案。该报告建议充分利用数字技术，因为它们对169个可持续发展目标（SDG）中的103个目标产生了实际影响。报告还深入分析了生物圈保护领域的现状，发现数字技术在监测和跟踪自然界状态、分析和优化能源使用以减缓气候变化等方面正发挥着非常重要的作用。

监控与跟踪方面，随着全球环境问题层出不穷，人类必须准确了解环境的退化程度以及受影响最严重的地区，才能确定应对问题的关键指标。因此，监测与跟踪有助于决策者和民众作出更明智的决策，知晓应当立即采取哪些行动，来缓解或适应气候和环境变化带来的影响。此外，数字技术还能确保公民、组织和国家对各自应有的承诺负责。另外，随着人口的不断增长，人类对水和能源的使用量不断增加，由此带来了更大的污染和浪费。物联网传感器等数字技术，可以用来监测人们对公共设施的使用情况，也可以用来监测农场使用水和化肥的情况。物联网的另一个应用场景是监测空气质量，尤其是城市地区的空气质量。比如，GeSI成员大哥大股份有限公司使用远程检测设备取代人工抄表，通过监测基站能耗收集实时信息，减少了员工出行带来的碳排放。同时，借助智能电表，这家公司还能够准确预测基站能耗。该公司发布的报告显示，运用数字技术，其每年可减少约25.4吨的二氧化碳排放和8439次人工抄表。

分析、优化和预测方面，人类活动引起的森林砍伐和土地荒漠化，威胁着全球陆地生态系统。通过云计算和机器学习等数字技术，可以远程探测非法伐木和其他有害活动，并通过汇总和分析数据，制定针对性的应对措施。作为 GeSI 成员，华为联合公益组织将改造后的智能手机或"守护者"设备放在雨林内的隐秘位置，以监测异常声音，并收集受威胁地区的音频数据。这些数据通过华为的移动网络和大数据服务在本地发送和存储，并能够通过机器学习框架进行实时分析。通过运用数字技术，华为不仅能够通过云技术、数字接入和物联网定位伐木的声音并发出警报，还可以助力公益组织检测物种、识别高风险区域。

数字技术对民众福祉的改善，还体现在日常生活各方面，包括购物、银行业务、娱乐及亲朋好友之间的互动。例如，在科特迪瓦交报名费所采用的收付方式出现了诸多问题，包括排长队浪费父母时间和遭抢劫的危险。2011 年，科特迪瓦国民教育部开始与移动货币提供商合作，将近 150 万名中学生每年的报名费缴纳数字化。2014—2015 学年，超过 99% 的学生采用数字化方式交报名费，其中 94% 的学费是通过该国的三家移动货币提供商交的。深圳市通过开展移动医保支付试点，用户直接通过微信完成挂号、门诊的医保移动交费，半年来累计为 90 万深圳市民节省 8.06 万个小时。

数字化水平的提高有助于提升人们的幸福感，增进社会福祉，而且数字化程度越高，人们的幸福感提升得就越快。世界经济论坛对 34 个经合组织成员的调查显示，数字化程度每提高 10 个点，就能够促使人们的幸福指数上升约 13 个点。更重要的是，数字经济有利于消弭地区间的数字鸿沟，为更多边远地区的人增进福祉。腾讯研究院发布的报告《中国"互联网 +"数字经济指数（2017）》显示，智慧民生加速向四、五线城市下沉，公安、医疗等公共服务在移动平台的可获得率提高至 50%，服务满意度与发达城市相差无几，区域间的民生数字鸿沟有缩小趋势。

八

在发展中规范，在规范中发展

数字经济蓬勃发展、创造大量社会财富的同时，部分领域也出现了一定程度的监管失灵和"野蛮生长"，为国家金融健康和经济发展带来隐患。习近平总书记在十九届中共中央政治局第三十四次集体学习时强调，要"规范数字经济发展。推动数字经济健康发展，要坚持促进发展和监管规范两手抓、两手都要硬，在发展中规范、在规范中发展"[1]。同时，习近平总书记指出，要健全市场准入制度、公平竞争审查制度、公平竞争监管制度，建立全方位、多层次、立体化监管体系，实现事前事中事后全链条全领域监管。要纠正和规范发展过程中损害群众利益、妨碍公平竞争的行为和做法，防止平台垄断和资本无序扩张，依法查处垄断和不正当竞争行为。要保护平台从业人员和消费者合法权益。要加强税收监管和税务稽查。

---

[1] 习近平：《不断做强做优做大我国数字经济》，《求是》2022年第2期。

（一）
坚持两手抓，两手都要硬

在发展中规范，在规范中发展，坚持两手抓，两手都要硬，是党和政府对当前数字经济这一新生事物的基本政策导向。近年来，全球经济复苏乏力，经济发展疲软，主要经济体都面临着巨大的经济下行压力。特别是新冠肺炎疫情的肆虐，更是让全球经济和金融发展雪上加霜。面对这样的新形势和新情况，党和政府先后出台了一系列政策和措施，把发展经济的着力点放在实体经济上，大力培育发展新经济业态，扶持中小企业，特别是民营企业发展，为我国经济发展提供了新的活力和机遇。

而放眼我国当前数字经济的发展，一方面是以移动支付、小额网贷、即时通信、电商为代表的大型互联网科技公司所引领的数字经济的快速发展，另一方面是大型互联网科技公司进入一些传统经济领域后，在技术的伴随下，增添了新的风险和挑战。例如，数字经济巨头目前热衷的金融领域，大型互联网科技公司的"入场"，并没有从根本上改变金融业的本质特征，传统金融业面临的诸如信用风险、流动性风险等也并没有消除，反而在数字经济加持下有外溢和扩大的风险。

2020年10月31日，国务院金融稳定发展委员会召开专题会议强调，当前数字经济金融科技与金融创新快速发展，必须处理好金融发展、金融稳定和金融安全的关系。要全面落实党的十九届五中全会精神，坚持市场化、法治化、国际化原则，尊重国际共识和规则，正确处理好政府与市场的关系。既要鼓励创新、弘扬企业家精神，也要加强监管，依法将金融活

↑ 中国人民银行等部门发布《网络小额贷款业务管理暂行办法（征求意见稿）》，有利于防范小额贷款公司跨区经营带来的风险。图为中国人民银行　中新图片 / 胡庆明

动全面纳入监管，有效防范风险。① 在此背景下，中国人民银行、中国银保监会发布《网络小额贷款业务管理暂行办法（征求意见稿）》及《金融控股公司董事、监事、高级管理人员任职备案管理暂行规定（征求意见稿）》，全面开启了对网络小额贷款公司严格监管的时代。

总的来看，大型互联网企业在数字经济金融领域的渗透和发展，除了没有改变金融业固有的风险特征外，因为其全新的业态形式反而催生了新的问题和风险。诸如垄断和不公平竞争的加剧，产品和业务边界的模糊，信息技术的不可控和稳定性风险的增大，数据泄露和侵权风险的上升，系

---

① 参见《刘鹤主持召开国务院金融稳定发展委员会专题会议》，中国政府网 2020 年 10 月 31 日。

统性风险的显著增长等，都成为数字经济模式下金融发展面临的新挑战与危机。对于一些大型科技公司来说，一旦出现风险失控问题，极有可能在短期内引发巨大的系统性风险，给金融业和经济发展带来巨大冲击，从而造成不可挽救的损失，严重影响社会稳定和发展。

现代金融体系是经过几百年的积累形成的，在这个形成演进过程中持续吸收科技创新和发明成果，是人类经济社会发展的智慧结晶。尽管今天数字经济正在席卷全球，深刻改变影响着人类社会的方方面面，但同历史上的任何一项发明和新生事物一样，数字经济模式下的数字金融并没有也不可能完全颠覆现有金融体系，甚至取而代之。结合目前中国数字经济发展情况来看，我们在推动支持其快速发展的同时，也更需要发挥制度优势进行宏观调控和审慎监管。唯有如此，数字经济方能最大限度地发挥其正向作用，助力我国经济持续平稳健康发展。

（二）
实现事前事中事后全链条全领域监管

根据国家统计局发布的白皮书显示，2020 年我国数字经济规模已经达到 39.2 万亿元，占 GDP 比重达 38.6%。同时，新冠肺炎疫情加速了数字经济发展的进程，网上购物、在线教育、远程办公、智慧医疗等全面融入人们的日常工作和生活。如此庞大的体量，必然要求对数字经济进行事前事中事后全链条全领域监管。

创新和监管历来是一对矛盾体，是一枚硬币的正反面。数字经济发展到今天，已然成为影响未来的新技术、新模式、新产业。其中最具代表性的成就之一就是数字经济在金融领域的发展。网络时代，每一个个体都

↑ 党的十八大以来，我国网络购物、移动支付、共享经济等数字经济新业态、新模式蓬勃发展，走在了世界前列。图为 2020 年"双十一"期间，北京顺义顺丰速运华北分拨中心员工分拣快递　中新图片 / 张宇

有权利、有机会成为数字经济活动中的活跃主体，换言之，人人都享有通过自己的信用、无须抵押物担保即可平等地获得贷款的普惠金融服务的权利。互联网技术赋予了普惠金融突破性的发展和革命：从2010年的"阿里小贷"到后来的网商银行，蚂蚁金服主导的小额贷款，采用在线放款的模式，在5年多的时间里为累计400多万小微企业提供了近7000亿元贷款。但与此同时我们也要看到，如果对数字经济在金融领域这样的迅猛发展不加以事前事中事后的全链条监管，可能会出现一些无法预估的后果。2008年曾席卷东南亚，并对整个世界经济和社会发展产生深远影响的金融危机已经深刻表明，面对各种形式的金融创新，如果缺乏监管，没有前瞻性、全局性、全链条、全领域有效监管，缺乏对市场和客观经济规律的敬畏之心，缺乏对金融产品复杂化、终端资产混杂化的清醒认识，很容易引发系统性风险，甚至酿成巨大灾难。尽管互联网金融业务并不完全等同于数字经济，但不可否认，互联网金融是数字经济最重要的组成部分之一，同时也是数字经济得以快速发展的重要推手，所以对互联网金融业务的全过程监管的基本理念，完全适用于数字经济的其他板块。

目前国际上对数字经济模式下的金融创新形成了以下几点基本的监管理念。

一是区分系统性风险和非系统性风险。任何大型互联网科技公司（典型代表为各种平台经济），首先是企业，天生逐利并追求企业利益最大化是其内在的发展逻辑。作为数字经济的代表，互联网金融企业自然也不例外，都希望可以无限制扩张且不承担后果，但监管部门，尤其是央行要考虑全局风险。换言之，企业可以只管自己的收益，但政府不能不考虑人民的福祉。如果任何一家互联网平台企业做金融，做到"大而不倒"，甚至"倒而不死"，那政府就需要对其实施宏观审慎监管。

二是区分审慎监管和非审慎监管。按照国际通行惯例，如果金融企业涉及吸收公众存款，就要对其进行审慎监管。有些大型互联网科技企业，最开始的业务并不涉及金融业务，但随着业务的拓展和发展，后来开始变相吸收公众存款，可以开展与普通银行类似的存贷业务，这就需要进行审慎监管。数字经济发展不同于以往的经济模式，很多时候增长和复制是指数级的，所以审慎监管尤为必要。同时，要避免过度监管导致企业"寸步难行"，给企业正常发展带来不必要的成本和障碍。

三是强调功能监管原则。面对以互联网金融为代表的数字经济，监管方难免有时会"慢一拍"。对于尚且不能完全看清楚看全面的新金融业务，可以通过"监管沙盒"限定风险范围，而对于已经比较清楚的业务，则需要及时解决监管不平衡不平等的问题，让同等性质的业务处于监管的同一"标准线"上。当然，保持对创新的警觉和提前预判是重要的，也是必要的。

目前数字经济的发展已经深入社会各个领域，要想确保其行稳致远，在全流程的监管过程中，尤其要解决好数据作为新生产要素的产权问题。只有这样，才能让数据合理流动起来，被充分利用起来，被高效保护起来。国家先后出台一系列政策和措施，根本目的在于为数字经济发展保驾护航，既使其能蹄疾步稳，也防范其因过快发展而带来的衍生风险。综合来看，国家将建立更加完善的覆盖全链条全领域的监管体系。

一是加强顶层制度设计，完善监管制度体系。首先，明确监管原则，立足金融消费者保护、促进市场公平竞争发展、提高资源配置效率、确保金融市场发展安全有序，服务实体经济发展；其次，对数字经济特殊性有充分全面科学的认识，要完善相关技术和业务标准，让监管更贴近数字经济发展的实际；再次，加强监管协调，推动不同监管机构和部门之间数据共享，提升监管的效度和信度；最后，推动加强行业自律，引导各市场主体依法依规经营，共同建造和保护良性的市场竞争生态。

二是严格市场准入，全面推动功能监管全领域全链条覆盖。要按照数字经济发展阶段特征制定严格的准入机制，功能监管采取穿透式监管，实现全覆盖，避免监管空白。同时要强调监管一致性原则，既不能给予大型互联网科技企业"超国民待遇"，也不能戴着有色眼镜看待其存在和发展。在现有法律框架下，只要从事相同的金融业务，就应该接受同样的监管，以保证发展公平有序，依法合规。

三是加强消费者权益的保护。要更加重视消费者用户隐私安全，加强数据管理，防止数据垄断，显著提升数据资源的安全性，在涉及消费者的信息数据采集、使用、传递、保存等方面制定统一的行业标准。要进一步明确大型互联网科技企业所持有的海量消费者数据信息的法律属性和财产权利边界，确保数据生产要素合理流动，防止垄断平台据此获得超额利润。在严控数据滥用带来的风险的同时，兼顾数据开放共享，充分挖掘数据生产要素的潜力。

四是发展完善与监管相关的科学技术。要大力发展与监管相关的风险识别、防范与处置的技术，充分运用计算机、物联网、5G等最新科技成果，发挥大数据和人工智能在数据处理、分析等方面的优势，系统构建基于互联网、云计算的数字化监管体系，实现即时、全方位、动态监管。运用计算机技术实现金融风险发生的全过程推演，并做好相应的应对及管控措施，防范金融风险发生时大面积长时间传播。

五是强化审慎监管，防范系统性风险。当前我国多家大型互联网科技企业已经涉足吸收公众存款，并在部分领域获得了金融牌照，将其纳入审慎监管已是毋庸置疑，但也要避免将其非金融业务笼统纳入，从而对其正常发展产生影响。应努力建立一套完整的适用于监管大型互联网企业的微观和宏观审慎监管的指标体系，努力实现审慎监管"有所为，有所不为"。

（三）
防止平台垄断和资本无序扩张

21 世纪初以来，伴随着互联网信息技术的浪潮，平台经济高歌猛进，各种应用场景下涌现出一大批平台型企业，展现出互联网经济发展的强劲势头。在此背景下，一些平台企业发展不规范，平台经济发展不充分，"野蛮生长"的平台经济生态逐渐显露出种种负面效应，已经到了必须加强监管、规范秩序的阶段。2021 年 8 月 30 日，中央全面深化改革委员会第二十一次会议审议通过了《关于强化反垄断深入推进公平竞争政策实施的意见》，对强化反垄断工作指明了方向、明确了任务、提出了要求，强调必须坚持监管规范和促进发展两手并重、两手都要硬，持续强化反垄断执法，以公平竞争促进高质量发展。

2021 年 4 月 26 日，国家市场监管总局依法对美团实施"二选一"等涉嫌垄断行为立案调查，10 月 8 日依法作出行政处罚决定，责令其停止违法行为，退还"二选一"保证金 12.89 亿元，并处以其 2020 年销售额的 3% 计 34.42 亿元罚款，同时发出行政指导书，要求美团全面整改。这是国家市场监管总局在平台经济领域又一次重大反垄断执法行动，对于规范平台经济竞争秩序，促进高质量发展具有重要意义。

从世界范围看，重视反垄断是世界各国的通行做法，越是市场经济体制和法制完善的国家，越是如此。1890 年，美国国会颁布美国历史上第一部反垄断法《谢尔曼法》，禁止垄断协议和独占行为，1914 年颁布的《联

↑ 2021年11月18日,国家反垄断局在北京挂牌成立　中新图片/陈晓根

邦贸易委员会法》及《克莱顿法》是对《谢尔曼法》的补充和完善。根据这些法律,企业一旦被裁定有垄断嫌疑,将可能面临罚款、监禁、赔偿、民事制裁、强制解散、分离等多种惩罚。企业一旦被认定违犯反垄断法,就要被处以3倍于损害数额的罚金。100多年来,美国出现了不少反垄断裁决的重大经典案例。例如,洛克菲勒家族的"石油帝国"因垄断市场在1911年被肢解为30多个独立石油公司;曾垄断美国电话市场的美国电报电话公司在1984年被分离成1个继承母公司名称的电报电话公司和7个地区性电话公司。

俄罗斯在从计划经济向市场经济转型的过程中,借鉴发达国家反垄断经验,不断完善自身反垄断立法建设和制度实践。俄罗斯的反垄断法于1990年颁布,次年生效,这是俄罗斯首部关于反垄断的法律,规范了生产流通和劳动力市场的垄断行为。随后俄罗斯又颁布《反自然垄断法》以及一系列关于保护消费者和中小企业权益、促进金融市场竞争，以及规范对外经贸活动的法律。1990年，俄罗斯成立反垄断与促进新经济结构国家委员会，2004年正式成立俄联邦反垄断局。该局负责对产品市场、金融服务市场、自然垄断主体、广告行为及在俄外国投资者的活动进行监督，另外还对行政部门采购、项目落实及服务情况进行监督。2009年，俄罗斯石油公司因抬高燃料价格被处以52.8亿卢布（约合1.5亿美元）的巨额罚款，俄罗斯天然气工业石油公司和秋明-英国石油公司也分别被处以1.3亿和1.2亿美元的罚款。

巴西高度重视反垄断，在反垄断领域始终走在发展中国家的前列。1994年，巴西政府正式颁布了反垄断法，规定由巴西反垄断监管机构经济保护和管理委员会（CADE）负责打击垄断行为，保障消费者权利。2011年12月，时任巴西总统罗塞夫批准了巴西的反垄断法若干条文的修正法案。新的反垄断法于2012年5月正式生效，给予了CADE更大权力。2013年7月，巴西政府根据反垄断法对德国西门子、法国阿尔斯通、日本三井以及加拿大庞巴迪等13家国际企业进行调查，因其涉嫌组建秘密联盟垄断多座城市的地铁或轻轨工程的招标，挤压对手并抬高标的价，借此从中获取非法暴利。同年10月，CADE调查谷歌公司，原因是微软以及当地的竞争对手指控谷歌有垄断行为。欧盟先后推出《数字服务法》和《数字市场法》，并积极开展一系列执法活动。仅对全球知名互联网巨头谷歌公司在2017—2019年的3年里就先后作出3次反垄断处罚，罚单额高达82.5亿欧元。与之同时，美国提出《终止平台垄断法案》《平台竞争与机会法案》等6项反垄断法，并对谷歌公司和脸书等互联网巨头多次提起反垄断调查和诉讼。我国改革开放40多年的发展历程，就是中国特色社会主义市场经济建立完善并发展壮大的历程，在这个过程中，竞争机制起了非常重要的作用。我们通过不断引导和完善市场竞争，极大地激发了市场活力和创新动力，使我国经济长期处于高速发展阶段。当前我国经济进入新发展阶段，核心问题是处理好政府与市场的关系，以便更好地发挥市场在资源配置中的主体作用。国家出台制定反垄断法，旨在保护市场机制最重要的核心——竞争。因此，社会主义市场经济越是发展完善，进入新发展阶段，就越需要有反垄断机制发挥作用，维护市场公平竞争。只有这样，才能不断激发和释放市场各参与主体的热情和潜能，最终实现各生产要素资源的高效配置，实现经济高质量发展，促进共同富裕目标的实现。

除了行政执法部门严格执法打击垄断行为，各级人民法院也积极发挥审判职能作用，依法制止非法垄断行为，保护经营者和消费者的合法权益。2012年5月，最高人民法院颁布了《关于审理因垄断行为引发的民事纠纷案件应用法律若干问题的规定》，明确了我国反垄断民事诉讼的基本框架，对于指导人民法院正确适用反垄断法，依法公正高效审理垄断民事纠纷案件发挥了重要作用。2021年4月22日，最高人民法院召开知识产权宣传周新闻发布会，介绍全国法院2020年知识产权司法保护的总体情况，发布《人民法院知识产权司法保护规划（2021—2025年）》（以下简称《规划》）以及2020年度知识产权十大案例、五十件典型案件。其中，在充分发挥知识产权审判职能作用方面，《规划》提出，加强反垄断和反不正当竞争审判；加强反垄断和反不正当竞争案件审理工作，强化竞争政策基础地位，适时制定有关司法解释，明确规制各类垄断和不正当竞争行为，消除市场封锁，促进公平竞争；妥善处理互联网领域垄断纠纷，完善平台经济反垄断裁判规则，防止资本无序扩张，推动平台经济规范健康持续发展。①

我国在数字经济反垄断领域频频打出组合拳，不断完善立法，加大执法力度，制定出台《关于平台经济领域的反垄断指南》。一系列举措的背后，是坚决依法严厉打击垄断，维护社会主义市场经济公平有序的坚强决心。

发展与规范并重，支持与监管齐抓，方能营造更加健康的数字经济生态。2020年中央经济工作会议将"强化反垄断和防止资本无序扩张"作为2021年八项重点经济工作之一，提出要加强规制，提升监管能力，坚决反对垄断和不正当竞争行为。习近平总书记在主持召开中央财经委员会第九次会议时强调："我国平台经济发展正处在关键时期，要着眼长远、兼顾当前，补齐短板、强化弱项，营造创新环境，解决突出矛盾和问题，推动平台经济规范健康持续发展。"② 与此同时，国务院反垄断委员会及国家市场监管总局等部门也陆续出台了《关于平台经济领域的反垄断指南》等一系列政策法规，为平台经济明确规则，划清底线，规范秩序，形成治理合力，促进平台经济健康发展。

（四）
保护平台从业人员和消费者合法权益

互联网平台企业迅猛发展的背后，是数以亿计的从业人员和消费者。如何保护他们的合法权益，是摆在政府监管部门面前的一个重要课题。平

---

① 参见《最高法召开知识产权宣传周新闻发布会》，中国法院网2021年4月22日。
②《习近平主持召开中央财经委员会第九次会议强调 推动平台经济规范健康持续发展 把碳达峰碳中和纳入生态文明建设整体布局》，《人民日报》2021年3月16日。

台垄断、竞争失序的问题频现,"二选一"等行为更是严重破坏了市场正常的竞争秩序,企业逐渐从注重技术进步和商业模式创新滑向争夺有限商家资源、争夺流量,严重削弱了平台经济的创新发展动力,干扰了正常的金融和市场秩序。各互联网企业平台频频爆出的"惩罚性质的接单任务""杀熟"等行业潜规则,折射了平台从业人员的无奈和消费者的弱势现状。与此同时,各大互联网平台纷纷直接或间接进军社区市场,瞄准居民"菜篮子""米袋子",运用"拼购""秒杀"等隐蔽方式,赚流量、抢市场,严重扰乱了正常的市场秩序。

众所周知,互联网企业赖以提升效率、创造价值的基础是人工智能技术。但由于伦理技术的缺位,算法已经给社会发展带来隐患。例如,广泛存在的"AI监工"问题。2020年,《人物》杂志经过近半年的调查,发表文章《外卖骑手,困在系统里》,引起社会广泛关注。该调查显示,目前通行的智能算法为底层劳动者分派任务的规则日益严苛,完全没有考虑到骑手群体在实际工作执行中的困难,有些平台算法为外卖骑手规划的出行路线虽然保证了时间,但直接违反了交通规则,骑手为了不被平台惩罚,只能冒着闯红灯、逆行等风险穿梭于城市的大街小巷。而且在平台模式下,外卖骑手、网约车司机等群体往往身兼数职,大多并未与平台形成正式的劳动关系,其获得劳动保障和社会保障的难度非常高。[1]

当前我国已成为世界第二大经济体,数字经济在国民经济所占比重已越来越大,"十四五"时期将成为经济发展"主形态"。保护平台从业人员和消费者合法权益,实现创新驱动的高质量发展,已经成为平台企业和数字经济能够持续发展、健康发展的重要影响因素之一。

---

[1] 参见赵岩:《2020—2021数字经济发展报告》,电子工业出版社2021年版,第344页。

↑ 2021 年 11 月 7 日，外卖送餐员在风雪中坚守工作岗位　中新图片 / 毛建军

（五）
加强税收监管和税务稽查

税收是国家为了向社会提供公共产品、满足社会共同需要，按照法律规定参与社会产品的分配，强制、无偿取得财政收入的一种规范形式。税收是一种非常重要的政策工具。相对于传统商业模式创造社会财富而言，数字经济有其非常独特的特质，在交易体量、从业者数量、网络渗透率等方面，均处于从属地位。按照国家规范扶持、监管发展的思路来看，目前这个阶段，既要给予其扶植性政策，推动其快速发展，又要尽量避免把数

字经济和其他类型经济在税收这个层面置于同一起跑线。在税制设计和征管方面，应努力做到扩大税基、实质公平、简单透明、促进遵从，逐步转向以所得税和消费税为主体的符合数字经济发展的税制。①

按照当前我国现行征税体制来看，国家税务机关的征税数据主要来自三个方面：一是通过税务端、企业端和第三方涉税数据交换，通过税务端的汇算清缴、重点税源、增值税发票来获取税务端数据；二是通过企业提供的财务报表、电子账套和直报数据获取企业端数据；三是通过关联第三方，包括公安、工商、财政、海关等提供的资料，来获取第三方数据。在收集并储备了这些数据后，税务局会根据各行业的风险特征进行分析，再对风险性质相同的事项建立数据模型。根据建立的数据模型，充分运用"互联网+""大数据+""云计算+"三方共享的信息进行数据分析比对，确认目标企业是否存在异常情况。在信息技术高速发展的大数据时代，税务监管部门获取企业相关数据越来越快速精准。2021年4月29日，国家税务总局发布通知，要求以税收风险为导向，精准实施税务监管，并提出了2021年八大重点监管领域，其中包含直播平台等数字经济典型代表。②随着大数据时代的来临，税收风险管理的模式已经由传统依靠经验分析判断向大数据分析转变，税务稽查部门将充分运用"大数据+云计算"技术，实时取得纳税人全方位的涉税信息并开展风险分析筛查。

2021年国家税务总局提出对八大重点领域的监管，强化税收大数据风险分析，意味着平台经济等大型互联网企业面临的涉税风险将呈增多态势。随着"金税四期"的到来，企业信息联网核查系统搭建了各部委、人

---

① 参见汤潇：《数字经济——影响未来的新技术、新模式、新产业》，人民邮电出版社2019年版，第270页。

② 参见《以税收风险为导向 精准实施税务监管》，国家税务总局网2021年4月29日。

民银行以及银行等参与机构之间信息共享和核查的通道，实现企业相关人员手机号码、企业纳税状态、企业登记注册信息核查功能，现有各监管部门之间信息共享和核查的通道将更加通畅高效。为此，各数字经济企业应该强化数据风险意识，积极开展自查工作，进一步完善企业财税制度，保存完整证据链，主动提升纳税意识，合法合规节税。

互联网因链接万物而生机勃勃，数字经济因包容开放而兴旺发达。支持和促进数字经济守正创新、行稳致远，必须始终坚持发展和规范并重。政府层面加强监管、规范秩序，鼓励有序竞争，防范行业垄断，营造崇尚创新精神，尊重知识产权，弘扬开放理念的社会生态，进一步优化市场化、法治化、国际化营商环境，更好地发挥和更充分地释放国内超大规模市场优势，为各类市场主体特别是中小企业创造广阔的发展空间，数字经济发

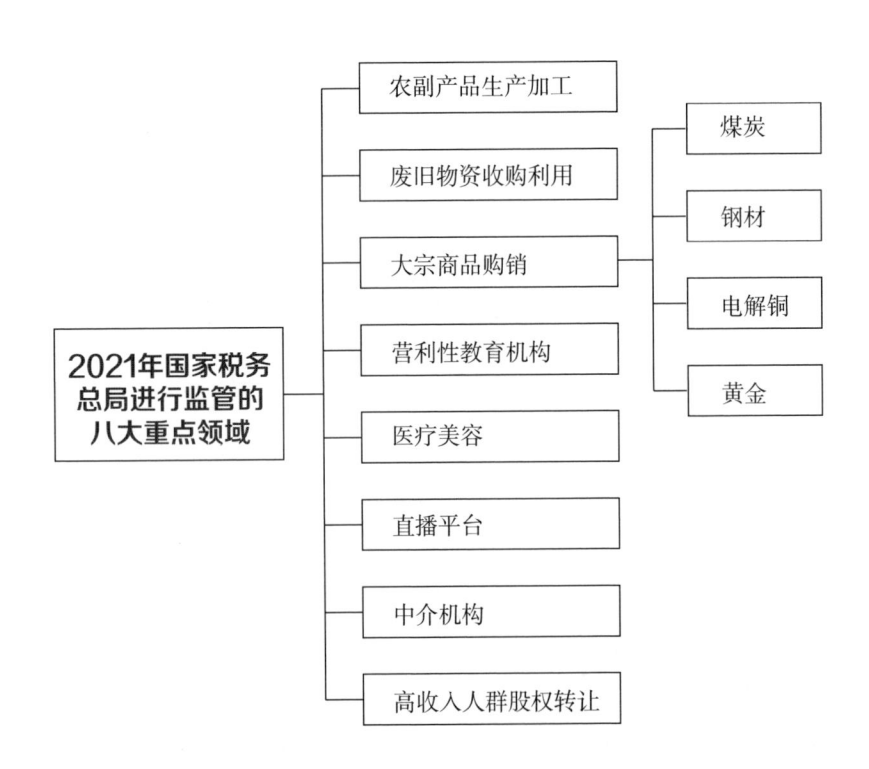

2021年国家税务总局进行监管的八大重点领域：
- 农副产品生产加工
- 废旧物资收购利用
- 大宗商品购销
  - 煤炭
  - 钢材
  - 电解铜
  - 黄金
- 营利性教育机构
- 医疗美容
- 直播平台
- 中介机构
- 高收入人群股权转让

展的良性循环才能得以建立;消费者、企业、社会等利益攸关方尊重秩序,适应规则,拥抱创新,方能共享共生共荣,唯有如此,数字经济才能在自我审视中蹄疾步稳,求得市场经济发展与社会公共利益的最大公约数,迎来更加均衡、长远、健康的蓬勃发展。[1] 这对于我们更好地维护消费者利益、各类市场主体的合法权益和社会公共利益,更好地坚持以人民为中心的发展思想,在高质量发展中促进共同富裕意义重大。

---

[1] 参见钟超:《平台经济当立"天空法则"》,《光明日报》2021年4月29日。

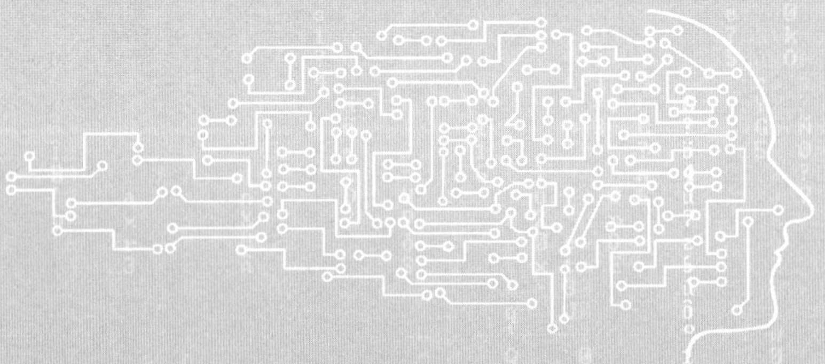

9 提高数字经济治理体系和治理能力现代化水平

一

　　数字经济需要数字治理。近几年，伴随着我国数字经济的迅猛发展，数字经济正在重塑经济社会运行模式和运行规则。对此，党和国家高度重视。习近平总书记在十九届中共中央政治局就推动我国数字经济健康发展进行第三十四次集体学习时指出："完善数字经济治理体系。要健全法律法规和政策制度，完善体制机制，提高我国数字经济治理体系和治理能力现代化水平。"[1] 习近平总书记明确要求，要完善主管部门、监管机构职责，分工合作、相互配合。要改进提高监管技术和手段，把监管和治理贯穿创新、生产、经营、投资全过程。要明确平台企业主体责任和义务，建设行业自律机制。要开展社会监督、媒体监督、公众监督，形成监督合力。要完善国家安全制度体系，重点加强数字经济安全风险预警、防控机制和能力建设，实现核心技术、重要产业、关键设施、战略资源、重大科技、头部企业等安全可控。要加强数字经济发展的理论研究。

---

[1] 习近平：《不断做强做优做大我国数字经济》，《求是》2022年第2期。

（一）
完善数字经济治理体系

　　国家治理体系是指规范社会权力运行和维护公共秩序的一系列制度和程序，它包括行政行为、市场行为和社会行为的一系列制度和程序。数字经济治理体系作为国家治理体系的重要方面，也就自然地包括行政、市场和社会组织等涉及数字经济的制度和程序，以及必要的公共权威、管理规则、治理机制和治理方式等，因而相应地涉及政治、经济、社会、文化、生态文明等各个领域。要健全完善数字经济治理体系。强化协同治理和监管机制。规范数字经济发展，坚持发展和监管两手抓。探索建立与数字经济持续健康发展相适应的治理方式，制定更加灵活有效的政策措施，创新协同治理模式。增强政府数字化治理能力。加大政务信息化建设统筹力度，强化政府数字化治理和服务能力建设，有效发挥对规范市场、鼓励创新、保护消费者权益的支撑作用。完善多元共治新格局。建立完善政府、平台、企业、行业组织和社会公众多元参与、有效协同的数字经济治理新格局，形成治理合力，鼓励良性竞争，维护公平有效市场。完善数字经济治理体系可以从以下几个方面着手。

　　第一，从行政行为来看，首先，需要加强顶层设计，健全与数字经济有关的政策法规。2020年4月，商务部会同中央网络安全和信息化委员会办公室、工业和信息化部联合认定中关村软件园等12个园区为国家数字服务出口基地，努力打造我国发展数字贸易的重要载体和数字服务出口的集聚区。为确保该产业健康发展，工业和信息化部等10个部门已印发

《加强工业互联网安全工作的指导意见》，明确建立监督检查、信息共享和通报、应急处置等工业互联网安全测试验证环境，构建工业互联网安全评估体系，为培育具有核心竞争力的工业互联网企业提供良好环境。这些顶层设计无疑对完善我国数字经济治理体系发挥了积极作用。

当然，在加强顶层设计的同时，更重要的是健全相应政策法规，充分发挥法治的权威约束作用，督促相关数字经济主体依策依规进行活动，推进数字经济依法治理。2021年1月公布的《法治中国建设规划（2020—2025年）》中明确提出，加强信息技术领域立法，及时跟进研究数字经济、互联网金融、人工智能、大数据、云计算相关法律制度，抓紧补齐短板。

目前，我国已经出台了部分有关政策和法律法规，如《全国人大常委会关于维护互联网络安全的决定》《中华人民共和国电信条例》《互联网信息服务管理办法》《促进大数据发展行动纲要》《关于积极推进"互联网+"行动的指导意见》《中共中央国务院关于构建更加完善的要素市场化配置体制机制的意见》等一系列政策，先后从技术研发、成果应用、基础设施、平台建设等方面为数字经济发展提供政策支持。《中华人民共和国个人信息保护法》《中华人民共和国电子商务法》《视频直播购物运营和服务基本规范》等法律法规也为数字经济活动的治理提供了更多法理上的依据。2020年5月，《中华人民共和国民法典》公布，将网络虚拟财产、数据等纳入民法保护范围。

2018年8月31日，十三届全国人大常委会五次会议审议通过的《中华人民共和国电子商务法》，就规定了"推进电子商务诚信体系建设，营造有利于电子商务创新发展的市场环境"，"各级人民政府和有关部门不得采取歧视性的政策措施，不得滥用行政权力排除、限制市场竞争"，"电子

↑ 自2019年1月1日起,《中华人民共和国电子商务法》正式施行　中新图片 / 刘君凤

商务经营者从事经营活动,应当接受自愿、平等、公平、诚信的原则,遵守法律和商业道德,公平参与市场竞争,履行消费者权益保护、环境保护、知识产权保护、网络安全与个人信息保护等方面的义务,承担产品和服务质量责任,接受政府和社会的监督"。这些具体条款对规范和推进数字经济发展起到了积极作用。2020年1月2日,国家市场监督管理总局公布了《〈反垄断法〉修订草案(公开征求意见稿)》,新增互联网领域的反垄断条款,为进一步完善数字经济治理提供了法理依据。2021年11月1日起正式施行的《中华人民共和国个人信息保护法》,强化了个人信息安全监管与治理,也促进了监管平台更加合规,保护了数字经济整体的健康发展。

其次，在完善数字经济治理体系方面，国家也鼓励地方制定符合自身需要的法规。如《浙江省数字经济促进条例》《广东省数字经济促进条例》等地方性法规的出台，在数字经济发展方面给予鼓励、引导、包容、审慎促进，对推动经济社会高质量发展意义重大。2020年12月28日，广东省深圳市六届人大常委会四十六次会议首次审议了《深圳经济特区数据暂行条例（草案）》，其中首次提出"数据权益保护"，明确收集、处理涉及隐私的个人数据须得到同意。这些地方性做法为在全国范围完善数字经济治理提供了可参考的经验。

最后，在推进数字经济依法依策治理时，还需要注意在健全法律法规方面，加快清理、修订不适应数字经济发展的相关法规政策。正如有关学者呼吁的那样："推动数字经济地方立法，加快清理修订不适应数字经济发展的相关法规政策。建立包容审慎监管机制，着力消除阻碍新业态新模式发展的各种行业性、地区性、经营性壁垒。强化安全保障，充分考虑国家数据安全与数字主权等问题。"[①]

第二，整合数字经济利益相关主体职责，规范数字经济治理。治理是政府和数字经济利益相关的各主体之间为良好的数字经济发展而进行的有效活动。因此，必须根据现有相关法律，坚持"众筹、联建、共享、多赢"原则，积极整合政府、社区、企业、高校、科研院所、社团、媒体等多方力量，搭建政府、平台、用户互动的治理平台和机制，确保政府管理平台、平台管理企业、行业协会及与数字经济活动相关的具体个人有效沟通、共同参与数字经济治理活动。当然，在这一过程中，需要先明确数字经济利益相关主体在治理中的各自职责：

---

① 高兴夫：《推进数字经济发展　培育发展新动能》，《学习时报》2019年8月7日。

国务院及有关部门明确数字经济发展规划、制度,创新监管理念,优化监管手段与方式,推进跨境数字经济海关申报、纳税、检验检疫等环节的综合服务和监管体系建设,优化监管流程,促进、建立符合数字经济特点的协同管理体系,推动形成有关部门、电子商务行业组织、电子商务经营者、消费者等共同参与的数字经济治理体系。县级以上地方各级人民政府根据所在行政区的实际情况,确定本行政区域内数字经济治理的具体职能,加快工业互联网平台建设,培育"人人贡献数据、人人享受数据"的社会治理生态,畅通拓展民众参与社会治理、政府感知社情民意的渠道,让每个人都能成为社会治理的参与者、贡献者和维护者,建设人人有责、人人尽责、人人享有的社会治理共同体,提升政府"放管服"的质量水平。

相关行业组织按照本组织章程开展行业自律,建立健全行业规范、推动行业诚信建设,监督、引导本行业经营者公平参与数字经济的市场竞争。在行业自律方面,还需要加强行业规范与教育引导结合,即在制定、推行行业规范的同时,加强教育引导,避免恶性竞争,营造良好氛围。

高校和科研院所在数字技术开发过程中,需要遵守国家相关法律法规,保护好数据信息安全。

媒体在信息传播过程中,更需要对涉及国家安全等方面的数据进行必要保护和有效处理,不得泄露或者篡改涉及数字经济活动中的组织、企业以及个人应当保密的合法信息。

数字经济的经营者则要遵守相关法律、行政法规和国家有关规定,建立健全信用评价制度,公示信用评价规则,建立便捷、有效的投诉、举报机制,公开投诉、举报方式等信息,及时受理并处理投诉、举报,方便消费者。《中华人民共和国民法典》第1038条明确规定,信息处理者不得泄露或者篡改其收集、存储的个人信息;未经自然人同意,不得向他人非法提供其个人信息。民法典还要求信息处理者应当采取技术措施和其他必要措施，确保其收集、存储的个人信息安全，防止信息泄露、篡改、丢失；发生或者可能发生个人信息泄露、篡改、丢失的，应当及时采取补救措施，按照规定告知自然人并向有关主管部门报告。

参与数字经济活动的个体经营者或者消费者，一方面通过合法途径积极参与数字经济活动，另一方面在消费过程中也要处理好个人信息，保护好个人数字数据信息安全。个人信息的处理包括个人信息的收集、存储、使用、加工、传输、提供、公开等。在数字经济消费过程中，不得危害国家利益，不能妨碍社会公序良俗。与此同时，参与数字经济活动的广大消费者还要充分发挥对数字经济生产者、经营者提供的商品或者服务进行评议和监督的作用。

第三，加强数字经济重点领域专项制度建设。由于数字经济离不开互联网络技术及平台，所以在完善数字经济治理体系中，需要继续推进我国已经开展的"净网""剑网""清源"等专项治理行动。在加强数字经济重点领域专项治理中，需要优化经济治理的基础数据库，加快推动各地区各部门间数据共享交换，通过制定出台数据共享责任清单以期达到效果。同时，还要完善数字经济的激励机制，推进数字政策的跨地区、跨层级、跨部门协同。在全国范围内统筹企业、高校、研发机构、用户、资本、人才、政府、中介、环境、基础设施等创新支撑要素，使国家、省、市、县和企业共同支持，形成提升数字经济治理效果水平的合力。此外，还要研究建立促进企业登记、交通运输、气象等公共数据开放和数据资源有效流动的制度规范。①

---

① 参见郭凯天：《把握数据要素新特点　点燃数字经济新动能》，《学习时报》2020年4月22日。

> **数字经济治理能力提升工程**
>
> 1. 加强数字经济统计监测。基于数字经济及其核心产业统计分类，界定数字经济统计范围，建立数字经济统计监测制度，组织实施数字经济统计监测，定期开展数字经济核心产业核算，准确反映数字经济核心产业发展规模、速度、结构等情况。探索开展产业数字化发展状况评估。
> 2. 加强重大问题研判和风险预警。整合各相关部门和地方风险监测预警能力，健全完善风险发现、研判会商、协同处置等工作机制，发挥平台企业和专业研究机构等力量的作用，有效监测和防范大数据、人工智能等技术滥用可能引发的经济、社会和道德风险。
> 3. 构建数字服务监管体系。加强对平台治理、人工智能伦理等问题的研究，及时跟踪研判数字技术创新应用发展趋势，推动完善数字中介服务、工业 App、云计算等数字技术和服务监管规则。探索大数据、人工智能、区块链等数字技术在监管领域的应用。强化产权和知识产权保护，严厉打击网络侵权和盗版行为，营造有利于创新的发展环境。

来源：《"十四五"数字经济发展规划》

第四，发挥技术优势，完善数字经济治理体系。这主要指要充分运用大数据技术来提高数字经济治理效果。在提升数字经济治理体系过程中，除了要充分发挥在党的坚强领导下集中力量办大事的制度优势外，更多的是要加快技术创新，发挥技术引领的作用。一方面，实施关键核心技术攻关计划，由国家有关部门统一组织，从政府与企业两个层面着手。通过全面梳理网络信息、高端设备与工艺、新材料等数字经济领域关键核心技术，形成科技攻关清单，提升数字经济社会治理水平；另一方面，通过关注以互联网、大数据、云计算、人工智能、区块链、物联网等为代表的新一代数字科技与实体经济的日趋融合，把握新模式与新业态的发展态势，着力加快新一代数字科技创新的步伐，促进数字化、智能化等技术与制造业、服务业的深度融合，因地制宜推进传统产业链的数字化改造，创新技术与人工审查结合的治理方法。

在强化数据隐私保护的技术支撑上,要建立数字化管理平台,将区域内数量庞大的企业设备和信息接入平台,智能规划生产线,组合出所需的制造能力,实现设备资源组合的柔性化和智能化。在技术创新基础上明确数据应用边界,加强数字政府、数字社会建设,提升数字经济公共服务数字化、智能化水平,为完善数字经济治理体系提供最大的技术支持。

要持续提升公共服务数字化水平。提高"互联网+政务服务"效能。全面提升全国一体化政务服务平台功能,加快推进政务服务标准化、规范化、便利化,持续提升政务服务数字化、智能化水平,实现利企便民高频服务事项"一网通办"。提升社会服务数字化普惠水平。加快推动文化教育、医疗健康、会展旅游、体育健身等领域公共服务资源数字化供给和网络化服务,促进优质资源共享复用。推动数字城乡融合发展。统筹推动新型智慧城市和数字乡村建设,协同优化城乡公共服务。打造智慧共享的新型数字生活。加快既有住宅和社区设施数字化改造,鼓励新建小区同步规划建设智能系统,打造智能楼宇、智能停车场、智能充电桩、智能垃圾箱等公共设施。

(二)
提高监管和治理能力

提高数字经济治理水平和治理能力还需要加强对相关领域的监管和治理。做到这一点,需要侧重从以下七个方面发力。

第一,确定监管原则,即坚持鼓励创新、包容审慎、严守底线、协同监管的原则,在激发数字经济活力的同时促进数字经济健康可持续发展。

无论是创新监管理念,还是优化监管手段与方式,都需要更完备的法律制度作保障。只有这样,才能不断推动实现相关监管执法体系与执法能力的现代化,促进数字经济在发展中规范,在规范中实现健康快速发展,以保障数字经济秩序的公平公正、繁荣有序。①

第二,通过开发一些软件提供有效监管。优化经济治理基础数据库,加快推动各地区各部门间数据共享交换,制定出台新一批数据共享责任清单。研究建立促进企业登记、交通运输、气象等公共数据开放和数据资源。

第三,加强对"数据权属"等重点问题处理情况的监管。"数据权属"问题是一直影响数据资产化和数据交易的老大难问题,这主要是因为数据有着不同于土地、资本等传统生产要素的特点——数据不仅是生产要素,也附着了社会关系,各方主体对数据的权益都有所投射,在数据处理周期中,难以将权属归于单一的主体。"数据权属"虽没有明确定论,但并不会构成对数据开放利用的阻碍。在近年来的司法实践中,逐步明确了企业对其投入劳动,收集、加工、整理的数据享有财产性权益,在依法获取的各类数据基础上开发的数据衍生产品及数据平台等财产权益受到法律保护,并明确了实质替代、正当商业利益等侵权认定标准。在通过开放数据接口方式获取用户信息时,应坚持"用户授权"+"平台授权"+"用户授权"的三重授权原则。这些司法认定与规则,与"研究根据数据性质、完善产权性质"的精神相符,应进一步通过制度建设予以推进明确。②

---

① 参见孙云清:《完善立法,推动数字经济高质量发展》,《人民日报》2021年10月28日。
② 参见郭凯天:《把握数据要素新特点 点燃数字经济新动能》,《学习时报》2020年4月22日。

第四,加强对数据使用的监管力度。数字经济具有技术和行业发展变化快、数据量大、数据主权分散等特征,监管部门往往难以在短时间内获取有效数据,并据此实施有效监管。利用和运用大数据进行监管,可以有效避免不利因素。运用互联网技术和信息化手段建立大数据辅助分析、管理、决策和服务系统,可以加强数字经济治理过程中的监管,加大对违规经营行为的打击力度,加强对平台、经营者及主播等的规范引导。大数据分析也有助于重构、变革与升级数字经济治理体系,提升数字经济治理能力。同时,要调动消费者权益保护委员会、市场监督管理局、公安局、国家进出口管理部门行使相应的监管权。

利用大数据技术抓取、比对并分析数据、发现问题、找出对策,已逐渐成为数字经济治理的重要手段。利用数字技术探知经济实时状况,并通过不同来源数据的交叉复现,可以把握事态真相。例如,新冠肺炎疫情之下农民工返回就业地的实时情况,主要来自通信数据平台和就业者密集的网络平台;各地复工复产情况特别是基本建设项目的进展情况,主要来自数字化工程机械平台的"挖掘机指数",即这些设备的开机工作情况。这些数字指标不仅实时精准,而且能相互印证,可信度高。在市场监管方面,新的技术手段可以根据市场主体的多方面信息,筛选出需要重点跟踪的企业和产品,并与更多已知信息进行交叉比对,识别异常现象,及时发现那些违规违法可能性较大的市场主体,有针对性地加强监管。利用数据进行监管的同时,也需要注意对数据使用情况自身的监管,主要表现为对代码、算法等数字技术的基本规则的监管。大数据和人工智能广泛应用,机器学习能力快速增强,数据、代码和算法越来越决定着公民在信息方面的可知与不可知,在资源分配中的可得与不可得,在社会活动中的可为与不可为。数字技术如果被滥用,可能违背公共利益和社会价值观,因

数字化监管的"四个体系、一个机制"

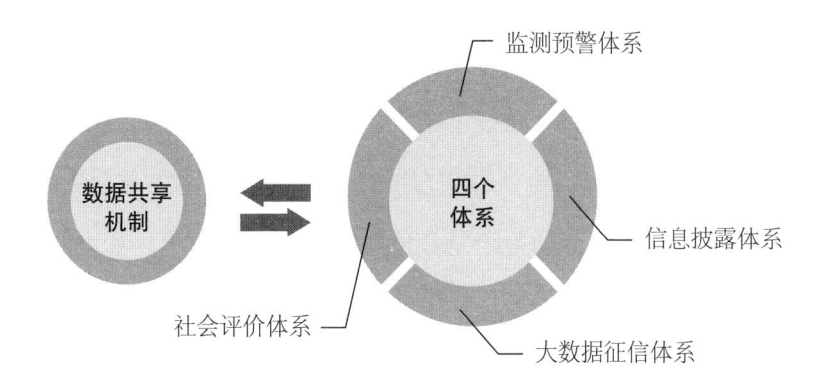

收入、地域、性别等因素被机器识别而导致各种歧视行为。因此，在运用大数据进行监管过程中，一是需要遵守形成数字技术的价值遵循和基本原则，划出底线和边界并严格监管。二是在促进数据产业发展、数据权益分配和个人隐私保护等各方利益之间把握好动态平衡。当前的突出问题，是要对个人隐私进行有效保护，明确数据平台企业的责任、数据权利的构建、数据治理规则的确立等。三是对数字领域的新生业态，要坚持包容审慎的监管原则，既不能放任不管，也不能简单封杀。

第五，努力建设基于大数据技术的监管体制机制。如建立"四个体系、一个机制"，即监测预警体系、信息披露体系、大数据征信体系、社会评价体系和数据共享机制，构建数据联通、系统联动的数字化监管系统。数字化监管系统将改变目前"人工报数"的被动监管、事后监管格局，实现实时监管、行为监管和功能监管。

围绕服务数字经济发展加快建设统一的各类信息服务数据库，积极利用全量数据、权威数据、实时数据如实反映数字经济行业运行和数字经济企业经营现状，推进数字经济治理精准化、智能化、数字化，精准应对数字经济可能存在的风险，还要鼓励企业主体通过大数据技术优化内部管理流程、提升精细化管理水平、有效应对市场风险和预测市场走向，推动企业主体利用大数据技术优势逐步实现自治。[1]

第六，加强监管人员专业技术培训。在数字经济时代，劳动技能是动态变化的，从职业教育和培训中获得的专用技能不可能终身管用。因此，以数字技能为抓手推动劳动力市场和教育领域供给侧改革，加大力度培养既有行业背景又有数字素养的复合型人才就显得十分必要。

第七，全面强化互联网平台行为监管，坚持以底线监管为导向，营造良好的治理环境。一是完善对平台企业的垄断认定，预防和制止平台经济领域的垄断行为。二是加强对互联网平台不正当竞争行为的监管，特别是严格监管那些利用风投先补贴消费者获取客源，一旦占领市场则开启"收割"模式，操纵商品和服务价格、抽取高额佣金的行为。三是加强互联网平台的合规性监管，重点打击借助数字技术发展黑色或者灰色产业链的行为。[2]要与时俱进地调整监管形式，推动治理向科学化、精细化、精准化迈进，促进数字经济向规范化、法治化、绿色化发展。

（三）
开展双多边数字治理合作

数字经济是一种超越地理边界的经济，不受时空限制进行跨区域、跨

---

[1] 参见杜庆昊：《利用大数据技术提高数字经济治理能力》，《学习时报》2020年2月21日。
[2] 参见张世珍：《数字经济面临的治理挑战及应对》，《光明日报》2021年2月9日。

国界的活动恰恰也是数字经济的一个优势所在。数字信息产业具有渗透性、外溢性、互补性特点及较高的技术提升和广泛的应用潜能，具有较大的纵向和横向外部性，能渗透到生产、分配、流通和消费等各环节。近年来，伴随着计算机技术、信息技术和互联网技术的应用，数字经济快速发展，特别是受新冠肺炎疫情影响，数字经济增速明显，已经成为全球经济增长的新动能。数字经济的作用和地位将继续提升，是今后经济增长的重要源泉，是提高全要素生产率的重要途径，是促进制造业、服务业融合发展的重要载体，也是维护和提升全球产业分工体系稳定性、安全性的重要依托。[①]因此，提高数字经济治理能力和治理水平需要积极开展双多边合作。

早在2014年11月，习近平主席在致首届世界互联网大会的贺词中，就把"互联网"与"命运共同体"的概念并列提出，指出互联网真正让世界变成了"地球村"，让国际社会越来越成为"你中有我，我中有你"的命运共同体。2015年12月在第二届世界互联网大会开幕式上，习近平主席正式全面提出"共同构建网络空间命运共同体"这一网络空间治理的时代命题。也正是在这次大会上，习近平主席提出"五点主张"，为建设网络空间命运共同体勾勒了"促进互联互通，交流互鉴，共同繁荣，有序发展，公平正义"的美好蓝图。

党的十九届五中全会提出，要"建立数据资源产权、交易流通、跨境传输和安全保护等基础制度和标准规范，推动数据资源开发利用"[②]。这就为开展国际双多边数字治理合作指明了方向。在开展双多边数字经

[①] 参见江小涓:《"十四五"时期数字经济发展趋势与治理重点》，《光明日报》2020年9月21日。
[②] 《中共中央关于制定国民经济和社会发展第十四个五年规划和二〇三五年远景目标的建议》，《人民日报》2020年11月4日。

济治理的过程中，我们需要以网络安全为基石，以发展共享为内容，以依法治理为保障，以共同价值为纽带，树立整体思维和底线思维，正确处理好开放和自主的关系，平衡好我国自身的发展、安全和与世界共赢的关系等。

第一，在开展双多边数字经济治理合作过程中，可以依托我国超大规模市场优势，积极参与全球数字治理规则制定。我国已成为全球最大的电子信息产品制造基地，拥有全球用户规模最大的移动通信网络，而且已建成全球最大规模的下一代互联网。我国数字经济发展持续向好，为我国在双多边数字经济治理中提供了话语权。推动全球数字治理规则制定和应用，既是我国的发展需求，也是我国的发展责任。一方面，需要完善我国相关政策制度，促进开放合作；另一方面，需要在国际加强政策、监管、法律的统筹协调，建立数据资源产权、交易流通、跨境传输和安全保护等方面的基础制度和标准规范，建立包容审慎监管机制，着力消除阻碍新业态新模式发展的各种行业性、地区性、经营性壁垒，以积极有效的制度和政策提升双多边数字经济治理水平。例如，统一数据开放标准和数据质量，推进高水平数字基础设施建设，让更多机构和个人能够挖掘和创造新的数据价值，产生经济效益和社会效益。在填平数字鸿沟，特别是跨区域的数字弱势群体方面提出更多好的规则和方案，让双多边共享数字红利。

2020年9月8日，国务委员兼外交部部长王毅在"抓住数字机遇，共谋合作发展"国际研讨会高级别会议上，发表了题为《坚守多边主义　倡导公平正义　携手合作共赢》的主旨讲话，提出《全球数据安全倡议》，呼吁各国秉持"发展和安全并重"的原则，平衡处理"技术进步、经济发展与保护国家安全和社会公共利益"的关系，并欢迎全球信息技术支持，倡议通过打造世界数字经济合作平台,同各国加强在5G、大数据、人工智能、工业互联网等领域的交流合作。

第二,充分利用好我国已经开拓的良好国际平台,为提高双多边数字治理能力和水平贡献才智。如充分利用"一带一路"、上合组织、世界互联网大会、世界人工智能大会、中国国际智能产业博览会等平台,再争取世界银行、国际货币基金组织、二十国集团、世界经济论坛、亚太经合组织、全球移动通信系统协会、国际电信联盟、联合国经济和社会事务部、联合国贸易和发展会议等国际组织,传递我们的声音,提供中国智慧和中国方案。2021年11月12日,第23次中国-东盟(10+1)领导人会议发表《中国—东盟关于建立数字经济合作伙伴关系的倡议》,双方同意抓住数字机遇,打造"互信、互利、包容、创新、共赢"的数字经济合作伙伴关系,加强在数字技术防疫抗疫、数字基础设施、数字化转型、智慧城市、网络空间和网络安全等领域的合作,就是一个很好范例。

第三,加强技术创新,提高双多边数字经济治理能力和水平。技术在解决数字经济安全问题方面,正在发挥日益重要的作用。在双多边数字经济治理中,要努力搭建好数字经济网络交流平台,推动双多边数字治理合作。目前,我国在通信、高性能计算机、数字电视等领域已经取得系列重大技术突破,形成一批国际知名的信息科技企业,如华为、海尔、联想、中信、TCL等。在信息安全方面,我国也取得了一些创新性成果,例如,被国际同行称为"肖—Massey定理"的相关免疫布尔函数的频谱特征;二元伪随机序列,揭示了密码设计一类新的非线性资源的密码学性质;比特跟踪方法,在国际上产生了重大影响。在国内电子政务市场,我国产的

PKI 系统已占主流。[①] 在信息技术的应用方面，我国计算机集成制造系统技术得到推广；农业信息化示范系统及其应用获得了联合国的奖励；我国开发的"用于测量与控制系统的 EPA 系统结构和通信规范"被列入国际标准，这些都标志着我国在工业自动化的现场总线领域有了国际认可的自主核心技术。这些有利条件都为我国倡导的构建双多边数字经济治理体系提供了良好的技术支持。

数字技术可以打破行业壁垒，跨界连接多个企业、多个产业和多种生产要素，形成提供解决方案的产业生态圈。数字化网络平台能够聚合产业链上多环节多种类企业和多种生产要素，为各方提供多种类型的交互机会，提供业内所需的各种服务。平台内的消费者、企业和各种生产要素彼此相连，实时互动。当原有的产业链断裂时，平台能够迅速找到替代或调整方案，快速补链接链。与线下单点连接的传统产业链相比，数字化平台能形成多点连接的产业网链，使全球分工体系的稳定性、安全性大大提高。[②] 在这方面，我国可以强化基础设施建设，提升网络安全能力供给，推动 5G 与工业互联网深度融合，打造多层次工业互联网平台体系，发挥我国工业大数据中心作用，全面提升技术创新能力。通过加快"5G+工业互联网"、异构标识互操作、工业大数据等关键标准研制，加快智能网关、边缘计算、工业 App 等新型应用技术研发，加速推动 5G 商用部署，加强人工智能、物联网等新型基础设施建设，加快建设高速、移动、安全的基础设施，形成万物互联、人机交互、天地一体的网络支撑能力，助力双多边数字经济治理。

[①] 参见张世龙、马尚平：《技术突变下后发国家自主技术创新战略研究》，科学出版社 2014 年版，第 45 页。
[②] 参见江小涓：《"十四五"时期数字经济发展趋势与治理重点》，《光明日报》2020 年 9 月 21 日。

第四，反对垄断和不正当竞争行为，加强数字经济双多边的监管。在开展双多边数字经济治理过程中要充分考虑国家数据安全与数字主权等问题，以提高安全保障。毕竟在数字经济中，数据是国家基础性、战略性资源。在这方面，尤其需要强化双多边数据隐私保护，使监管部门能够根据行业类别、数据类型、数据规模和主要用途等，合理确定数据敏感程度，划分数据安全级别并予以相应保护。

当前，数据已经成为数字经济领域最为重要的资产和资源。数字经济运行主体在运营过程中会产生海量数据，对这类主体的治理某种程度上就是对其运营过程中产生的海量数据的治理。① 在双多边数字经济治理过程中，要注重利用智能化手段对数据进行采集、清洗、分析、展现。在数据收集方面，要挖掘多维多源数据，确保数据量"充足"；在数据分析方面，要深度学习和挖掘数据的内在特征，发掘数据隐含的价值；在数据呈现方面，要使数据更可视化、可理解和可操作，赋予数据鲜活的"生命力"；在数据跟踪方面，要通过智能化手段实时获取行业企业运行数据，加强对行业企业的动态管理。

在区块链方面，目前，全球主要国家都在加快区块链技术发展。区块链技术应用已延伸到数字金融、物联网、智能制造、供应链管理、数字资产交易等多个领域。在区块链技术向实体经济延伸过程的治理中，中小企业贷款融资难、银行风控难、部门监管难等问题是普遍存在的难题，这也需要加强双多边合作，共同培养人才，为双多边数字经济治理贡献才智。

第五，建立开放共享、协同创新的数字经济发展环境，构建各方联动的创新生态系统。数字经济跨区域、宽领域的特点，要求构建无缝隙、动

---

① 参见杜庆昊：《利用大数据技术提高数字经济治理能力》，《学习时报》2020年2月21日。

态化的双多边协同管理机制和工作平台，做到对普遍性或突发性问题迅速反应、及时处理。要综合运用法律、技术、市场手段，建立开放共享、协同创新的数字经济发展环境；构建完善数字经济领域开源平台体系，加强前沿基础研究和应用基础研究布局，构建全业式数字生态系统；建立高效的协同治理机制。

在开展双多边数字经济治理合作过程中，必须完善数字经济治理的对话协商与国际合作交流机制。双多边各国都需要进一步扩大开放，积极融入全球市场，参与全球数字治理，围绕数字产业化，建立国际合作广泛、产业链供给完善的生态体系，加大数字经济投资力度、营建良好的数字经济发展环境。在这些方面，可以借鉴和参考其他国际组织的做法，比如，欧盟发布的《塑造欧洲数字未来》《欧洲数据战略》《人工智能白皮书》等政策文件，就提出建设一个更加包容、普惠的数字化社会。

第六，依靠我国国内经验，加快发展数据要素市场，完善竞争政策体系和市场监管体系，营造清净的数字经济生态环境。从持续开展"净网""剑网""清源"等专项治理行动，到推动建立快递绿色包装标准体系，通过一系列举措提升我国在完善网络经济规章制度、优化网络消费环境方面的话语权。打造便捷高效、公平竞争、稳定透明的营商环境，做大建强全域性普惠型工业互联网，提升企服云平台的公共性、综合性水平，扩大数据存储空间，强化数据加工能力，提高数据流动效率，让新型基础设施在发展壮大数字经济、推动产业转型升级等方面发挥更大作用。

从全球治理角度看，数字经济在引领经济全球化的同时，也促使全球经贸模式产生了革命性转变，推动全球经济向着更具有包容性的方向转变。研究数字经济与全球治理，有助于形成和完善世界范围内数字经济监管和治理体系。在开展双多边治理过程中，坚持以互利共赢为导向，推动全球数字经济治理体系的共建、共治、共享，一个多边、民主、透明的全球数字经济治理体系是有望建成的。

10 做好数字经济发展顶层设计和体制机制建设

一

当前，以数字技术为主导的新一轮科技革命日新月异，新产业、新业态、新模式层出不穷。虽然新冠肺炎疫情给中国经济带来了较大冲击，但是却激发了数字经济的全面提速，数字经济成为对冲新冠肺炎疫情影响、促进经济企稳回升和构建国内国际双循环发展格局的重要力量。面对国际产业变革大势与数字经济发展浪潮，习近平总书记高瞻远瞩、统筹谋划，深刻把握世界科技革命态势和全球产业变革趋势，精确阐述以数字经济助推经济高质量发展的必要性与紧迫性，提出了一系列新思想、新观点、新要求。因此，要想做强做优做大我国的数字经济，应该首先做好数字经济发展顶层设计和体制机制建设。

（一）
加强形势研判

近年来，数字经济发展迅猛、辐射范围广、影响深远，我们要加强形势研判，充分认识到发展数字经济有助于实现经济高质量增长、有助于贯彻新发展理念、有利于加快供给侧结构性改革等重要性，同时，也要看到发展数字经济的紧迫性，深刻把握我国数字产业基础能力不强、数字核心技术存在差距、数字经济发展不平衡、数字贸易国际化水平低等亟待解决的问题。

数字经济发展在实现经济高质量增长方面成效显著。数字经济可以提升经济增长质量，促进国内国际经济双循环发展。作为一种技术经济范式变革，数字经济具有极强的赋能效应，不仅自身可以快速发展，还能助推传统产业结构调整升级，优化资源配置，推动可持续发展及实现节能减排目标。例如，数字网络通信技术的快速发展，一方面可减少对部分物资的消耗，另一方面还可以通过传统产业的应用带来节能减排效果。据国际电信联盟测算，数字技术的应用可帮助全球减少15%—40%的碳排放，包括：在发电领域的应用，可以提升40%的发电率，增加10%的输电效率；在交通领域的应用，可提升17%的交通通行率，降低各类能源消耗；通过大数据、云计算、物联网及区块链等技术的应用，在生产环节可提升生产效率，在管理环节可降低管理成本，优化资源配置。需要注意的是，数字经济发展不能只炒概念与喊口号，不能出现去实体化的趋势，而要以服务实体经济为主，以提升经济发展质量和提升人民生活水平为目标，将数字经济同实体经济有序结合，否则会出现唯技术论或脱离实际等问题。

数字经济发展在贯彻新发展理念方面意义重大。后疫情时代，寻找经济发展新动能正日益成为中国乃至全球各国的重要议题，国内外各大研究机构已经对数字经济进行了相关科学测算，并一致认为数字经济发展是推动经济发展的重要动能。伴随着我国经济的高速发展，社会消费能力升级，人们对产品质量的要求也在不断提高。而数字经济凭借其高端、灵活的生产能力，可以进一步满足消费者日益增长和不断升级的个性化需求。不断挖掘传统消费潜力，能培育新型消费人群，创建新消费模式。此外，发展数字经济是贯彻新发展理念的集中性表现。借助大数据、云计算及区块链等技术，可实现信息资源高速流动，提升资源的匹配效率。同时，互联网具有高度共享性，可通过数字技术实现多资源共享，为经济落后地区提供更多发展机遇，对协调区域经济发展、实现共同富裕具有重要促进作用。

数字经济发展在加快供给侧结构性改革方面作用明显。当前，我国经济结构性问题比较突出，需要加快供给侧结构性改革。如何实现供给侧结构性改革的去产能、去库存、去杠杆、降成本、补短板的五大任务？关键在于通过数字技术进行要素整合、资源优化和供需对接。一是工业互联网技术可以与制造业、物流业及农业等传统产业进行深度融合，对市场需求快速作出反应，减少无效供给，推动精益制造和零库存管理，以达到提升传统产业经营和组织效率的目标。二是互联网技术可拓展市场边界，制造商、零售商、服务商的跨界融合可开拓消费空间。例如，电子商务模式从最初的企业对企业的B2B，到企业对个人的B2C，再到个人对个人的C2C，现在又进化到从工厂直接到个人的F2C，线上线下融合的O2O，技术创新不断推动业态模式创新。三是运用数字技术推动传统市场总体供

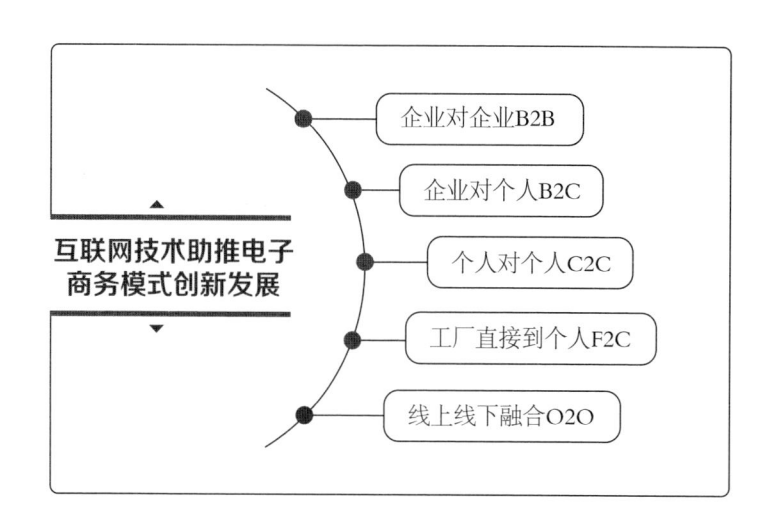

```
互联网技术助推电子      企业对企业B2B
商务模式创新发展        企业对个人B2C
                        个人对个人C2C
                        工厂直接到个人F2C
                        线上线下融合O2O
```

需平衡转向精准个人供需平衡。在数字技术的推动下，利用消费者大数据库进行个性化服务、定制化服务，更好地满足消费者的多样化需求，实现我国供给侧结构性改革。

但通过客观分析，可以发现我国在数字经济发展方面还存在不少缺陷和短板。一是数字产业基础能力不强。尽管我国数字产业的研发与制造能力有了长足进步，但是发展时间短、积累不够，基础研发与高端制造能力不强的问题仍然比较突出，精密传感器、高端芯片、操作系统、数据库、工业软件等基础数字产品和服务严重依赖进口。在发达国家加强对高科技出口管制和各国科技产业竞争加剧的情况下，我国数字经济的发展面临供给"卡脖子"的威胁，而且由于数字技术广泛应用的特点，还会产生影响其他产业供应链的放大效应。我国在流通领域的数字化程度相对较高，但加工制造领域相对较低，在数据智能化和网络协同化方面，绝大部分厂商处于低水平层级，只有极少数厂商处于高水平层级。

二是核心数字技术存在差距。我国尽管在大数据、云计算、人工智能等领域涌现出一批具有全球影响力的企业，在区块链、量子通信等前沿技术领域处于世界领先地位，但是与美国等发达国家相比仍存在不小的差距。例如，前沿数字科技的基础理论大多是发达国家的科学家率先提出，新一代信息技术产品或互联网服务原型也多由发达国家的高科技公司原创；大数据、操作系统、人工智能等最重要的数字开源平台的开发方或生态系统的运营方主要还是美国硅谷的科技公司，我国的数字科技企业多是在这些开源平台或系统的基础上进行二次开发，对开源社区的贡献也比较有限。

三是数字经济发展不平衡。虽然我国数字经济发展速度快、数字经济总量大，但数字经济发展不平衡的问题非常突出。我国数字经济呈现行业和产业发展的差异。服务业是产业数字化发展程度最高的领域，这主要归功于金融业和零售业数字化的快速发展，软件产业和互联网行业占数字产业比重持续增加。从产业的地域分布来看，我国数字企业主要集中于一、二线城市，数字经济首先在一、二线大城市展开，推动城市经济增长，然后向三、四线城市以及乡村渗透，未来数字经济高速增长会进一步拉大地区间经济差距。从消费者使用端看，我国数字经济参与者集中于城市地区，农村地区的智能终端普及率和互联网服务使用率较低；现有数字产品和服务更多考虑的是年轻人的需求，未能兼顾老年人的需求和习惯。代际数字鸿沟造成老年人出行、就医、消费、办事等生活上的不便与不适应。以健康码为例，在常态化疫情防控下，健康码是人们出行、就医等必备的通行证，但对于老年人来说，这可能会变成他们的障碍。

四是数字贸易国际化水平低。目前，我国已涌现出华为、阿里巴巴、腾讯、字节跳动、美团等市值或估值超万亿元人民币的高科技企业和互联网公司，但总体上看，这些互联网巨头的市场主要是在国内，国际市场比重低，只有抖音国际版 TikTok 等少数应用拥有数量较大的海外用户群，在国外比较有影响力。相比之下，谷歌、亚马逊、苹果、高通等美国数字高科技公司进入全球许多国家并成为主流高科技产品和热门互联网应用，国际业务收入在其营收中占有很高比例，全球化水平较高。

（二）
完善战略举措和推进机制

数字经济作为一场由技术主导的经济革命，将引发社会生产关系、知识信息储备、管理治理模式的本质变化，可能会出现扩大信息鸿沟、侵犯公民个人隐私、数据信息滥用等安全风险。为此，积极稳妥地推进数字经济健康发展，还必须正视数字经济同时具备的"创造性"与"破坏性"，构建适应我国数字经济发展的战略举措和推进机制。

一方面，要完善战略举措。数据作为边际成本几乎为零的要素，在现代经济时代，已经成为核心生产要素。我国政府出台的数字经济战略举措就是从顶层设计的高度出发，提高数字的生产效率及分配效用。具体来讲，国家的数字经济战略举措可以概括为3个层面和1个措施，分别是基础层、平台层、应用层和相关配套措施，形成"3+1"战略举措框架，使数据在3个层面内部都能运转分配，同时也能在3个层面之间顺畅交换流通。在基础层面，芯片、传感器、路由器等一系列硬件设施完成基础数据的采集与运输，不仅包含通信网络等数字基础设施，还有交通、物流、电力系统等传统基础设施的数字化。在平台层面，构建并运营第一、第二、第三产业的大数据平台和云计算平台，基础层传送的数据在平台层进行储存、分析、计算，并将清洗、筛选、加工的数据继续传送到应用层，平台层起到整合加工、承上启下的作用。在应用层面，首先，作为生产要素的数据被直接应用于各种部门和行业的决策、反馈、管理系统,新产生的数据可以反馈回流到基础层或者平台层,起到循环改进作用;其次,各种场景化数据将形成数据生态环境,从而辅助企业生产和人们生活,比如移动App、社交媒体、O2O 线上线下的社会经济活动,两个方面数据相辅相成,第一、第二、第三产业数据相互支撑,产业链相关企业数据持续流通。在配套措施方面,教育、法律、城市管理等领域的保障措施努力协同 3 个层面治理与发展。在这个不断循环与优化的闭环内,配套措施起到了夯实基础、协同共进的作用。国家的数字经济战略举措基本围绕这个 "3+1" 框架构建。

第一,在基础层,完善基础设施建设,缩小数字鸿沟。作为数字经济的硬件支撑和根本保障,政府要充分重视基础层面的前瞻性规划和建设。以国外为例,美国政府通过巨额拨款投入公共信息基础设施建设,并补贴个人网络接入费用;德国和日本提前规划和建设覆盖全国的高速宽带网络。而我国信息基础设施建设与地区经济发展水平紧密联系,一线城市和地区的信息基础设施建设规划有前瞻性,在高速宽带、无线网络设备、智能电网等领域发展较早,大数据的采集与积累能力上优势明显,近年来通过政府信息互联与数据公开等措施,政府行政效率与服务水平日益提升;相比之下,二、三线城市地区信息基础设施硬件投资滞后,在城市数字化运营与管理方面与一线城市相比差距也非常大。

在数字经济高质量发展的背景下,我国地方政府更应认真落实"宽带中国战略",加速高速宽带网络的升级优化与提速降费,对网络运营商的政策落实严加监管,并提升基础设施的使用效率。另外,电子政务的发展对推进国家治理能力与治理体系现代化至关重要,发展电子政务已经占据数字经济战略的首要地位。政府位于数字经济顶层设计的核心位置,通过构建符合国情的数字经济战略格局,加速政务信息数据的流通与摄取,为建设数字中国打下坚实基础。与此同时,在电子商务发展方面,政府应引导并示范,逐步开放非涉密数据,推动产业链企业、上市公司的信息公开,为数字经济输送更丰富的"数字能源",为平台层面提供行业数据供给,提供更多企业应用和创新机遇。

数字经济不仅有助于经济发展,也有助于缩小贫富差距。数字信息技术应惠及每个公民,在强调企业生产补贴的同时还要强调个人消费补贴。公民的数字素养对信息社会建设速度与应用速度至关重要。我们应该把国民数字素养的提升上升至国家战略高度,在科技发展加快和软硬件不断完善的时代,加大对公民的数字资源调用能力、数字工具的使用能力的培养和训练,这样才有助于缩小国内数字鸿沟。在我国倡议共建"一带一路"背景下,我们还要评估沿线国家的信息基础设施建设水平,协助它们发展数字经济所需要的技术、资源和人才,缩小国际数字鸿沟,从而为我国推进"一带一路"国家数字经济合作,深入开拓国际市场打下更好基础。

第二,在平台层,加强核心数字技术攻关。2016年以来,我国陆续出台了一系列信息技术产业规划,颁布了《"十三五"国家科技创新规划》《新一代人工智能发展规划》《关于印发国家规划布局内重点软件和集成电路设计领域的通知》等文件。工信部的数据显示,2019年我国电子信息制造业收入近11.4万亿元,利润却仅有5013亿元,行业平均利润为4.4%,电子信息制造业上游主要有单晶硅、多晶硅、半导体分立器件、集成电路等行业,下游主要有硬盘存储器、移动手机、移动通信基站、微波终端机等行业。特别是上游核心芯片、集成电路等零部件依赖进口,高额利润被国外企业攫取。我国拥有巨大的市场规模,在资本逐利的驱动下,在实用主义推动下,企业对科技的投入往往热衷于投向应用研究和产品开发。我国 R&D 研究总经费中,基础科学研究经费投入只有 4% 左右,远远低于发达国家的 15%—25%。政府的经费投入有着巨大的引导作用,企业的研发布局高度依赖政府的资源布局和规划,缺乏独立性和前瞻性,导致在核心技术上总是投入不足,被"卡脖子",受制于人,丧失话语权。例如,芯片制造是信息社会的"根基",我国核心芯片自给率却不足两成,而华为公司、中兴公司接连遭遇外国势力的禁运和禁用,正是这一隐疾的凸显。同时,在科技研发与创新管理中,我国更多的是使用行政指令而不是市场工具,行政措施见效快,但有可能影响市场公平,政府规划常常设置大量计划性、片面性指标,却忽略了科技转化为市场应用的各种不确定风险;在推动产业发展方面,政府常常直接投资或者提供财政补贴给企业扩大生产,企业往往资金使用效率低下,盲目扩张产能后导致价格恶性竞争,最终还会引起国际贸易摩擦。

首先,国家数字经济战略平台层要对"卡脖子"技术进行重点攻关,尽快发展出我们的类似高通、台积电和微软的尖端研发或高端制造企业,突破技术瓶颈;其次,加大对基础研究的资金和人才投入,加强科技专利和知识产权保护,实施高校人才培养的"强基计划",激励企业进行基础性研发,营造容错的科研环境;最后,加速打造开放、共享、国际化的科技资源共享合作平台,形成企业、科研院所与高校的协同合作,遵循平等主体、多元竞争的性质,更多吸纳民营中小企业科研人员参与。

第三,在应用层,注重协同共进,加速行业融通。通过分析美国的"工业互联网"和德国的"工业 4.0"战略规划可以得知,发达国家在经济服务化的趋势中,跨产业融合与智能化制造被视为重要方向,这对于我国发展数字经济,促进经济高质量发展有重要参考意义。据国家统计局 2020 年数据,作为我国国民经济第一大产业的服务业,占 GDP 比重

↑ 网络直播带货赋能乡村振兴。2021年8月5日,在贵州省榕江县平永镇中坝百香果种植基地,村民利用网络直播推介百香果　中新图片/杨成利

已达54.5%,比第二产业高16.7%,新动能支撑作用凸显,有力支撑了总体经济的恢复。代表数字经济发展水平的规模以上互联网企业和相关服务企业,以及软件和信息技术服务业企业营业收入同比分别增长20.7%和15.7%,服务业转型升级态势稳健,线上购物、直播带货、网上外卖等新消费模式强势增长,2020年网上零售额比上年增长14.8%,占社会消费品零售总额的24.9%;快递服务企业业务量累计完成833.6亿件,比上年增长31.2%。在线办公、在线教育、远程问诊等新消费需求持续旺盛,全国移动互联网累计流量达1495.0亿GB,同比增长35.1%。

但我们也应清醒地认识到,并不是所有的服务业都能实现产业融合与智能升级,要推动国家经济高质量发展,纯粹分配性质的服务活动动能不足，生产性服务业扩大才是经济发展的新动力机制，跨产业融合与智能化制造是服务业消费需求和利润来源的根本保障。以德国为例，高端制造业之所以能够保持世界领先地位，重要原因在于生产性服务业占服务业的比重高达50%以上。中国作为制造业大国，"中国制造"的优势没有得到凸显，就是因为生产性服务业发展较为滞后，其占服务业的比重仅为15%。未来几年，中国生产性服务业占服务业的比重至少需要提高到30%—40%。在构建数字经济战略体系的过程中，数字化升级应覆盖经济社会的各个方面，力求带来经济、文化、社会的深层次变革。新一轮工业化最为突出的特点是，信息、研发、设计、物流、销售、大数据等生产性服务业引领传统工业制造业向高端智能制造业升级，我国在应用层面继续推进"互联网+"的应用和"中国制造2025"的落实，加速制造业的高端突破和智能升级，并且随着数字技术的发展和信息基础设施的完善，在新能源、教育、旅游等行业也配套进行深度数字技术应用，这些新兴行业与数字技术深度融合将提升我国软实力。数字与通信技术的相互融合，为网络和服务的提升带来契机，形成协同发展、助推共进的生态体系。

第四，在配套措施上，重视数字经济理论研究。数字经济发展的理论研究是提升信息技术和促进产业数字转型的根本驱动力。习近平总书记在十九届中共中央政治局第三十四次集体学习时强调："各级领导干部要提高数字经济思维能力和专业素质，增强发展数字经济本领，强化安全意识，推动数字经济更好服务和融入新发展格局。"[①]2015年之前，我国数字经济领域的研究较少。从2016年开始，相关研究迅速增多，数字经济、数字化转型、高质量发展、工业互联网、大数据、云计算、人工智能、物

---

① 习近平：《不断做强做优做大我国数字经济》，《求是》2022年第2期。

联网、智能制造和区块链等是研究领域的重要关键词。但学者们之间的沟通不足，学术交流与合作亟待加强。今后，中国数字经济领域的研究可以围绕以下方向展开：一是案例研究。对某些数字经济实践较好的企业进行深入剖析，总结其发展规律，上升到理论高度，为我国数字经济的发展提供借鉴与经验。二是数据追踪研究。要准确地测量数字经济，需要统计机构和研究机构建立高质量、系统化的数据追踪系统，推动我国数字经济相关实证研究。三是交叉学科研究。数字经济与传统产业，如能源、交通、医疗和教育等的融合发展，需要政府部门继续打通跨产业数字化，推动数字经济发展。四是数字经济与社会福祉研究。数字货币、数字技术、数字鸿沟与社会福祉的研究还处在理论摸索阶段，实证分析较少。五是政策研究。借鉴其他国家数字经济发展政策经验，继续出台相应的激励措施。目前我国各地政府相继征集招标数字经济研究课题，各类高校纷纷开设大数据应用和数字技术专业，这些配套举措都将促进我国数字经济理论研究稳步发展，形成良性循环。

另一方面，要完善推进机制。这主要包括以下几个方面。

第一，创新数字经济推进机制。一要统一思想，提高认识，深刻理解数字技术、数字经济带来的革命性变化，它将推动各类资源要素快捷流动、各类市场主体加速融合，帮助市场主体重构组织模式，实现跨界发展，打破时空限制，延伸产业链条，畅通国内外经济循环。无论数字产业化还是产业数字化，各行各业都有广泛的发展空间和潜力，要突出各地在推动数字经济发展中的主体作用，形成各地结合区域特色和产业基础，以数字经济赋能中国双循环战略。二要加强政府、企业、行业协会等组织的统筹协调。加快建立"上下联动、左右协同"的工作推进机制，大力发展数字经济需要配置的各类要素资源，以适应大数据、云计算、人工智能等

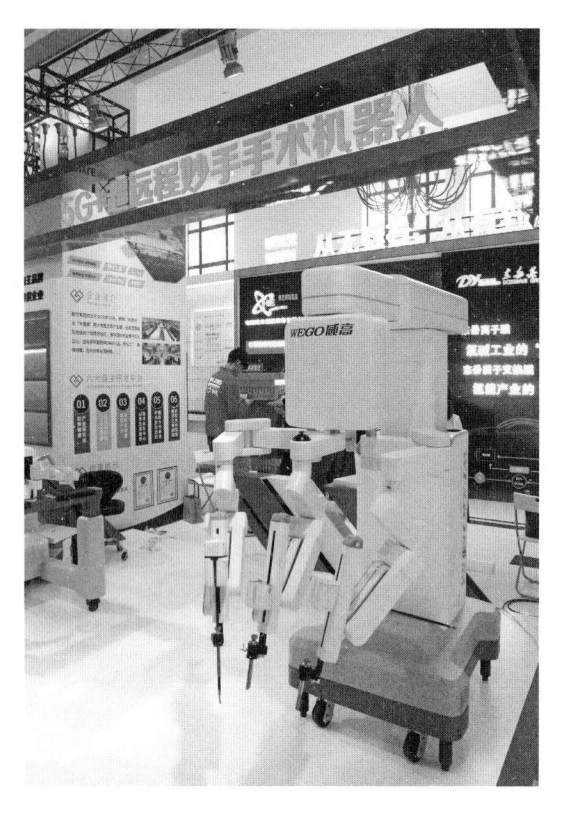

↑ 随着2020年新冠肺炎疫情的暴发，智慧医疗成为热点行业。图为我国自主研制的5G超远程手术机器人　中新图片/陈玉宇

数字技术跨界融合产生的新模式、新业态的发展及监管需要。三要做到勇于创新与稳妥包容相结合。面对数字经济技术革命带来的新问题、新风险，要推进数字经济健康发展的综合治理，做到治理机制灵活、规则共创、权责明确、流程透明。多采用事前"规划布局"与事后"补课复盘"相结合的方式，紧密研究跟踪数字经济新模式、新业态的运行机理，在城市管理、智能驾驶、智慧医疗、共享经济等领域，谋划出台适应"虚实融合"特点的政策措施。

第二，丰富数字经济支持政策。一要丰富财政支持政策。立足财政部门职能，进一步加强与国家其他有关部门的对接，服务数字经济发展需求，争取数字经济新领域的政策支持、资金扶持及重大项目落地。安排并及时拨付资金，发挥财政资金引导带动作用，推动数字经济发展。管理好数字经济发展专项资金，支持实施数字经济创新发展建设。对于大数据、物联网、人工智能等重点领域创新平台、行业平台、应用示范工程建设以及创新产品研发，给予不同程度的财政补贴和奖励，加快推进一批重量级未来产业发展。进一步推动中小企业专网降费用、提速率。二要创新金融支持政策。大力发挥政府产业投资引导基金的作用,引导社会资本投资数字经济重大项目和科技成果转化,加强对高速泛在、天地一体、云网融合、智能敏捷、绿色低碳、安全可控的智能化综合性数字信息基础设施等方向的投融资扶持,尽快打通经济社会发展的信息"大动脉"。鼓励和支持保险公司创新险种开发,辅助数字经济新产品、新服务的应用推广,降低产品使用风险。三要强化人才支持政策。数字人才作为数字经济的核心要素,在数字经济发展中起着重要支撑作用。我国对以计算机科学、软件工程、人工智能、数据科学和电子工程等技术流学科为背景的典型数字人才需求快速增长。要深入开展数字人才调查研究,了解数字人才需求发展趋势,加紧制定数字人才发展规划,加强对数字人才队伍建设的统筹协调和组织保障,保证数字人才发展和数字人才工作优先谋划、优先布局,人才缺口优先填补,确保数字人才供应链稳定。强化产学研协作培养顶尖数字人才,打造高层次平台载体聚集数字人才,发挥企业对综合型数字人才培养的主体作用,提高高校数字人才培养能力。针对西部地区高端人才缺乏的情况,采取不求所有、但求所用的思路,利用深入推进关中平原城市群和成渝地区双城经济圈发展的机遇,积极用好发达地区的数字人才资源。

第三,激发数字经济创新活力。一是在区域层面,以北京、上海、深圳等20个国家自主创新示范区建设为契机和载体,开展股权激励试点,深化科技金融改革创新试点,国家科技重大专项项目经费中按规定核定间接费用,支持新型产业组织参与国家重大科技项目,实施支持创新企业的税收政策,在推进自主创新和高技术产业发展方面先行先试、探索经验、作出示范,形成从众创空间、孵化器、加速器到产业园区的完整创新链条和良好创新生态。这些示范区着力实施创新引领战略,实现技术创新领先、产业领先、经济和社会发展领先、体制机制创新领先的建设目标,加快大数据小镇、人工智能小镇、机器人小镇等特色小镇建设，构建产城融合、创新创业、人才集聚的产业发展新生态，成为世界一流的高科技园区。二是在企业层面，发挥 212 个国家"双创"示范基地的带动作用，加快推进科技与经济深度融合、创新链与产业链协同布局、科技成果转化与应用体系建设紧密结合，推动产业链上下游、大中小企业融通创新，形成体系化融通创新格局。鼓励和引导大型企业开放创新能力和制造能力，实现创新资源对外赋能共享。围绕数字经济新技术新产业新业态，支持领军企业构建行业垂直孵化体系，围绕大企业产业链、价值链和生态链，为员工创新创业赋能，激发员工"双创"活力。支持创新型中小微企业成长为创新重要发源地，着力打造精益创业的集聚平台。大力弘扬科学家精神、劳动精神和工匠精神，倡导敬业、精益、专注、宽容失败的创新创业文化，构建专业化、全链条的创新创业服务体系，加快培育成长型初创企业、"隐形冠军"企业和"专精特新"中小企业。三是在高校和科研院所层面，结合"名校名院名所"建设工程，创新数字经济"政产学研金服用"协同创新平台建设，构建原始创新、技术研发和成果产业化相结合的科技服务平台和成果转化体系。探索实施企业、高校、科研院所科技成果混合所有制改革，完善科研人员成果转化收益分配与激励机制。

第四，完善监管保障有效调控。一是政府要对数字技术应用进行更有效的监管。要对代码、算法等数字技术的基本规则进行监管，这些数字技术决定着每位公民在信息方面的可知与不可知，在资源分配中的可得与不可得。一旦滥用，就会违背公共利益和社会价值观，如因收入、地域、性别等因素被机器识别而导致的各种歧视行为。因此，要引导构建数字技术的价值规范和基本原则，划定出边界严格监管。要在促进数据产业发展、权益分配和个人隐私保护等方面把握好各方利益的动态平衡，特别是要对个人隐私进行有效保护，明确数据平台企业的责任、数据权利的构建、数据监管的规则等。同时，对数字领域的新业态，要坚持包容审慎的监管原则，既不能放任不管，也不能简单封杀。二是政府要利用数字技术更有效地调控市场。在经济调控方面，应利用数字技术了解经济实时状况，并通过不同来源数据的交叉复现把握事态真相。例如，疫情之下农民工返回就业地的情况，可以借助通信数据平台和就业者密集的网络平台数据来了解；各地基本建设项目的进展和复工复产情况，主要通过数字化工程机械平台的"挖掘机"指数，即这些设备的开机工作情况来反映。这些数字指标不仅实时精准，而且能相互印证，可信度高。在市场监管方面，数字技术手段可以根据市场主体的多方面信息，筛选出需要重点跟踪的企业和产品，并与其他已知信息进行交叉比对，识别异常现象，及时发现那些可能违规违法的市场主体，有针对性地加强监管；同时，最大限度减少对依规依法企业正常经营活动的干扰。[1] 三是政府要利用数字技术推动生态文明建设，要以国家生态文明建设示范区为载体，以市、县为重点，全面践行"绿水青山就是金山银山"的理念，积极推进绿色发展，大胆先行先试，力争在生态补偿机制、农村宅基地管理、农村集体经济合作社、龙头企业＋农业大户股份制、田园综合体等体制机制创新上有所突破，要突出目标导向和问题导向，努力破除制约创新驱动发展的瓶颈与障碍，不断完善生态文明建设的体制机制。

---

[1] 参见江小涓:《"十四五"时期数字经济发展趋势与治理重点》,《光明日报》2020年9月21日。

（三）
健全数字经济市场体系

数字经济是一场融合了技术、产业、模式、制度等多维度的经济范式变革。中国在全球数字经济领域具有一定的先发优势和比较优势。我们应结合市场优势、制度优势与数据优势，加快健全数字经济市场体系，制定有效的推进机制推动生产智能化和产业高端化，通过数字经济对传统产业的广泛赋能，打通中国经济高质量发展的血脉经络。

第一，加快培育大数据市场要素，释放数字经济要素潜力。大数据是数字经济的基因和血脉。不同于传统的土地、劳动力等生产要素，作为数字经济最核心的关键性生产要素，大数据在经济活动中报酬递增效应显著，同时能推动组织形态变革和跨产业融合，对我国数字经济体系的构建具有深远影响。例如，在济南，患者通过电子健康码授权后，在保障数据安全的情况下，医生可查询患者近年来检查、检验、诊断、治疗等就诊记录。济南医疗数据实现跨区域、跨机构共享是基于国家健康医疗大数据北方中心试点成果，浪潮在试点中全面负责医疗数据全量采集、治理、应用工作。如今，济南健康医疗大数据平台不断深化治理应用，经验和做法被复制推广至天津市、厦门市、南宁市等地。新冠肺炎疫情期间，浪潮承建运营的内蒙古自治区互联网医疗服务系统，及时为患者提供了发热专线、门诊就医后复诊、远程诊断等线上医疗服务。近年来，我国依托"大国效应""规模效应"基本形成了大数据产业体系，数据采集能力和处理能力不断提高，但大数据要素市场仍有薄弱环节，并且缺乏完善系统的数据管理制度。今后，我国将充分发挥数据要素作用。强化高质量数据要素供给。支持市场主体依法合规开展数据采集,聚焦数据的标注、清洗、脱敏、脱密、聚合、分析等环节,提升数据资源处理能力,培育壮大数据服务产业。加快数据要素市场化流通。加快构建数据要素市场规则,培育市场主体、完善治理体系,促进数据要素市场流通。创新数据要素开发利用机制。适应不同类型数据特点,以实际应用需求为导向,探索建立多样化的数据开发利用机制。

第二,大力推进新型基础设施建设,夯实数字经济底层支撑。新型基础设施建设是扩大有效投资、赋能国民经济发展的重要措施。新基建的关键在于增强数据的采集、存储、传输、运算能力,为数字经济发展提供坚实的底层物理支撑。过去几年,我国互联网产业取得了跨越式发展。据中国互联网络信息中心统计,截至 2021 年 6 月,全国互联网宽带接入端口数量达到 9.82 亿个,较 2020 年 12 月净增 3563 万个。2021 年上半年,移动互联网接入流量达到 1033 亿 GB,同比增长 38.7%。网站数量为 422 万个,较 2020 年 12 月下降 4.7%。我国国内市场上监测到的 App 数量为 302 万款,较 2020 年 12 月减少 43 万款,下降 12.5%。网民使用手机上网的比

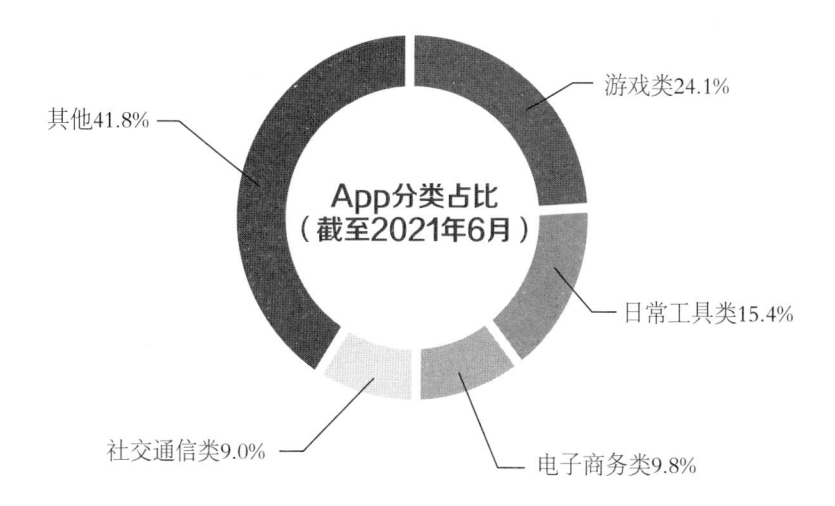

App 分类占比（截至2021年6月）

- 其他 41.8%
- 游戏类 24.1%
- 日常工具类 15.4%
- 电子商务类 9.8%
- 社交通信类 9.0%

例达到99.7%，人均每周上网时长为26.2个小时，巨大的人口和市场规模形成的数据量级可观。但是我国东西部区域间、城乡间的数字基础设施建设存在很大的不平衡，西部地区经济投入少，数字基础设施建设薄弱，因此要加快推进以信息基础设施为主的新型基础设施建设，重点加强西部地区的数字化基础设施建设，以智能化数字基础设施为主导方向、以数字化科技创新基础设施为底层支撑，同时辅助现代资源能源与交通物流基础设施、先进材料与智能绿色制造基础设施，充分发挥数字经济在中国经济双循环中的新动能作用。

第三，重点突破关键核心技术，补齐数字经济技术短板。加快核心关键技术的攻关是推动我国数字经济健康发展的关键。目前，我国在数字经济应用技术方面的发展在全球处于领先水平，但原始创新能力仍然比较薄弱，数字经济发展的"卡脖子"问题较为突出，在高端芯片、传感器等上游核心硬件方面进口的依赖度较大，国产制造水平与世界高端制造还存在

数字技术创新突破工程

1. 补齐关键技术短板。优化和创新"揭榜挂帅"等组织方式，集中突破高端芯片、操作系统、工业软件、核心算法与框架等领域关键核心技术，加强通用处理器、云计算系统和软件关键技术一体化研发。

2. 强化优势技术供给。支持建设各类产学研协同创新平台，打通贯穿基础研究、技术研发、中试熟化与产业化全过程的创新链，重点布局5G、物联网、云计算、大数据、人工智能、区块链等领域，突破智能制造、数字孪生、城市大脑、边缘计算、脑机融合等集成技术。

3. 抢先布局前沿技术融合创新。推进前沿学科和交叉研究平台建设，重点布局下一代移动通信技术、量子信息、神经芯片、类脑智能、脱氧核糖核酸（DNA）存储、第三代半导体等新兴技术，推动信息、生物、材料、能源等领域技术融合和群体性突破。

来源：《"十四五"数字经济发展规划》

代际差。因此，要重点从基础研究、集成创新等方面发力，充分发挥我国社会主义制度优势、新型举国体制优势，进一步加强高端芯片等核心技术的研发投入，尽快解决关键技术、零部件和设备的"卡脖子"问题，同时集中突破基础系统软件，推动软件产业做大做强，提升关键软件技术创新和供给能力，在关键技术和产品领域逐步实现进口替代，打通影响中国产业循环的技术断点和堵点。最终利用数字技术为传统行业赋能，形成数字经济的创新性技术体系，提升中国数字经济体系的运行效率。

第四，充分发掘国内市场潜力，探索数字与实体经济融合。要想让数字经济保持活力，就要以内需为导向，通过统筹国际国内供需两端，推进数字经济与实体经济融合发展。要把握数字化、网络化、智能化方向，推动制造业、服务业、农业等产业数字化，利用互联网新技术对传统产业进行全方位、全链条的改造，提高全要素生产率，发挥数字技术对经济发展的放大、叠加、倍增作用。一方面，充分依托大数据资源，着力构建产业数字化平台，推动互联网、大数据、人工智能同产业深度融合，加快培育一批"专精特新"企业和制造业单项冠军企业，加快提升制造业的服务化水平与层次，使企业经营方向逐步从注重生产转向注重消费者需求，促进模式创新、业态创新和场景创新，充分发掘市场潜力，提升消费者体验，发展跨行业的生产性服务业。另一方面，聚焦战略前沿和制高点领域，立足重大技术突破和重大发展需求，增强产业链关键环节竞争力，完善重点产业供应链体系，加速产品和服务迭代。通过数字技术突破产业链的传统分工格局，实现要素的横向高效整合，进而创新数字经济新业态、新模式，实现多产业的融合发展，为中国数字经济构建互利共生的产业生态体系。

第五，规范完善数字经济制度，筑牢数字经济安全保障。技术革命对社会经济的渗透速度取决于制度变革的速度。与数字经济发展的要求相适应，我国要尽快破除数字经济发展的制度障碍，健全法律法规，提高数字经济治理体系和治理能力现代化水平。要加强数字经济发展的理论研究，就涉及数字技术和数字经济发展的问题提出对策建议，尽快建立起数字经济活动的市场交易规则，完善社会信用信息共享体系，强化互联网安全保障，完善国家安全制度体系，确保数字经济活动中核心数据和关键信息安全可控，保护个人用户数据安全。要强化顶层设计，健全市场准入制度、公平竞争审查制度、公平竞争监管制度，建立全方位、多层次、立体化监管体系，实现事前事中事后全链条全领域监管；改进提高监管技术和手段，把监管和治理贯穿于创新、生产、经营、投资全过程。要充分利用大数据作为提升政府治理能力的重要抓手，依托互联网打造市场监管大数据平台，促进政府监管和政务服务精准化、智能化，不断优化政府的预测能力和决策水平，提高政府处理公共事务的能力。要纠正和规范发展过程中损害群众利益、妨碍公平竞争的行为和做法，防止平台垄断和资本无序扩张，依法查处垄断和不正当竞争行为。要保护平台从业人员和消费者合法权益。明确平台企业主体责任和义务，建设行业自律机制。开展社会监督、媒体监督、公众监督，形成监督合力。

第六，稳妥推进数据共享，打通数字经济外部通道。随着数字经济时代的到来，国际贸易格局正在发生重要变化，数据共享已成为推动国际服务贸易发展的重要基础。我国在推进数据共享上，要围绕数据安全和交易便利的双重考量，积极探索适合我国国情的国际贸易数据监管政策，及时研究和解决数据开放过程中出现的新问题和新矛盾。在2021年中国国际服务贸易交易会全球服务贸易峰会上，习近平主席发表视频讲话时谈道："我们将加强服务领域规则建设，支持北京等地开展国际高水平自由贸易协定规则对接先行先试,打造数字贸易示范区。"[1] 数字经济推动了中国在新一轮的国际分工中向服务贸易产业链高端跃迁。传统服务业受到时空地理因素限制,只能本土化发展,难以实现国际大循环,而数字经济则从技术上打破了时空地理的限制,借助网络通信、虚拟现实以及云端平台等技术,提升了服务的可贸易性,引领了服务贸易的蓬勃发展。在新冠肺炎疫情全球大流行的冲击下,数字贸易蓬勃发展,尤其是知识密集型服务贸易加速向线上转移,成为中国对外贸易的新增长点。中国要坚持世贸组织的基本原则,积极参与数字经济国际合作,主动参与国际组织数字经济议题谈判,开展双多边数字治理合作,维护和完善多边数字经济治理机制,及时提出中国方案,发出中国声音。同时,要为数字贸易发展营造良好的国际条件,减少数字安全、数字税收等方面的贸易和投资争端,在符合大多数成员国利益的方向前提下,共同推动以合作为导向的数字贸易,加快中国跨境电子商务的开展和数字商品的跨境流动,充分发挥数字经济在扩大开放中的引领和驱动作用,加快促进新发展格局的形成。

---

[1] 习近平:《在2021年中国国际服务贸易交易会全球服务贸易峰会上的致辞》,《人民日报》2021年9月3日。

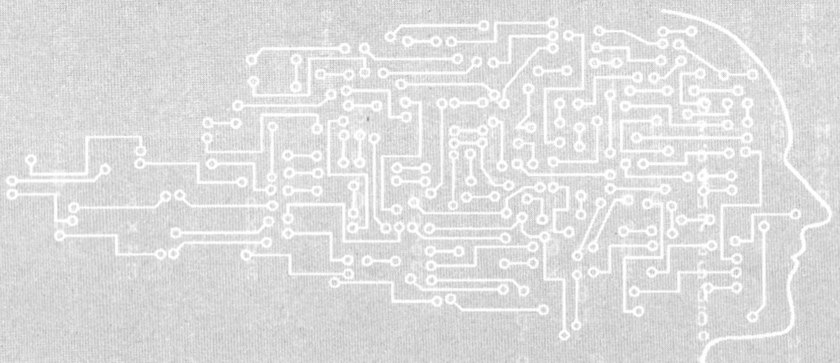

11 夯实数字经济发展社会基础

○─○

　　中国特色社会主义进入新时代，着眼加快形成以创新为主要引领和支撑的数字经济，党和国家对优化数字社会环境，提高全民全社会数字素养和技能，激活数字人才"第一资源"作出了科学规划和重要部署。这对于夯实数字经济发展的社会基础，抢占全球数字经济发展制高点，构建以数字经济为核心、新经济为引领的现代化经济体系和现代化强国，具有重大战略意义。

（一）
加快数字社会建设步伐

在新一轮科技革命推动下，人类正在加速迈向数字社会。加快数字社会建设步伐是现代化发展的必然要求，是贯彻新发展理念的题中应有之义，是创造美好生活的重要手段。《中华人民共和国国民经济和社会发展第十四个五年规划和2035年远景目标纲要》对加快数字社会建设作出安排，提出"加快数字社会建设步伐""适应数字技术全面融入社会交往和日常生活新趋势，促进公共服务和社会运行方式创新，构筑全民畅享的数字生活"。

作出加快数字社会建设的部署安排，是党和国家基于现实的战略考量。近年来，我国数字社会建设步伐加快，互联网普及率和用户规模大幅攀升。截至2021年6月，我国网民规模达10.11亿，手机网民规模达10.07亿。手机支付、网上挂号、App打车、在线学习、网络订餐、协同办公逐渐成为人们生活、工作的常态。在这一背景下，加快数字社会建设步伐具有十分重大的意义。

第一，这是推动现代化发展的必然要求。"十四五"时期，我国开启了全面建设社会主义现代化国家的新征程。大数据、云计算、移动互联网、物联网、人工智能等新一代数字技术迅猛发展，成为推进现代化建设的强大动力。新科技革命成果不断融入生产生活，改变传统的生产生活方式，改变人们的行为方式、社会交往方式、社会组织方式和社会运行方式，深刻影响人们的思想观念和思维方式，不断创造新的产业形态、商业模式、就业形态，推动我国现代化不断向纵深发展。加快数字社会建设步伐是顺应这一趋势的重大战略举措，是建设数字中国的重要内容，是推动社会主义现代化更好更快发展的必然要求。

第二，这是贯彻新发展理念的题中应有之义。新发展理念要求坚持创新发展、协调发展、绿色发展、开放发展、共享发展，而数字社会建设正是体现了这些要求。随着大数据在网络空间不断生成、存储、流转和分享，各类资源要素都被整合进特定的平台和场域，大幅提升了资源配置效率。数据已经成为一种全新的生产要素，不仅绿色环保，而且具有巨大创新功能，有助于加强线上线下联络沟通，推动人、物等跨越地域、空间、边界有效连接，实现万物互联，使生产要素的配置方式更加灵活多样，资源的利用更加节约高效。同时，人们可以随时随地参与网络活动，实现全时共在，使生产生活更加方便快捷，促进发展成果共享。

第三，这是创造美好生活的重要手段。随着我国社会主要矛盾发生转化，居民消费结构从生存型向发展型、享受型转变，人民群众对美好生活的向往越来越强烈，盼望就业更加灵活充分、住房更加宽敞舒适、环境更加生态宜居、服务更加方便贴心、教育更加公平优质、文体活动更加丰富多彩、就医看病更加便捷有质量、养老服务更加可及有保障、社会更加和谐有序。数字社会建设为实现人民群众美好生活需要提供了技术支撑。在新冠肺炎疫情防控中，广大居民借助数字技术，足不出户就可以购买生活用品、获得居家服务，在线学习、视频授课保证大中小学校"停课不停学、不停教"，预约挂号、在线诊疗为患者日常就医看病提供了少接触、无接触的途径等。数字技术的广泛应用，展现了数字化生活发展的广阔前景，成为创造美好生活的重要手段。

正是从这一背景出发，党的十八大以来，以习近平同志为核心的党中

↑ 停课不停学：2020年3月3日，上海市杨浦区一名小学四年级学生在家上"空中课堂" 中新图片 / 王冈

央高度重视信息化发展，加强顶层设计、总体布局，为数字中国建设指明了发展方向。近年来，各地开展了各具特色的"互联网+"建设，加快建设数字政府、数字社会，稳步推进智慧医养、智慧交通、智慧教育、智慧文体、智慧安防等。《中华人民共和国国民经济和社会发展第十四个五年规划和2035年远景目标纲要》在总结经验、瞄准社会需求的基础上，对加快数字社会建设步伐进行了全面的战略部署。

第一，提供智慧便捷的公共服务。公共服务直接关系人民群众切身利益，是社会建设的重要内容。信息化、智能化、数字化有助于创新公共服务供给方式、提升公共服务品质。围绕民生保障重点领域，我国积极推动在教育、医疗、养老、抚幼、就业、文体、助残等方面的数字化服务普惠应用；推进学校、医院、养老院等公共服务机构资源数字化，加大配套数据信息开放共享和应用力度；推进线上线下公共服务共同发展、深度融合，积极发展在线课堂、互联网医院、智慧图书馆等。

第二，建设智慧城市和数字乡村。以数字化助推城乡发展和治理模式创新，全面提高运行效率和宜居度。分级分类推进新型智慧城市建设，将物联网感知设施、通信系统等纳入公共基础设施统一规划建设，推进市政公用设施、建筑等物联网应用和智能化改造；完善城市信息模型平台和运行管理服务平台，构建城市数据资源体系，推进城市数据大脑建设；利用数字孪生技术，在网络空间探索构建一个与物理世界相匹配的孪生城市，并以数字技术为基础推进城市治理智能化。同时，大力推进数字乡村建设。目前，光纤网络、4G 移动通信网络已经覆盖 99.9% 以上的行政村，

新型智慧城市和数字乡村建设工程

1. 分级分类推进新型智慧城市建设。结合新型智慧城市评价结果和实践成效，遴选有条件的地区建设一批新型智慧城市示范工程，围绕惠民服务、精准治理、产业发展、生态宜居、应急管理等领域打造高水平新型智慧城市样板，着力突破数据融合难、业务协同难、应急联动难等痛点问题。

2. 强化新型智慧城市统筹规划和建设运营。加强新型智慧城市总体规划与顶层设计，创新智慧城市建设、应用、运营等模式，建立完善智慧城市的绩效管理、发展评价、标准规范体系，推进智慧城市规划、设计、建设、运营的一体化、协同化，建立智慧城市长效发展的运营机制。

3. 提升信息惠农服务水平。构建乡村综合信息服务体系，丰富市场、科技、金融、就业培训等涉农信息服务内容，推进乡村教育信息化应用，推进农业生产、市场交易、信贷保险、农村生活等数字化应用。

4. 推进乡村治理数字化。推动基本公共服务更好向乡村延伸，推进涉农服务事项线上线下一体化办理。推动农业农村大数据应用，强化市场预警、政策评估、监管执法、资源管理、舆情分析、应急管理等领域的决策支持服务。

来源：《"十四五"数字经济发展规划》

农业信息化应用场景日趋丰富,数字技术被广泛应用于农业、牧业、林业、渔业等诸多领域,电子商务在农村不断发展,农村数字化治理程度不断提高。

第三,构筑数字化生活新场景。运用数字技术,为满足人民群众美好生活需要提供数字化新场景。主要包括:推进购物消费、居家生活、旅游休闲、交通出行等各类场景数字化,打造智慧共享、和睦共治的新型数字生活;推进智慧社区建设,依托社区数字化平台和线下社区服务机构,建设便民惠民智慧服务圈,提供线上线下融合的社区生活服务、社区治理及公共服务,完善城乡网格化治理,积极探索未来社区建设新模式;建设智能小区,发展数字家庭,丰富数字生活体验;在交通调控管理、环境保护、市容整治、食品安全、治安维稳等诸多方面,深化数字化、智能化技术应用。

贯彻落实"十四五"时期数字社会建设重点任务,需要精心设计、狠抓落实、扎实推进。只有坚持以习近平新时代中国特色社会主义思想为指导,科学谋划和积极践行数字社会建设行动方案,才能把数字社会建设蓝图变成美好现实。

第一,坚持以人民为中心。加快数字社会建设的目的是利用数字技术造福人民群众。要从让人民群众过上美好生活出发考虑问题,做好调查研究,找准数字社会建设的切入点和着力点,提高利用数字技术保障和改善民生的可及性、便利性、普惠性、时效性,增强人民群众的获得感、幸福感、安全感。随着数字化应用不断普及,各种App、小程序成为人们日常生活的好帮手,公共服务领域信息化服务模式逐渐替代传统服务模式,给人们的生活带来了诸多便利。今后,要充分考虑和照顾不同群体,特别是老年群体、残障人士等应用数字技术的能力和特点,加快信息无障碍建设,帮助广大群众共享数字化新生活。

社会服务数字化提升工程

1. 深入推进智慧教育。推进教育新型基础设施建设，构建高质量教育支撑体系。深入推进智慧教育示范区建设，进一步完善国家数字教育资源公共服务体系，提升在线教育支撑服务能力，推动"互联网+教育"持续健康发展，充分依托互联网、广播电视网络等渠道推进优质教育资源覆盖农村及偏远地区学校。

2. 加快发展数字健康服务。加快完善电子健康档案、电子处方等数据库，推进医疗数据共建共享。推进医疗机构数字化、智能化转型，加快建设智慧医院，推广远程医疗。精准对接和满足群众多层次、多样化、个性化医疗健康服务需求，发展远程化、定制化、智能化数字健康新业态，提升"互联网+医疗健康"服务水平。

3. 以数字化推动文化和旅游融合发展。加快优秀文化和旅游资源的数字化转化和开发，推动景区、博物馆等发展线上数字化体验产品，发展线上演播、云展览、沉浸式体验等新型文旅服务，培育一批具有广泛影响力的数字文化品牌。

4. 加快推进智慧社区建设。充分依托已有资源，推动建设集约化、联网规范化、应用智能化、资源社会化，实现系统集成、数据共享和业务协同，更好提供政务、商超、家政、托育、养老、物业等社区服务资源，扩大感知智能技术应用，推动社区服务智能化，提升城乡社区服务效能。

5. 提升社会保障服务数字化水平。完善社会保障大数据应用，开展跨地区、跨部门、跨层级数据共享应用，加快实现"跨省通办"。健全风险防控分类管理，加强业务运行监测，构建制度化、常态化数据核查机制，加快推进社保经办数字化转型，为参保单位和个人搭建数字全景图，支持个性服务和精准监管。

来源：《"十四五"数字经济发展规划》

第二，坚持统筹协调。加快数字社会建设，既要做好需求调研，兼顾需要和可能，量力而行，循序渐进；又要做好现状调研，摸清家底，避免重复建设、资源浪费，防止形成数据烟囱、信息孤岛。这需要相关部门之间加强沟通协调，做好顶层设计，同时要坚持因地制宜、分类施策。要统筹京津冀、长三角、粤港澳等重点地区，发挥特色、增强优势，形成在国际竞争中赢得优势的新高地。要统筹创新载体、人才等要素，加快建设国家实验室，培育引进全球领军型创新团队，形成全球领先的研发实力。要统筹数字产业化与产业数字化，深化供给侧结构性改革，在核心技术突破、新兴产业发展、传统产业数字化、新型贸易中心和新兴金融中心建设、数据资源开放共享、创新生态建设、扩大开放合作等方面，全面扎实推进，形成整体优势。此外，也要加大对基层、边远和欠发达地区的支持力度，扩大优质公共服务资源辐射覆盖范围。

第三，坚持共建共享。要动员多方面力量参与，挖掘调动多方面资源投入。政府可以发挥土地、税收、金融等政策优势，通过搭建合作平台、提供信息服务、进行组织协调、激活闲置资源等方式，引导企业和社会力量参与数字社会建设。要支持社会力量参与"互联网＋公共服务"，引导和支持企业向数字社会建设投放资源，创新产品和服务研发。要支持市场和社会力量参与数字社会发展监管，维护数字社会运行秩序，促进最新数字技术成果转化，推动数字社会升级改造，提升民生保障和社会治理质量。

第四，坚持安全可靠。加快数字社会建设，既要确保技术的先进性、可靠性、稳定性，也要维护网络文化健康、做好个人权益保护、加强社会

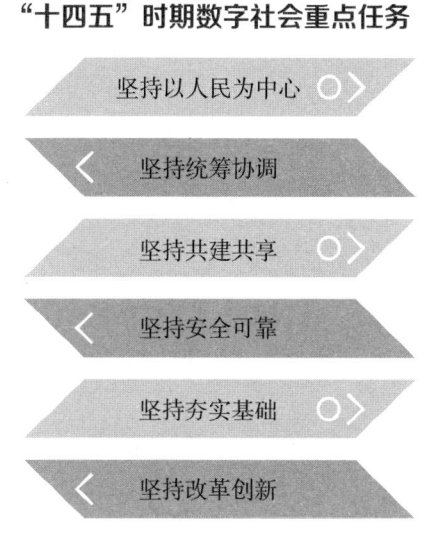

"十四五"时期数字社会重点任务

- 坚持以人民为中心
- 坚持统筹协调
- 坚持共建共享
- 坚持安全可靠
- 坚持夯实基础
- 坚持改革创新

信用维护、推进网络空间治理。特别是随着各类生物识别技术与数字技术深度融合，"刷脸""按指纹"在人们日常生活中广泛应用，潜在安全风险更加凸显。这就要求尽快建立健全数字社会建设的标准体系和法治体系，完善相关立法，加大普法力度，严格执法和司法，为数字社会安全有序发展提供保障。

第五，坚持夯实基础。加快信息基础设施建设，有助于推动数字技术创新、丰富智慧化应用场景。要加快建设以5G、物联网、工业互联网、卫星互联网为代表的通信网络基础设施，以人工智能、云计算、区块链等为代表的新技术基础设施，以数据中心、智能计算中心为代表的算力基础设施等。要加强人才队伍建设，培养大量数字技术领域的专业技术人才和综合性管理人才。要提升全民数字应用素养，加大数字化应用的教育普及力度，提高人们运用数字技术的能力，更好地适应职业结构变迁和生活方式变化。

第六，坚持改革创新。数字社会建设不仅是技术问题、工程问题，还是体制问题、观念问题，既推动生产生活方式和社会运行方式变革，也涉及社会组织方式和利益格局调整。这就要求坚持党的全面领导，调整和优化政府职能，正确处理政府与市场、社会的关系，正确处理城乡区域、不同层级、不同部门的关系，深化"放管服"改革，优化行政管理流程，创造良好的市场和社会环境；正确处理服务与管理、放活与管好的关系，实行包容审慎监管，寓治理于服务之中，在建设中实现治理，在善治中提升服务质量；破除利益藩篱，既鼓励和支持社会力量参与数字社会建设，又防止形成垄断和利益失衡，赋能各类社会组织，平衡不同市场主体和社会主体之间的利益；既加强统一规划、统筹推进，又鼓励和支持地方大胆实践探索，把顶层设计与基层实践创新有效结合起来。①

（二）
提高全民全社会数字素养和技能

数字素养与技能是数字社会公民学习工作生活应具备的数字获取、制作、使用、评价、交互、分享、创新、安全保障、伦理道德等一系列素质与能力的集合。提升全民数字素养与技能，是顺应数字时代要求，提升国民素质、促进人的全面发展的战略任务，是实现从网络大国迈向网络强国的必由之路，也是弥合数字鸿沟、促进共同富裕的关键举措。提高全民全社会数字素养和技能，需要聚焦以下八个方面用力。

第一，丰富优质数字资源供给。当前，我国数字资源发展的突出问题是资源供求失衡以及整体应用水平不高，同时存在优质数字资源结构性短缺，科学有效的资源供给机制缺失，资源建设与资源服务发展失衡等问题，因而，完善优质数字资源供给迫在眉睫。

一是优化完善数字资源获取渠道。加快千兆光网、5G 通信网络、IPv6 等新型基础设施建设部署，不断拓展网络覆盖范围、提升网络质量，提高数字设施和智能产品服务能力。加大适老化智能终端供给，推进互联网应用适老化改造。加快推动信息无障碍建设，打造推广数字化助残服务，运用数字技术为残疾人生活、就业、学习等增加便利。支持少数民族语言语音技术研发应用。有序引导科研院所、普通高校和职业院校、企业机构、团体组织、高端数字人才等发挥自身优势，开发设立数字素养与技能培训

---
① 参见龚维斌：《加快数字社会建设步伐》，《人民日报》2021 年 10 月 22 日。

网站、移动应用程序和公众账号等，为数字资源提供多样化获取渠道。

二是丰富数字教育培训资源内容。围绕数字化生活、工作、学习、创新等需求，运用视频、动画、虚拟现实、直播等载体形式，做优做强数字素养与技能教育培训资源。支持各地区各行业制定培训方案，统筹规划、差异设计培训内容，鼓励向社会提供优质免费的数字教育资源和线上学习服务。

三是推动数字资源开放共享。鼓励党政机关、企事业单位、团体组织等，依法规范有序开放公共数据资源，推动数据资源跨地区、跨层级共享。推动大中小学校、专业培训机构、出版社等积极开放教育培训资源，共享优质数字技能教学案例，推动数字技能教育资源均衡配置。实施互联网平台数字培训开放共享行动，推动平台向社会开放培训资源。

四是促进数字公共服务普适普惠。建设完善全国一体化政务服务平台，加快线上线下融合互补，优化政务服务体验，畅通丰富办事渠道，让企业和个人好办事、办事快。在政务服务大厅、医院、交通枢纽等服务场所设立志愿者、引导员或服务员岗位，依托城乡社区综合服务设施开展宣传培训，

↑ 随着数字经济的发展，虚拟现实（VR）游戏娱乐项目深受年轻人青睐　中新图片/陈玉宇

为群众提供指导和协助,助力提升数字公共服务使用技能。[①]

第二,提升高品质数字生活水平。我国生活性数字服务业蓬勃发展,对优化经济结构、扩大国内需求、促进居民就业、保障改善民生发挥了重要作用,但也存在有效供给不足、便利共享不够、质量标准不高、人才支撑不强、营商环境不优、政策落地不到位等问题。因此,必须提升高品质数字生活水平,推动数字服务业补短板、上水平,提高人民生活品质,更好满足人民群众日益增长的美好生活需要。

一是培育智慧家庭生活新方式。完善智慧家庭综合标准化体系,提高智能家居系统平台、设备产品、应用的易用性、便捷性和兼容性,增强产品感知与互动能力,便捷用户管理和使用。积极引导企业开展智能家居产品体验、应用培训等活动,提高全民使用智能家居产品的能力。

二是提高智慧社区建设应用水平。优化智慧社区建设规划布局,建立健全社区基础设施和综合服务设施智能化建设与改造群众意见征求机制,提升智能安防、智能停车等设施的便捷易用性。运用数字技术完善社区服务需求收集、项目设计、资源链接、过程管理、绩效评价等机制,提高社区服务精准化、精细化水平。建立社区数字技能公益团队和兴趣小组,开展"数字技能进社区"等宣传推广活动。鼓励社区设立数字服务志愿者、引导员,引导社区居民用好数字产品和服务。

三是丰富新型数字生活场景。推动5G、超高清视频、虚拟现实、人工智能等数字技术在生活中普及应用,提高电子商务、移动支付、共享经济、智慧出行等新型数字生活服务体验,发展智慧商店、智慧商圈,提升居民对数字资源、数字工具的使用意愿,共同营造良好的数字生活氛围,

---

[①] 参见中央网络安全和信息化委员会:《提升全民数字素养与技能行动纲要》,中国网信网2021年11月5日。

让全民享受便捷的数字服务。

四是开展数字助老助残行动。充分考虑老年人和残障人群的特殊性，加强数字设备、数字服务信息交流无障碍建设，在老年人、残障人群的出行、就医、就餐、购物等高频服务场景中保留人工服务通道，防止出现强制性数字应用、诱导性线上付款等违规行为。依托老年大学、开放大学、养老服务机构、残障人群服务机构、社区教育机构、老科协等，丰富体验学习、尝试应用、经验交流、互助帮扶等老年人、残障人群数字技能培训形式和内容。推动形成社会各界积极帮助老年人、残障人群融入数字生活的良好氛围，构建全龄、友好、包容社会。[①]

第三，提升高效率数字工作能力。高效的数字工作能力直接影响企业的变革和发展。因此，要提高产业工人数字技能，完善企业员工职业技能培训体系，建立和共享职工培训中心、网络学习平台等培训载体，丰富数字素养与技能培训内容，提高员工职业胜任力。要健全企业职工培训制度，针对产业工人系统开展面向生产全流程的数字技能培训，持续壮大现代产业工人队伍，培养数字领域高水平大国工匠，提升数字化生产能力。要提升企业管理人员数字素养，建立数字化思维，提高数字化经营管理能力。

第四，加快构建规范化数字技能教学和实习实训体系。随着数字经济的持续推进，对高素质数字技能人才的需求与日俱增，加快构建规范化数字技能教学和实习实训体系，增强数字技能教育适应性，是培养职业数字技能人才、促进就业创业创新、推动数字经济上水平的重要途径，也是建设数字强国的必然要求。

一是提升农民的数字技能。构建现代农业科教信息服务体系，优化完

[①] 参见中央网络安全和信息化委员会：《提升全民数字素养与技能行动纲要》，中国网信网2021年11月5日。

善全国农业科教云平台，汇集整合新技术推广、电商销售、新媒体应用等优质培训资源，持续推进农民手机应用技能培训工作，提高农民对数字化"新农具"的使用能力。引导企业、公益组织等参与农民数字技能提升工作，推动数字服务和培训向农村地区延伸。

二是提升新兴职业群体的数字技能。面向"互联网+教育"、互联网医疗、电子商务、供应链管理服务、线上办公、"虚拟"产业园、"无人经济"等新业态新模式，制定数字领域新职业的职业标准，丰富职业培训课程，开展从业人员培训，壮大新兴职业群体人才队伍。引导支持新兴职业群体，积极利用5G、人工智能、虚拟现实、大数据、区块链等数字技术创新创业。

三是开展妇女数字素养教育与技能培训。依托各类网络平台，推出一批面向妇女设计制作的数字素养公开课，增强妇女安全上网、科学用网、网上创业等的数字意识和能力。加强妇女通过网络参与经济生活的能力，加大直播带货、电商运营等培训力度，引导西部地区、偏远山区妇女网上就业创业。

四是提升领导干部和公职人员的数字治理能力。加大领导干部和公职人员信息化培训力度，丰富数字经济、数字社会、数字政府等领域线上培训资源，把提高党员领导干部数字治理能力作为各级党校（行政学院）的重要教学培训内容。引导领导干部和公职人员运用网络了解民意、开展工作，提升学网、懂网、用网的能力。在公务员选拔任用中，加强数字能力方面的考察。[1]

第五，构建终身数字学习体系。终身学习是通过各种继续教育形式实

---

[1] 参见中央网络安全和信息化委员会：《提升全民数字素养与技能行动纲要》，中国网信网2021年11月5日。

现个人提升的一种全新教育形式。构建数字化的终身学习体系，让更多人享用数字化学习的优良成果，对于推动数字化学习及数字经济的发展有着至关重要的意义。

一是提升学校数字教育水平。将数字素养培育相关教育内容纳入中小学教育教学活动，设立信息科技相关必修课程，打造优质精品教材，开展数字素养相关课外活动。加强普通高校和职业院校数字技术相关学科专业建设，推进数字技能基础课程和实习实训基地建设，完善数字创新人才培养机制，提升人才培养质量和水平，鼓励学生运用数字技术创新创业。实施战略型紧缺人才培养教学资源储备计划，加大相关领域数字教学资源储备。开展教师数字技术应用能力培训，提高教师运用数字技术改进教育教学的意识和能力，增强中小学、职业院校和普通高校专业教师的教学能力，持续壮大高水平数字技能师资力量。全面推进数字校园建设，建设一批智慧教室、智慧教学平台、虚拟实验室、虚拟教研室等，全面提升数字化水平，支撑引领教育信息化特色发展、高质量发展，引导科学合理使用数字产品，保护师生视力健康。

二是完善数字技能职业教育培训体系。加强职业院校数字技能类人才培养，动态更新职业教育专业目录，推进专业升级和数字化改造，优化完善课程设置，建设高水平数字技能职业教育教师队伍。制定完善数字技能职业教育国家标准，推行"学历证书＋职业技能等级证书"制度，打造一批高水平数字技能职业院校和专业。加大数字技能职业培训力度，研制培训方案和内容标准，规范数字技能职业培训，试点探索"互联网＋"职业技能培训模式，推动数字化培训模式发展。

三是建设数字技能认证体系与终身教育服务平台。推进国家学分银行建设，发挥开放大学优势，推动制定面向全民、适应行业发展的数字技能框架和认证单元,搭建国家级数字技能终身教育服务平台,设计符合相关标准的课程体系和配套学习资源与服务,贯通培训、学习、体验、考核、学习成果认定、学分互换等环节,为全民终身数字学习体系的建设提供可信可靠的"补给站"和四通八达的"立交桥"。①

第六,激发数字创新活力。数字化转型背景下,数据成为创新的关键要素,创新呈现高效率可叠加特征,创新方式更加多元。一方面,要打造企业数字化竞争力。发挥行业龙头企业在新一轮科技革命和产业变革中的引领和示范作用,培育造就一大批高水平、创新型、复合型的数字化人才,积极开展数字创新大赛、成果推广、创先示范等活动,不断激发企业创新活力。加快完善面向中小企业员工的数字化服务体系,提升中小企业数字化发展意愿和能力。另一方面,要探索数据驱动科研新范式。适应国家创新驱动发展战略和大数据发展趋势,鼓励企业、高等学校、科研院所和科技工作者挖掘利用数据资源,探索数据密集型科研范式,支持国家科学数据中心建设,加快数据资源开放和利用,形成大数据驱动的科研创新模式,推动开放创新、协同创新。②

第七,提高数字安全保护能力。数字经济时代已经不可逆转,特别是互联网的快速普及,改变了人们的生活和工作方式,但同时也让人们面临各种网络安全威胁,企业也要面对黑客攻击、恶意软件等安全问题。可以说,如今无论对个人,还是对企业来说,网络环境都不容乐观,提高数字安全保护能力刻不容缓。一方面,要提高全民网络安全防护能力。引导全民积极参与国家网络安全宣传周、"网络安全进社区"等活动,普及网

---

① 参见中央网络安全和信息化委员会:《提升全民数字素养与技能行动纲要》,中国网信网 2021 年 11 月 5 日。

② 同上。

络安全知识，提升网络安全防范意识。通过举办网络安全专题讲座和培训班、制作印发宣传册、线上视频宣讲等方式，增强全民对网络谣言、电信诈骗、信息窃取等不法行为的辨别能力和安全防护技能。另一方面，要强化个人信息和隐私保护。加大个人信息和隐私保护相关法律法规的普及宣传力度，提高全民个人信息和隐私保护意识。制定完善个人信息和隐私保护标准，健全个人信息和隐私保护监管机制，优化社会群众监督举报机制，压实行业组织、企业机构等保护个人信息安全主体责任，加大对侵犯个人信息和隐私等违法犯罪行为的打击力度。[①]

第八，强化数字社会法治、道德规范。在数字社会蓬勃发展的过程之中，企业和公民道德建设面临前所未有的挑战，存在数字空间法治、道德规范主体自我迷失、关系不断异化、约束乏力等现象。抓好数字社会法治、道德规范建设，既是加强公民道德建设和提高全社会道德水平的迫切需要，也是推进国家治理体系和治理能力现代化的必然要求。

一是引导全民依法规范上网用网。坚持依法管网、依法办网、依法上网，加强网络空间生态治理，规范网络传播秩序。积极开展网络普法，增强网民法律意识和法治思维，加强网民自律，引导广大网民自觉抵制网络不良信息和不法行为。

二是提高全民网络文明素养。建立完善网络文明规范，普及网络文明观念，发展积极健康的网络文化，进一步完善政府、学校、家庭、社会相结合的网络文明素养教育机制，不断提升青少年网络素养，引导他们健康合理使用数字产品和服务，推动全社会形成文明办网、文明用网、文明上网、文明兴网的共识。

---

① 参见中央网络安全和信息化委员会：《提升全民数字素养与技能行动纲要》，中国网信网 2021 年 11 月 5 日。

三是强化全民数字道德伦理规范。加强道德示范引领，深化网络诚信建设。各级政府、科研院所、行业组织、企业、线上社区等各方力量要主动作为，督促数字技术和产品开发人员遵守职业道德和准则。加强人工智能技术治理，发展负责任的人工智能。提高全民在数字获取、制作、使用、交互、分享、创新等过程中的道德伦理意识，引导全民遵守数字社会规则，形成良好的行为规范。[①]

（三）
优化数字社会环境

在促进数字经济良好有序发展中实现国民经济高质量发展，必须将数字经济发展能力和水平现代化纳入国家治理体系和治理能力现代化的重要方面。因此，促进数字经济发展，还要加快优化数字社会环境建设，通过推进体制机制改革、加强统筹布局和国际合作、搭建网络协同平台、加强科技创新等，进一步提升信息通信业供给能力、补齐发展短板、优化发展环境，提升数字经济治理能力。

第一，推进体制机制改革。体制机制改革是数字化转型的环节和条件，改革监管体制，应做到既包容谨慎又尽责到位。一是推进体制机制改革，深化"放管服"改革，加快政府数字化转型，提升制度供给竞争力。要推动数字经济地方立法，加快清理修订不适应数字经济发展的相关法规政策。建立包容审慎监管机制，着力消除阻碍新业态新模式发展的各种行业性、地区性、经营性壁垒。强化安全保障，充分考虑国家数据安全与数

---

① 参见中央网络安全和信息化委员会：《提升全民数字素养与技能行动纲要》，中国网信网 2021 年 11 月 5 日。

字主权等问题。构建政府管平台、平台管企业、行业协会及公众共同参与的多方治理机制，建立政府、平台、用户互动的治理模式。加快推动数字经济发展的制度供给，加快数字技术与传统产业的融合发展，实现产业数字化升级改造。二是持续深入推进供给侧结构性改革，为数字产业化和产业数字化的发展提供良好的环境；积极引导企业逆势求变、迎难图新，加快数字化转型，鼓励企业解决"不敢转""不会转""不能转"等制约其更好发展的现实问题。三是大力推进政府数字化、行业数字化和企业数字化等方面的建设，引导建设数字化转型开源社区，加强平台、算法、服务商、专家、人才、金融等有利于数字化转型的公共服务的建设，降低数字产业化和产业数字化的转型门槛和成本。四是形成适应数字经济发展的政策体系，实施加快培育经济发展新动能专项行动，启动数字经济重大工程，进一步提升信息通信业供给能力、补齐发展短板、优化发展环境。

要着力强化数字经济安全体系。增强网络安全防护能力。强化落实网络安全技术措施同步规划、同步建设、同步使用的要求，确保重要系统和设施安全有序运行。加强网络安全基础设施建设，提升网络安全应急处置能力，支持网络安全保护技术和产品研发应用。提升数据安全保障水平。建立健全数据安全治理体系，规范数据采集、传输、存储、处理、共享、销毁全生命周期管理，规范身份信息、隐私信息、生物特征信息的采集、传输和使用，加强对收集使用个人信息的安全监管能力。切实有效防范各类风险。强化数字经济安全风险综合研判，防范各类风险叠加可能引发的经济风险、技术风险和社会稳定问题。健全完善针对未成年人、老年人等各类特殊群体的网络保护机制。

第二，搭建网络协同平台。要加快完善数字基础设施，促进产业数据平台应用，大力支持核心企业尤其是具有产业链带动能力的龙头企业搭建网络化协同平台，推进企业开放核心资源源代码、硬件设计和应用服务，鼓励其带动上下游企业加快数字化转型，促进产业链向更高层级升级，推动传统产业服务化。要积极培育数字经济的领军企业，打造数字虚拟产业园和数字虚拟产业集群，突破传统物理边界限制，充分发挥企业间的协同倍增效应。要引导平台企业、行业龙头企业整合开放资源，鼓励以区域、行业、园区为整体，共建数字化技术及解决方案社区，构建产业互联网平台，为中小微企业数字化转型赋能。要培育数字经济新业态，大力支持建设数字化供应链，推动企业间订单、产能、渠道等实现资源共享和有效协同。

第三，培养数字高端人才。数字经济创造出新的岗位，促使人们学习新思维、新模式、新技能，从而提高他们的生存能力和收入水平。要打造与数字经济产业链相匹配的人才链，坚持大力引进和自主培养相结合，坚持国际、国内两种人才相结合，坚持理论与实践相结合，聚焦数字经济需要的人才定位，加快构建、完善层次分明的人才引进政策体系。要充分调动创新主体的积极性，加快建设数字经济领域的研究机构，为全球顶尖人才的集聚搭建平台。要切实解决生活安居、子女入托入学、老人赡养医疗及个税缴纳与返还等与人才切身利益相关的问题，同时进一步完善留学生政策，多措并举吸引国外高层次青年储备人才。

第四，拓展经济发展新生态。协同推进供应链要素数据化和数据要素供应链化，支持打造"研发＋生产＋供应链"的数字化产业链，支持产业以数字供应链打造生态圈。鼓励传统企业与互联网平台企业、行业性平台企业、金融机构等开展联合创新，共享技术、通用性资产、数据、人才、市场、渠道、设施、中台等资源，探索培育传统行业服务型经济。加快数字化转型与业务流程重塑、组织结构优化、商业模式变革的有机结合，构建"生产服务＋商业模式＋金融服务"跨界融合的数字化生态。大力发

> **数字经济新业态培育工程**
>
> 1. 持续壮大新兴在线服务。加快互联网医院发展，推广健康咨询、在线问诊、远程会诊等互联网医疗服务，规范推广基于智能康养设备的家庭健康监护、慢病管理、养老护理等新模式。推动远程协同办公产品和服务优化升级，推广电子合同、电子印章、电子签名、电子认证等应用。
> 2. 深入发展共享经济。鼓励共享出行等商业模式创新，培育线上高端品牌，探索错时共享、有偿共享新机制。培育发展共享制造平台，推进研发设计、制造能力、供应链管理等资源共享，发展可计量可交易的新型制造服务。
> 3. 鼓励发展智能经济。依托智慧街区、智慧商圈、智慧园区、智能工厂等建设，加强运营优化和商业模式创新，培育智能服务新增长点。稳步推进自动驾驶、无人配送、智能停车等应用，发展定制化、智慧化出行服务。
> 4. 有序引导新个体经济。支持线上多样化社交、短视频平台有序发展，鼓励微创新、微产品等创新模式。鼓励个人利用电子商务、社交软件、知识分享、音视频网站、创客等新型平台就业创业，促进灵活就业、副业创新。

来源：《"十四五"数字经济发展规划》

展共享经济、数字贸易、零工经济，支持新零售、在线消费、无接触配送、互联网医疗、线上教育、"一站式"出行、共享员工、远程办公、"宅经济"等新业态，疏通政策障碍和难点、堵点。引导云服务拓展至生产制造领域和中小微企业。鼓励发展共享员工等灵活就业新模式，充分发挥数字经济的"蓄水池"作用。突出重点产业、关键技术，明确要求，落实责任，扩大新产品应用。支持整机企业牵头，建立产业链上下游企业合作机制，组织材料、零件、部件、配套、整机等生产企业进行对接。强化基础，鼓励龙头企业推出拥有自主知识产权的服务器、PC、手机、云计算、物联网等的操作系统，加快安全可控系统软硬件生态系统建设。

第五，扩大开放型经济视野。近年来，中国数字经济发展践行"以对外开放的主动赢得经济发展的主动，赢得国际竞争的主动"，在更大范围、更宽领域、更深层次上全面提高开放型经济水平。2016年《国家信息化发战略纲要》明确了在深化国际合作交流、参与国际规则制定、共建国际网络新秩序、拓展国际发展空间方面的各项任务，提出要提高国际互联互通水平，引导数字经济全球分工协作，建设全球信息化最佳实践推广平台，为构建全球经济共同体作出更大的贡献。同时，中国数字经济发展的创新实践将更加丰富多彩，为全球经济社会的转型发展提供"中国经验"和"中国方案"。当前，新全球化面临着一些全新的问题，要发挥中国市场优势，尝试由内需带动的全球化模式，把需求变成需求操作系统，为全球利益共同体服务。

第六，大力加强数字经济科技创新。要高度重视数字技术与生物、材料、能源等技术的交叉融合，加强能够为数字经济时代创造新场景的颠覆性数字技术创新，推进学科交叉融合，促进基础科学原始创新。要以数字技能为抓手推动劳动力市场和教育供给侧改革，加大力度培养既有行业背景又有数字素养的复合型人才，加快我国产业数字化进程和产业链创新。要坚决反对垄断和不正当竞争行为，健全数字规则和监管，加强数据治理和流动，促进包容式增长和中小企业创新，让全社会共享数字经济发展成果。要进一步扩大开放，积极融入全球市场，参与全球数字治理，通过数据要素的全球流动整合全球市场、优化资源配置，提高国际竞争力，实现国内国际双循环相互促进。[1]

（四）
激活人才"第一资源"

数字技术的持续进步和实体经济的数字化改造，离不开掌握数字技

---

[1] 参见陈煜波：《大力发展数字经济》，《人民日报》2021年1月20日。

术、能够科学分析处理数据的专业化创新型人才。提升公共服务、社会治理的数字化智能化水平，同样需要培养数字人才、提升公众数字素养。为此，要推进数字教育改革，加快构建数字人才培养体系，创新人才培养模式，激活数字经济人才资源，为发展数字经济、推进数字产业化和产业数字化等提供充足人才。

当前，人类正处于进入数字经济的快车道上。技术进步与社会经济、地缘政治和人口学因素，以及以互联网、云计算、大数据、物联网、人工智能等为代表的数字技术，将给就业生态带来革命性改变。波士顿咨询《迈向2035：4亿数字经济就业的未来》报告预测，2035年中国整体数字经济规模将接近16万亿美元，数字经济渗透率48%，总就业容量达4.15亿人。与此同时，很多旧产业的岗位将会被淘汰，伴随而来的是新产业职位、工作的涌现。大部分产业中，不管是新职位还是旧职位，改革都会改变职位所需的技术，并转变人们的工作地点与方式，进而伴生新的管理挑战和监管挑战。

同时，数字化技术的快速发展正在改变传统制造业的发展基础和经营方式。面对急剧的产业结构转变和业务革新诉求，企业对具备复合和交叉知识体系的数字人才有着日趋强烈的渴求。研究数据显示，2020年，我国ICT领域从业人员缺口已达到1246万人，其中人工智能、云计算、大数据等新兴领域人才缺口达到904万人，巨大的数字人才缺口，已成为当前企业数字化转型的拦路虎。有关机构预测：中国目前55%—77%的就业，未来会由于技能含量低而被技术取代，因此，掌握综合化的不易被数字技术所取代的技能及素质的就业者，将享有更宽广的职业发展空间。我国就业观亟待从"工业思维"向"数字思维"转变，从而支撑国家创新驱动战略落地。

在数字化转型过程中，传统企业管理和技术人才所遵循的熟练的标准化操作已经难以满足智能化时代的工作方式和发展需求。随着数字技术与传统业务的深度融合，新模式、新业态、新场景的出现要求企业管理者和技术工程师具备更专业的数字化技能素养。从业务领域看，管理者希望技术人员具备复合和交叉的知识体系，融合数字化技能和专业领域知识，实现数字化设计和制造。从对企业环境分析出发，技术人员需要具备适应数字环境能力，如适配智能制造体系、实现机器协同、对智能环境有深度认知，并进行快速学习和思考的能力。

综合来看，适应未来需要的数字人才应具备以下能力：一是适应数字环境能力。企业数字化转型的持续深入推进，要求技术人员能够深入数字环境，推动数字技术与业务深度融合、实现快速学习思考。二是智能设备操控能力。在数字化转型的过程中，由于设备、系统和平台的更新变革速度快、覆盖面广，技术人员所面临的操作对象变化显著，继续沿用传统"手把手""师傅带徒弟"等形式提升技术工人和工程师智能设备操控能力，就显得十分低效，已经无法满足新技术环境的要求。三是数字抽象分析能力。在数字化转型中，数字抽象分析能力是不可或缺的关键能力，对于企业的生产制造、工艺设计以及销售都相当重要。四是仿真模拟能力。适应数字化转型的需要，工程技术人员必须拥有良好的机械、控制等专业理论知识，并能够熟练运用二维软件或三维软件（UI软件）、工业设计软件以及编程软件（Java、C语言等）。

培养时代所需的新型数字人才，必须紧紧围绕数字化转型对人才能力提出的新要求，以提升技术人才的数字化能力为主线，大力推进产教融合，为企业数字化转型提供有力人才支撑。

第一，针对适应数字环境能力提升。伴随着设备、系统和工厂架构

↑ 以云计算、大数据、物联网、人工智能等新一代信息技术为基础的南昌"城市大脑",打通市直部门、省直部门千余类数据,实现数据共享,推动业务协同,驱动城市数字化转型。图为南昌"城市大脑"运营指挥中心走廊　中新图片/刘占昆

的全方位改进,技术人员的工作环境和工作场所都发生了显著变化,个体能力的内涵也更加丰富,迫切需要提升技术人员适应数字环境的能力。为此,必须突破传统产学合作形式,进一步强化企业和高校的联结,打造立体全方位的合作模式。在应对上述情景和挑战时,大型科技企业要深度参与高校人才培养,依托自身所具有的人才、技术和资源等优势,帮助高校探索教育教学改革举措,不断提升工程人才适应数字环境能力。

第二,针对智能设备操控能力提升。原先简单的设备升级为智能化设备以及平台化系统,必然对技术人员的智能设备操控能力提出更高的要求。面对数字化转型过程中设备、系统和平台的更新迭代,企业可以多举办一些技能实践赛事和内部交流,帮助技术人员提升智能设备操控能力,以满足企业设备更新换代、系统升级改造的需要。同时，传统的"手把手""师傅带徒弟"教学模式经过拓展，也可以作为提升技能人才智能设备操控能力的补充方法。

第三，针对仿真模拟能力提升。由于数字技术在研发、工艺、制造等环节的深度融入，企业的全业务流程模式正在发生巨大变化。企业发展中出现的大量新的制造研发问题，通过传统案例讲授模式难以奏效，需要围绕业务技术前沿与数字化技术深度融合实现人才能力提升。例如，为应对新技术环境的挑战，海康威视探索出的"前沿课程开发"模式，就为传统企业数字化转型提供了很好的借鉴。在这一模式中，海康威视研究院面向新进入企业的工程师开设了30多门课程，包括智能计算、数据多样化处理、软硬件基础设施操作、各种可视化技术和工具等，构建了为期一年的大数据技术课程体系。其中大多数课程都是行业领域前沿、最新的基础课程，涉及深度学习、大数据架构、算法设计、工具使用等，有效解决了技术人员在工程中遇到的一些问题。

第四，针对数字抽象分析能力提升。随着全新工厂信息架构的形成，企业业务数据日益增多，数据集成方式也在发生变化，技术人员面对大量内外部和上下游不同类型数据，数据的采集量级和分析模式都与以往有了明显差异，传统封闭、模糊、少量的数据采集、分析、预测等处理过程已无法满足业务需要。应对大数据、云计算和多类数据集成的挑战，高校、科研院所可以加强与技术厂商的合作，深化"数字化平台认证"学习模式，构建可持续深化的学习平台、上升空间和认证体系，支持数字化转型中的技术人员提升数字抽象分析能力。

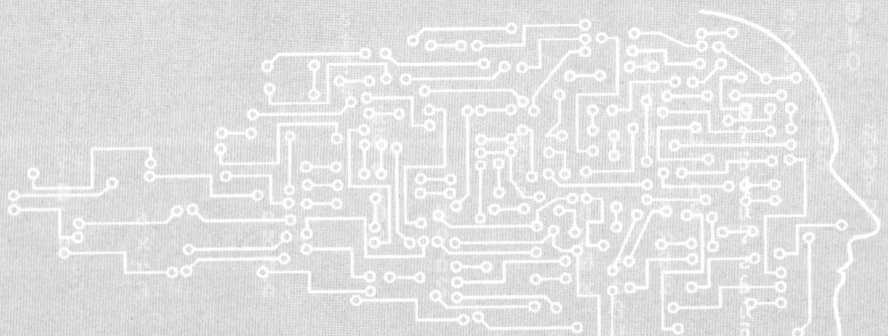

12 做数字经济发展的推动者和促进派

习近平总书记在主持十九届中共中央政治局第三十四次集体学习时强调,"数字经济事关国家发展大局","各级领导干部要提高数字经济思维能力和专业素质,增强发展数字经济本领,强化安全意识,推动数字经济更好服务和融入新发展格局"。[①] 对于党员干部特别是领导干部而言,胸怀"国之大者",需要及时更新思维,打通梗阻、解放思想、创新谋划,敏锐抓住信息化机遇,主动拥抱信息革命;需要通过思想更新识局应变,积极投身万物互联,驾驭时代潮流,推动实现高质量发展。

---

① 习近平:《不断做强做优做大我国数字经济》,《求是》2022年第2期。

（一）
提高数字经济思维能力和专业素质

目前，我国经济正处于转型升级期，数字经济已然成为我国经济发展的主要动力，需要依靠数字经济拉动内需，实现发展层次由"量"到"质"的跃升。构建数据要素市场、完善数据治理、保障数据安全等，也已成为国家未来经济发展的核心目标。在此过程中，党员干部特别是领导干部发挥着先导性和决定性的作用，有责任为经济社会发展提供重要的决策支撑和保障支撑。

随着数字产业进入高速发展期，人类社会迎来了第四次工业革命，即利用信息技术促进产业变革的时代，有些学者称其为智能化时代，也就是工业4.0时代。中国作为发展中国家的重要成员，高度关注工业4.0的发展进程，并作出一系列高瞻远瞩的战略部署，使我国在创新及竞争中能够把握更好的发展机遇。新技术新发展所承载的不仅是促进工业化与信息化的深度融合，同时也对劳动者的知识水平及技术能力提出了新的要求，进而引发了人们在思想、理念、知识、技术以及所拥有的工具及方法等方面的新需求。其中，对党员干部特别是领导干部的数字能力和专业素质都提出了新的更高要求。在推动数字经济发展中满足工作要求与社会需求，党员干部要强化政治担当、使命担当、责任担当。所有的党员干部特别是领导干部要牢牢把握正确的政治方向，坚持党和人民的根本立场，在思想上政治上行动上同以习近平同志为核心的党中央保持高度一致，增强"四个

↑ 2020年11月15日，山东省青州市开展"百名书记带货直播助农增收"活动，100名村、社区、企业党支部书记依托网络直播、抖音视频，帮助农户及企业销售农产品，助力农民增收、乡村振兴　中新图片 / 森林

意识"、坚定"四个自信"、做到"两个维护"。要坚定理想信念,补足精神之钙、夯实信仰之基、涵养忠诚之气,担负起推动我国数字经济高质量发展的政治责任。

党员干部既要在新时代新征程的经济发展中清晰判断新矛盾新任务新问题,不畏艰险,敢破敢立,敢闯敢干,又要以高昂的奋斗姿态、坚韧的拼搏意志、高超的斗争本领攻坚克难,锤炼品质,塑造品格。党员干部必备的基本素质和鲜明的政治品格就是在机遇期、转折期、困难期中表现出来的责任担当,要尽心尽力、尽职尽责,发扬钉钉子精神,无论在哪个岗位,担任什么职务,都要树立岗位就是使命、责任就是命令的担当意识,做实做细做好各项工作任务,把责任扛在肩,把任务记于心,凝聚推动工作落实的合力,带领广大干部群众,一心一意谋发展。在发展数字经济的实践中,要始终坚持把各项工作任务和人民利益放在首位,在实施数字经济的战略行动中,成为领头人与生力军,探索优势转化,聚焦"十个方面"和"六稳""六保"工作任务,开创共建、共治、共享的数字经济发展新路。

数字经济的发展建设,需要满足人民日益增长的美好生活需要。我国接入国际互联网以来,互联网产业从无到有、从小到大、由大渐强,在促发展、稳增长、惠民生等方面发挥了重要作用。特别是党的十八大以来,伴随着数字经济、数字产业的蓬勃发展,互联网已经渗透到生产生活的方方面面,成为人们工作、学习、生活的重要空间。新冠肺炎疫情防控期间,大数据、健康码、行程码等助力抗疫大战,在线教育、远程医疗、居家办公、直播带货、电商平台等推动经济社会转型升级发展,带来了新的发展机遇和市场空间。数字经济让生活变得更美好。只有数字经济得到充分的发展,才能更好地满足人民群众对美好生活的需要。当前我们正处在新的发展阶段,加快构建以国内大循环为主体、国内国际双循环相互促进的新发展格局,推动高质量发展,是我们面临的重大任务。其中,数字经济作为重要的载体和创新抓手,具有高融合性和强渗透性,是推动生产生活方式变革的核心力量,是提高经济发展质量和效益的重要引擎。党员干部要在以人民为中心的发展思想指引下,率先主动拥抱数字经济时代,自觉投身建设网络强国、数字强国、智慧城市、数字社会等,加快发展大数据、物联网、区块链等新兴产业,促进数字经济和实体经济有机融合,大力推动数字产业化和产业数字化,加大关键核心技术攻关,全面赋能转型升级,培育发展新动能,塑造发展新优势。

在数字经济时代,数据技术的广泛渗透和深度应用,一方面为解决全球性重大社会问题和应对可持续发展挑战提供了全新的方案,为解决社会问题、开展社会管理与实践提供了新思路、新方法和新手段,另一方面也引发了算法焦虑、数字鸿沟扩大、人工智能伦理争议、平台垄断、信息隐私保护难度增大等许多新的社会问题,对经济社会的健康可持续发展形成新的挑战。因此,研究和探讨数字经济时代的发展问题,离不开对社会责任感与职业道德问题的探讨,需要尽可能地减少商业活动中的失信、欺诈、虚假、伪造等行为。

良好的社会责任感和职业道德是包含党员干部在内的数字经济时代从业者的基本行为准则和根本要求,关乎数字经济的良性发展,具有重要的现实意义。拥有现代化管理能力、良好的道德修养、强烈的社会责任感,是维护我国数字经济时代经济持续健康发展的必要条件。经济的本质并不仅是创造财富,更包括为社会、组织和个人创造共享的价值。未来的数字经济发展不仅要求组织和个人具备深厚的知识基础,并在技术变革面前洞察行业发展的未来方向,而且要求这些组织和个人能够具有强烈的责任感、使命感以及正确的价值观,能敏锐地捕捉到社会各方的影响,通过对经济发展模式的创新和对组织的变革,将技术进步带来的红利均等地分配到社会的各个层面,推动社会和谐发展。

数字经济高速发展是以大数据为核心的,党员干部特别是领导干部,要充分认识到数字经济的价值,同时,最终的产品、效果、应用等均为数字经济发展的目标,这些都需要同时关注数据的获取、搭建、管理、清理、产品设计流程、决策实施等多方面的影响因素及应用实效。大数据是一门市场语言,代表的是一种理念、一种问题解决思路、一系列技术的集合。[①]它不是某一个数据中心,也并不等同于云计算,同样也不能认为它是海量数据的简单叠加。在数字经济时代要想具备发展经济的前提,就需要数据资源的积累。大数据通过新的技术处理方式和计算方式,为其他技术的研发和应用提供了基础。因此,把握数字经济的本质,要从三个角度出发:第一,要立足时代背景,正确全面地认识理解大数据本质和特征;第二,要以新型科技为导向,对市场上各行各业的大数据进行分析和整理,推动大数据从"数据产品"到"数据作为产品"的转换;第三,要结合决策、应用等方面,综合不同层面,充分把握数字经济的全貌,促进数字经济充分展现其巨大价值。要加强学习和形势研判,抓住机遇,主动增强统筹本领,紧密结合本地数字建设需要,抢占未来发展制高点,完善数字治理规则,出台相关支持培养政策和激励措施,不拘一格引进"专精特新"人才,推动数字经济更好地服务和融入本地新发展格局。

党员干部特别是领导干部群体,是数字经济规划和发展的重要引导者,培养党员干部的数字经济思维能力和专业素质是落实政府数字经济产

[①] 参见朱洁、罗华霖:《大数据架构详解:从数据获取到深度学习》,电子工业出版社2016版,第2页。

业部署、推广数字经济产业发展、融合其他领域与数字经济协同发展的重要选择。数字经济发展需要的人才一定要具有完整的大数据知识体系，除了了解掌握应用数学、大数据理论、数据科学、统计学等基础学科领域的专业知识，还要能够结合当下社会发展的大数据主流技术特点以及使用场景，掌握一定的数据处理、系统架构技术和决策等方面的知识，形成"数据—技术—思维"三要素联动机制。一是要完善数字经济相关专业知识的体系构建及适应党员干部的课程体系构建、讲座设计、试验基地建设、大数据竞赛等，利用有限的时间和高效的形式，以多举措全方位的方式推进数字经济的专业知识构建。二是要加强数字经济实践转化，沿着开发与实践两条主线，大力培养党员干部的实践能力、综合素养和创新意识。三是要以数字经济特色发展为方向，推崇个性化学习。结合工作涉及的实际方向和社会发展的实际需求，在保证理论和技术学习的同时，循序渐进地发展大数据思维。

数字经济思维的最终作用在于能够用思维指导创新，指导实践。这一思维的要点包括：第一，万事万物皆可数据化，数据推动事物的演变和发展，将生活的方方面面囊括其中；第二，数据的复杂多样强调数据的多源多样而非精确，接受不精确的数据，挖掘新信息新知识，数据越多样，其价值越大；第三，过去数据分析强调抽样，而数据思维法则要求有尽可能多的数据，经过挖掘和分析，预测结果得出结论；第四，数据创造的价值在于，站在相关关系的角度上解决更多"是什么"的问题。[1]在数字经济时代，数据的获取已不是首要的问题，而通过数据充分挖掘隐藏在其中的信息和知识，并且以此解决实际问题、创造新的价值，才是数字经济思维

---

[1] 参见张靖笙、刘小文：《智造：用大数据思维实现智能企业》，《中国信息化》2019年第9期。

需要重点思考的问题和理解应用的视角。

用数字经济思维指导实践，需要引导党员干部在积累实践经验的过程中形成个人独特的思维方式。数字经济思维的形成离不开资源的支撑，实践中要为党员干部争取资源平台。一是要争取高校和企业资源。当自身或团队的资源有限时，可以与高校和企业进行合作，为党员干部的学习、实践、科研等争取资源。二是要优化资源配置。通过产学研互学互鉴的方式，补充数字经济实践案例，确保党员干部接触数字经济后能深入学习，学习数字经济的知识技能后有平台去训练，有了训练成果和创新想法后有条件去实践。

在实际工作中，党员干部有许多非科班出身，但为了更好地适应工作需要，提升数字经济的思维能力与专业素质，可搭建数字经济专业学习系统。数字经济专业学习系统主要分为资料系统和训练系统两个部分。资料系统主要储存专业的知识资料（PPT、数据源、案例库等），形成一个动态的、案例丰富的数据资料系统。训练系统主要为实践训练平台，在巩固基础知识的同时，可在数据分析模块中进行实验，依据实际问题进行情景模拟实验，在基础测评和数据分析达到一定水平后，起到易教育、便学习、利实践、促创新的作用。

党员干部不仅要关注国内的数字经济发展变化，还要开阔视野，关注全球范围内的数字经济发展规则和秩序。数字经济的高速发展创新了经济模式，刺激了经济形式的变革，同时也加快了经济一体化的进程。对经济活动的开展也提出了新的挑战，对经济管理中供应链、商业竞合、跨境电商等都提出了更高的标准和要求。这就要求党员干部在数字经济时代必须进一步打造国际视野和跨文化交流能力。在国际竞争或合作的过程中，在不违反己方利益和基本原则的基础上，亦要了解并尊重对方的文化、习俗、惯例等，能够友善但不失原则地促进交流与沟通，推动经济取得有效的进展。

党员干部特别是领导干部还要做好数字经济发展的催化剂，充分发挥引导和联动作用。为促进资源融合的问题，打通政府—企业—高校三方协同合作机制。政府首先要制定相关政策、进行宏观调控、提供研究经费支撑，做好顶层制度设计，重视大数据思维的培养；企业要为创新提供平台，落实实践方案，促进数字经济思维的形成；高校要为学生搭建更多的资源平台，提供充足的资源，鼓励数字经济思维的创新。

其中，政府层面要加强高层次、高水平的人才培养，教育模式和人才引进方向要适合数字经济的时代背景，努力填补数据人才空缺。首先，要广开言路，将社会数据提供给高校研究团队，用以开展研究性学习，如医疗数据、交通数据、电商数据等，增强大数据技术赋能产业发展的基础能力。其次，要提供政策导向引导，将数字经济思维能力培养列入未来计划，严格抵制表面化、形式化的教育模式。再次，要加大研究投入，为搭建平台、开展项目课题研究提供资金支持。最后，要适当干预，积极推进和搭建高校与企业的合作，做好宏观调控，为数字经济与实体经济的深度融合创造条件，形成保障。

企业层面，应改变政府—企业—高校合作停留在表面的现状，规范合作形式，提升合作实效。首先，企业要将开发平台的数据有针对性地提供给研究部门与团队，如使用数据、消费数据、使用反馈数据等，促进数据技术发展，推动效果提升与质量变革。其次，企业要为政府及高校提供专业人员，参与专项项目课题的应用指导，与高校联办大数据技术相关赛事，赛事可围绕数据思维分析、大数据处理等方面展开，促进高水平创新型人才的联合培养，改变"双导师"制不受重视、参与度低等问题，积极推动交流活动为政府决策献计建言。还可以依托高校设立数字经济联合实验室，做好专项人才的培养。通过对实验室选拔的学生进行能力考核、定期培训等轮训机制，为通过实验考核的学生提供相关的工作机会。

高校层面，作为数字经济专业人才培养的重要基地，首先，高校要积极响应政府和教育部门的政策，落实培养、合作方案。其次，要最大化利用政府、企业提供的资源，挖掘数字经济相关领域的优秀潜在人才。最后，要在数字经济发展期利用人才数量优势主动出击，积极收集学生、政府和企业的多维度反馈意见，不断完善影响数字经济发展的相关专业学科的人才培养方案。

随着数字经济高速发展期的到来，数字经济思维已经作为各行各业中一种基础的思维方式融入日常生活的方方面面。人们的认知也随着技术变革不断更新。在数字经济时代，管理思维的根本性变化也同样体现得更加明显。数据比以往任何时候都显得更加重要，充分地反映着人们的习惯偏好、行为特点、生活习惯、文化爱好等。挖掘数据背后所隐藏的信息，对未来发展趋势预测，引导政府、企业的战略调整以及经济模式更新具有重要的意义和价值。因此，对于数据的挖掘、获取、管理、分析、存储、利用等均需要进行专业化处理。欲想抢占先机，各级政府和党员领导干部就必须提高对数据的加工能力，通过深入地分析挖掘实现数据的增值，从而提升竞争力水平。

（二）
增强发展数字经济本领

当前数字经济已事关国家发展大局，影响着国家经济发展的战略布局。因此，发展数字经济是面对新一轮科技革命和产业变革新机遇的战略选择。在新一轮科技革命和产业变革的加速推进下，数字经济发展速度之快、辐射范围之广、影响程度之深前所未有，因而对党员领导干部也提出了更新的挑战和更高的要求。党员领导干部要有"本领恐慌"意识，以"等不得"的紧迫感、"慢不了"的危机感、"坐不住"的责任感，自觉提升和增强发展数字经济本领，为高质量发展聚智赋能。党员领导干部只有懂得数字经济，助力数字经济的决策与发展，做数字经济发展的推动者和促进派，才能推动我国数字经济健康发展。

第一，解放思想、拓宽视界。数字经济以其鲜明特性和巨大作用，正在成为重组全球要素资源、重塑全球经济结构、改变全球竞争格局的关键力量。数字经济时代，党员干部特别需要更新观念、革新思维，突破思维定式、打破利益藩篱、摆脱路径依赖、走出既定格局，不断强化数字化思维，主动拥抱数字时代。要抓住关键重点，力求突破见效，以更高站位把握新一轮技术变革和数字化发展趋势、把握我国发展的阶段性特征，全力抓好方案制定，综合做好新型基础设施建、用、管工作，着力创造新供给、激发新需求、培育新动能，加快构建现代化经济体系特别是产业体系，厚植新根基，打造经济高质量跨越式发展新引擎。

数字经济发展是一项综合性、系统性工程，必须将系统观念、系统方法贯穿数字经济发展全过程，做到整体谋划、把握重点、统筹兼顾，为数字经济发展赋能助力。要抓重点关键，抓实5G、高水平宽带网络等高速泛在的"新网络"建设，抓实智慧城市、电子商务、智慧党建等数字创新应用的"新平台"建设，抓实交通、能源、物流、水利等领域传统基建升级的"新引擎"建设，抓实公共卫生、工业生产、公共事业、公共安全、智慧城市、数字乡村、智慧旅游、智慧农业、智慧医疗、智慧教育、生态环境保护等重点领域和场景中的行业融合赋能的"新载体"建设。要抓服务保障，进一步强化土地、政策等要素保障力度，加大金融支持力度，在各行业部门尽可能引入数字赋能，并扎实做好新基建项目的包装、争取工作。要以敢于创新的心态、宽广包容的胸襟，坚持促进发展和监管规范两手抓、两手都要硬，在发展中规范、在规范中发展，创造数字经济发展最优环境。

第二，加强学习、主动融入。数字经济时代，海量的信息供给和知识的快速更新，让人们时刻面临着与时代"脱节"的风险，掌握的知识和经验无时无刻不在"打折"。如果领导干部的思想和理论还停留于陈旧的模式中，那么面对数字经济时代所带来的各种新挑战、新问题、新现象，就会感到手忙脚乱，甚至束手无策。学所以益才也，砺所以致刃也。要抓学

↑ 2021年8月8日，江西省德兴市大茅山景区管委会的党员干部通过手机网络直播，推介德兴旅游景区，助推乡村振兴发展　中新图片 / 卓忠伟

习培训，有计划、有针对性地安排对数字经济和新基建的速成培训，各级党校（行政学院）和各级党委理论学习中心组等都要加强对有关内容的培训、学习力度，安排专人专班培训，各级领导干部要主动体验、使用新技术、新应用，打造高素质专业化干部人才队伍。

当前，我国在新发展理念指引下，高度重视发展数字经济，积极推进数字产业化、产业数字化，引导数字经济和实体经济深度融合，推动经济高质量发展。在这个历史进程中，党员干部要加强学习，要通过实际行动做好发展数字经济事业，助推党的各项事业全面发展。重视学习、善于学习、坚持学习，学习互联网、大数据、云计算、人工智能、区块链等高新技术前沿知识，在实践中学习、在学习中实践，应成为新常态。要通过学习准确识变，认清数字经济发展新趋势；科学应变，找准数字经济发展新机遇；主动求变，开拓数字经济发展新局面，打造数字经济新优势。

第三，深入调研、凝聚共识。调查研究是谋事之基，成事之道。加强调查研究，是为了加快对问题的研究解决，让数字经济发展的思路更清晰、方向更明确、措施更得当。要通过调研，认识到我国已进入数字经济时代，但数字产业化之路仍很长，找准当地数字经济发展的短板与痛点，在下一步发展中重点加以解决。党员干部要立足地方区域发展，因地制宜，研究数字经济发展趋势，结合自身实际，科学谋划数字经济发展的十年规划、五年规划、三年规划，如布局建设新型信息基础设施，提高统筹协调和服务水平；推动大数据、云计算、互联网的深度融合，大力发展战略性新兴产业，改造提升传统产业；推动智慧社区、智慧基层、智慧城市建设，将数字经济与医疗卫生、教育教学、旅游交通、民生发展等有机融合，发展智慧医疗、智慧教育、智慧旅游、智慧社区、智慧民生等，积极推进数字产业化、产业数字化，助推本地区、本部门各项事业发展。

数字经济的快速发展为培育就业新机、开创就业新局提供了强大的新动能，要深入研究新就业模式的特点，多策并施，促进新就业模式成长壮大。当前我国数字经济优势主要体现在消费领域，未来需要更多在生产领域发力，提高实体经济的全要素生产率，形成一批产业数字化和数字支撑平台领域的世界级企业，推动我国产业向全球价值链高端攀升。数字经济需要大量专业人才，要坚持人才培养同产业结合，促进创新人才的培养。

第四，紧抓落实、勇开新局。数字经济正在拓展和满足人们对美好生活的更高层次需求，数字技术应用的不断推进创造出更好的数字化生活。数字经济发展机遇与挑战并存，要在危机中育先机，于变局中开新局。当前，世界百年未有之大变局加速演进，新冠肺炎疫情影响广泛深远，世界经济复苏面临严峻挑战。发展数字经济是把握新一轮科技革命和产业变革新机遇的战略选择，做强做优做大我国数字经济意义重大而深远。党员干部特别是领导干部，不仅要担负起搭建硬件基础四梁八柱架构的任务，还要建立起与之相适应的政策体系。既要在加强关键核心技术攻关、加快新型基础设施建设、推动数字经济与实体经济融合发展、规范数字经济发展、完善数字经济治理体系等具体领域下好先手棋，又要在数字经济发展顶层设计和体制机制建设上下足绣花功夫。

党员干部必须立足"两个大局"，心怀"国之大者"，始终坚持以人民为中心的发展思想，提高数字经济思维能力和专业素质，增强发展数字经济本领，强化系统观念，统筹发展和安全，抓住机遇、赢得主动，加快形成推动数字经济发展的强大合力，为数字经济创造良好的发展环境，实现数字经济高质量发展，推动数字经济更好地服务和融入新发展格局。特别是领导干部，要迎难而上，奔着问题去、奔着困难去、奔着落实去、奔着服务去，以各项工作的落实，努力推动数字经济和实体经济融合发展，把握数字化、网络化、智能化方向，推动制造业、服务业、农业等产业数字化，利用互联网新技术对传统产业进行全方位、全链条的改造，激发经济增长新动力，推动数字经济发展不断取得新成效。要紧抓时代发展机遇，深挖数字经济潜力，开拓数字经济想象空间和应用场景，让更多人在数字化浪潮中享受发展红利，为人民群众创造出看得见、摸得着、感受得到的数字化生活，不断满足人民群众日益增长的美好生活需要。

面对数字经济时代发展变迁的新机遇新挑战，唯有不断增强发展数字经济的本领，党员领导干部才能克服发展数字经济的本领恐慌，才能在数字经济新蓝海中把握发展新机遇、谋求发展新动力、拓展发展新空间。在发展数字经济的新蓝图中，领导干部应当先"懂"、真"懂"。面对数字经济大潮，各级领导干部要不断增强数字素养，抓住机遇、赢得主动，持续练好数字经济发展的"内功"，抢占未来发展制高点，推动我国数字经济进入更深入、更宽广的发展空间。

（三）
强化数据信息安全意识

当前正处在大数据发展时代，信息安全风险问题时常发生，此类风险对于个人、企业乃至国家的信息安全均带来了极大的风险和压力。这就需要从强化数据信息安全意识入手，多角度进行考虑，立足实际状况进行优化，保障安全风险有效控制，从整体上提升信息安全质量。

党员干部首先要明白，信息设备建设的完备程度，对于信息安全而言具有较大的影响。信息设备出现问题或被损坏，就会导致信息数据的丢失或泄露。为保障数据信息的安全，需要对设备的安全保护给予重视，要及时了解设备的运行状况，进行深入的检查，发现设备运行存有问题要及时解决。①

具体而言，为保证信息安全，一是要增强信息设备的建设力度与维护投入，相关管理者同样需要重视信息设备的建设工作，安排专人对信息设备、信息系统进行维护和检测，保障正常运转，同时重视信息设备的实时更新，减少对信息数据使用的影响，并避免因信息设备的问题对信息安全造成影响。二是要建立对突发事件全面应急的预案与相关制度，针对已发生和可能发生的信息安全问题，进行应急措施的研究规划，并将其整合为规范的制度，以便在紧急信息安全问题出现时，能够快速应对，有效处理问题。三是要尽快构建信息保护机制，确定信息数据使用规范，为数据信息的使用和传输提供基础保障。比如，数据信息操作人员对重要的信息进行加密，使用密钥开启，减少信息泄露风险性问题。设置相应的访问权限，全面限制能够进行数据访问的成员范围。这些操作，一方面可以有效防止数据泄露，另一方面在数据信息安全出现问题时，能够提高追查工作效率。党员干部，特别是领导干部，要提高认识，在硬件保障和预警装备的经费投入上，需要合规合理地做到保障充分，并以加强信息设备的安全保护为切入点，对信息数据的安全进行全面保障。

除了硬件设备和危机意识之外，还要充分利用好科技维护手段，来规避信息安全风险，这是大数据信息安全防御与保护机制中的一个重要方法。信息安全的科技维护手段主要分为实时监测和安全防护两个方面。实时监测是保护信息安全的首要方法，通过对系统漏洞的快速检测，主要涵

---

① 参见许旭江、郑媛方：《大数据信息安全风险框架及应对策略研究》，《信息系统工程》2018年第8期。

盖了加密技术、防火墙技术等,判断数据是否处于安全状态,有无遭到黑客攻击等信息安全风险。管理者需要重视这些技术的使用,为市场内部的信息使用形成一套相对完整的信息系统,减少黑客、病毒的入侵,确保信息数据在日常经济运行中的应用效果。目前,我国信息安全方面的实时监测技术,还很难实现数据安全风险的快速甄别,所以在对信息安全防护机制进行优化创新的过程中,需要不断完善并优化现有的实时监测机制,实现有效保证信息安全的作用。

科技维护手段的关键是对信息数据进行安全保护,避免信息数据受到网络恶意攻击。所以,为了提升信息安全,提升经济活动开展的实效,就需要重视信息技术在其中的应用效果,对信息技术的使用情况进行实时监控和管理,并积极探索信息风险规避技术。党员干部,特别是领导干部,要强化意识,在信息安全检测和防护方面要做好人才的培养与引进,以科技维护手段规避安全风险为突破点,推进信息化建设进程。

在数字经济中,大数据信息的一个重要价值,就是能够对海量的数据信息进行挖掘汇总,并对其中有价值的数据信息进行深度分析,并在分析结果的基础上作出相应的决策和预判。进行决策和预判的前提,首先是数据分析结果真实有效,其中数据的真实性更是需要足够可靠。如果数据信息分析的结果本身存在较大误差,其分析结果就不具备效度与信度,同样,根据其结果作出的决策和预判也就没有实际价值,甚至还会产生信息安全以外的次生危害。由于其具有重要的价值意义,在经济或政治等其他因素的影响下,就可能会产生一些数据捏造或数据造假等行为。因此,为了保证数据信息的分析结果准确性,需要在数据收集的过程中,对数据信息的真实性和可靠性进行全面检查和严格把控,谨慎地鉴别数据信息的来源,全面识别并且删除虚假数据,尽可能减轻恶意数据和虚假数据造成的不利影响。

如何统筹数字经济发展过程中的安全与发展，加快推动数字经济治理体系变革，正成为世界各国共同面临的现实问题。为了夯实数字经济发展的安全工作根基，不断将数字经济治理的科学实践推向前进，我国先后出台了网络安全法、数据安全法、个人信息保护法以及《关键信息基础设施安全保护条例》《国家网络空间安全战略》等网络安全法律法规战略，印发了《关于加强网络安全学科建设和人才培养的意见》《关于加强国家网络安全标准化工作的若干意见》等政策文件，为数字经济全球治理体系变革贡献了中国力量、中国智慧，并以率先主动的积极作为向国际社会传递了负责任大国的勇毅担当。数字经济领域的组织者与参与者均需要积极落

↑ 2021年11月12日，浙江省丽水市景宁畲族自治县公、检、法等单位的工作人员向群众宣传《中华人民共和国个人信息保护法》 中新图片/李肃人

实国家相关法律法规政策，用法治来保障市场内部信息传输的安全性和有效性，通过多部门的协调和内外部统一管理，强化信息技术的实际运行和发展效果，提升数字经济活动的开展效果。同时，要以法律法规保障市场内外部发展为增长点，进一步完善相应的法律制度，针对性地解决信息安全方面的问题，有效保障信息数据的安全使用。在此过程中，党员干部，特别是领导干部，更要勤于学习、懂得运用，以提升信息安全效果，减少信息安全事件的发生。

除了影响数据信息安全的外部因素，保障数据信息安全，也需要所有互联网组织及其成员具备严格自律性。在对信息数据进行处理的过程中，保护个人信息安全，对数据信息进行数据规范处理和建立信息安全防护措施，尽可能降低数据信息的安全风险概率，一种方法是将数据信息进行全面聚合，降低典型数据信息被识别的风险；另一种方法是对数据信息进行删除清理，以此避免数据信息的泄露。在数据处理工作开展过程中，要加强数据信息安全保护的意识，做好信息的分类工作，对身份信息进行加固处理，及时清理没有必要的信息。对于互联网组织及其成员而言，必须严格遵守数据信息安全的相关政策，规范执行信息安全的操作行为，杜绝因为操作不当而造成的信息安全风险问题，更不能为了自身的利益出卖数据信息。必须以提升行业自律性作为保障市场秩序的着力点，全面保障数据信息的安全性。党员干部，特别是领导干部，是数据信息安全运行的参与者、践行者、见证者，也是发展方向的引领者。作为数字经济以及数据信息的重要参与者，党员干部有义务也有责任维护信息安全，并特别需要提高自律性。

随着数字经济进入高速发展期，在参与数据安全的各个环节中，个人的主观能动性也起到了至关重要的作用。在互联网技术的应用进程中，为了保障经济的平稳健康运行，高效应用各种网络平台和信息工具成为诸多管理者和运行者的首选。人们在享受网络逐渐丰富和便利的同时，信息安全意识不足的问题也逐渐暴露出来。诸多社交软件平台的运用，对个人的信息安全产生了很大的影响。用户个人信息泄露，不仅与商家私自倒卖用户信息、黑客攻击等非法信息处理行为有关，也与人们在使用过程中缺乏信息安全意识，对自己的信息保护不到位有一定的关系。由此可见，想要实现对数据信息安全的全面保护，就需要重视个人信息安全意识的培养。所以，在构建数据信息安全结构的同时，还需要增强面向公众开展大数据信息安全宣传教育工作的力度，通过充分的宣传教育，引导人们逐渐养成较强的隐私信息保护意识。

党员干部，特别是领导干部，作为相关工作领域的参与者和管理者，就需要重视使用人员的信息安全意识培训，借助信息安全教育以及专题讲座，做好信息保护教育宣传的工作，通过网络以及手机等开展个人隐私信息保护的宣传活动，让大众参与到宣传活动中去，并在使用信息工具时注重对个人信息的保护，养成良好的信息使用习惯，从而将信息安全意识上升为整个社会信息安全保护的意识形态，让人们全面认识到保护个人信息安全的重要性。在日常的网络社交生活中，不把自己的私人信息随意透露给他人，拒绝浏览存在风险的网站，不随意用个人信息注册网站账号。除此之外，如果发现自己的个人信息遭到泄露，要立即报警，寻求警方的帮助，从而根据网络安全相关准则的要求，依法对相关违法人和行为进行查处。只有加强培养个人信息安全意识，才能有助于保障数据信息安全。

后记

党的十八大以来，以习近平同志为核心的党中央高度重视数字经济发展，作出一系列重大决策部署，引领我国数字经济发展进入快车道，实现了跨越式发展。进入新发展阶段，习近平总书记多次强调，数字经济是全球未来的发展方向，要大力发展数字经济，加快推进数字产业化、产业数字化，推动数字经济和实体经济深度融合。《中华人民共和国国民经济和社会发展第十四个五年规划和2035年远景目标纲要》也提出，要迎接数字时代，打造数字经济新优势。这为我们做强做优做大我国数字经济指明了方向、提供了基本遵循。为帮助广大党员干部和大众读者深入理解把握习近平总书记关于发展数字经济重要论述的思想要义、丰富内涵和实践要求，增强学习贯彻党中央决策部署的政治自觉和思想自觉，我们组织编写了本书。

本书以"为什么要发展数字经济、如何发展数字经济"为主线，明晰发展数字经济的时代意义和现实要求，阐释发展数字经济的重点任务和重要举措，对于党员干部和广大群众把思想和行动统一到以习近平同志为核心的党中央决策部署和要求上来，汇聚起发展数字经济的强大正能量，具有重要的理论借鉴意义和实践参考价值。

本书由西安外事学院吕红波、张周志担任主编，郭宪、杜红娜、周晓燕、孙海丽担任副主编。各章的撰稿人依次为：第一章，张周志；第二章，郭宪；第三章，张云玲；第四章，张鹏；第五章，胡一波；第六章，郝亚芬；第七章，周晓燕；第八章，王复国；第九章，王庆英；第十章，晋军刚；第十一章，杜红娜；第十二章，辛怡萱。吕红波、张周志对全书进行了统稿并定稿。

本书在编写过程中，参阅吸纳诸多学者专家的研究成果，得到国防大学学科学术带头人洪保秀教授的精心指导，在此一并表示感谢。囿于时间仓促和作者理论水平有限，本书难免存在疏漏之处，敬请读者批评指正。

图书在版编目（CIP）数据

数字经济：中国新机遇与战略选择 / 吕红波，张周志主编 . —北京：东方出版社，2022.3
ISBN 978-7-5207-2518-7

Ⅰ.①数… Ⅱ.①吕…②张… Ⅲ.①信息经济—研究—中国 Ⅳ.① F492

中国版本图书馆 CIP 数据核字（2022）第 039869 号

数字经济：中国新机遇与战略选择
（SHUZI JINGJI：ZHONGGUO XINJIYU YU ZHANLÜE XUANZE）

主　　编：	吕红波　张周志
责任编辑：	辛岐波
责任校对：	曾庆全
出　　版：	东方出版社
发　　行：	人民东方出版传媒有限公司
地　　址：	北京市西城区北三环中路 6 号
邮　　编：	100120
印　　刷：	三河市龙大印装有限公司
版　　次：	2022 年 3 月第 1 版
印　　次：	2022 年 3 月北京第 1 次印刷
开　　本：	710 毫米 ×1000 毫米　1/16
印　　张：	19
字　　数：	235 千字
书　　号：	ISBN 978-7-5207-2518-7
定　　价：	68.00 元

发行电话：（010）85924663　85924644　85924641

版权所有，违者必究
如有印装质量问题，我社负责调换，请拨打电话：（010）85924725